내 안의 어린아이

HEALING YOUR ALONENESS
Copyright ⓒ 1990 by Erika J. Chopich and Margaret Paul
Published by arrangement with HarperOne,
an imprint of HarperCollins Publishers
All rights reserved

Korean translation copyright ⓒ 2011 by Gyoyangin
Korean translation rights arranged with HarperOne,
through EYA(Eric Yang Agency)

이 책의 한국어 판 저작권은 EYA(Eric Yang Agency)를 통한
HarperOne 사와의 독점 계약으로 한국어 판권을
'교양인'이 소유합니다.
저작권법에 따라 한국 내에서 보호를 받는 저작물이므로
무단 전재와 복제를 금합니다.

잃어버린 내면아이를 만나는 자기 치유 심리학

내 안의 어린아이

에리카 J. 초피크·마거릿 폴 | 이세진 옮김

GYOYANGIN

| 머리말 |

　자기계발서들은 모두 똑같은 질문을 던진다. 불행한 부부들이 왜 그렇게 많은가? 범죄와 폭력과 증오는 왜 그리 만연한가? 갈등, 불안, 아픔이 어쩌면 이리도 많은가? 왜 그토록 많은 아이들이 학대를 당하는가? 불행한 사람, 고통에 빠진 사람, 낮은 자존감으로 괴로워하는 사람, 공허하고 외로워 죽겠다는 사람이 왜 이리 많을까?

　우리 사회에는 뭔가에 중독되어 있는 사람들이 무척 많다. 알코올, 약물, 음식, 담배, 일, 텔레비전, 돈, 권력, 관계, 종교, 다른 사람의 동의, 보살핌, 섹스, 애정, 로맨스……. 이것들은 모두 우리 외부에서 만족을 구하는 수단이다.

　왜 그럴까? 우리는 왜 그토록 내면의 공허에 시달리면서도 늘 바깥으로 눈을 돌려 자신을 충족시킬 새로운 수단을 찾는 걸까? 우리를 그렇게 공허하게 만드는 이 사회에는 대체 무슨 일이 일어난 것일까?

　우리 사회는 심각한 정신적 위기에 봉착해 있다. 이 위기는 수천 년 전에 잘못된 길을 선택한 결과다. 우리는 일찍이 예수 탄생 이전부터 시작된, 마음과의 내적 단절의 결과를 지금 경험하고 있다.

인간의 마음은 본래 사랑과 빛이 가득 차서 숨쉴 때마다 그것이 흘러넘칠 정도다. 그러나 너무 많은 이들이 이 본연의 상태에서 멀리 떨어져 나가 있다. 그 상태에서 너무 멀어져버렸기에 마음속의 공허함밖에 느낄 수 없다. 공허한 그 마음을 안에서부터 채워 나가는 법을 모를 때, 우리는 바깥에서 채우려고 애쓰게 된다. 중독과 동반의존은 모두 이렇게 해서 일어난다.

우리가 사는 세상은 기로에 놓여 있다. 우리 한 사람 한 사람은 사랑, 평화, 삶이 있는 쪽과 두려움, 전쟁, 죽음이 있는 쪽을 두고 어느 하나를 선택하도록 요구당한다. 인간은 지구라는 행성에서 실로 많은 것들을 성취했지만 대신 어떤 대가를 치르고 있는가? 우리가 성취한 것들을 감안하더라도, 오염된 물과 공기, 전쟁, 굶주림, 범죄, 두려움, 가난은 여전히 해결되지 않은 문제로 남아 있다. 무엇이 잘못되었을까? 이 세상 전체, 우리가 맺고 있는 관계, 가족, 그리고 우리 안에 무엇이 결핍되어 있는 것일까?

지구의 생존은 우리가 모두 하나임을 깨닫고 체험하는 데 달려 있다. 우리가 타인과 일체감을 느낄 수 있다면 그 사람을 신체적으로나 감정적으로 침해할 수 없다. 모든 생명에 대한 이 일체감은 자기 자신과 하나가 되지 않는 한 결코 얻을 수 없을 것이다. 고립되어 외롭다는 느낌은 오직 내면의 유대와 온전함을 경험함으로써만 극복할 수 있다.

우리는 자신과 분리될 때 혼자라고 느낀다. 자신과 이어지지 않고는 타인들과도 이어질 수 없기 때문에 더욱 외로움을 느끼게 된다. 이 책은 우리가 자신과 얼마나 분리되어 있는지, 그리고 어떻게 하면 자신과 다시 연결되어 내면을 채워 나갈 수 있는지를 이해하기 위한 책이다. 우리가 자신을 얼마나 공허하고 외롭게 만드는지, 또한 어떻게 자신을 충족시킬 수 있는지를 다룬다. 자신을 사랑할 때 그 마음에 가득한 사랑이 다른 사람들에게까지 흘러갈 수 있다. 우리는 절대로 자신을 사랑하는 것 이상으로 타인을 사랑할 수는 없다. 또 자신의 사랑을 받아들이기 전까지는 타인의 사랑도 받아들일 수 없다.

차 례

| 머리말 |
| 들어가는 글 | 내면아이와 함께 떠나는 심리 여행　　　　　　　　　13

1장_ 우리 안에 내면아이가 있다　　　　　　　　19
　　내면아이, 내 안의 잃어버린 나　　　　　　　　　20
　　사랑받지 못한 내면아이 "나는 사랑받을 자격이 없어"　　23
　　사랑받는 내면아이, 생명력 넘치는 경이로운 아이　　31

2장_ 내면어른이란 누구인가　　　　　　　　　47
　　내면어른, 지성과 행동의 주체　　　　　　　　　47
　　내면아이를 회피하는 무심한 내면어른　　　　　49
　　내면아이를 대하는 방식이 인생을 결정한다　　54

3장_ 내 안의 두 얼굴　　　　　　　　　　　　61
　　상처를 치유하는 '더 높은 자기'의 힘　　　　　62
　　내면아이를 잃어버린 나, 자아　　　　　　　　66
　　나를 병들게 하는 잘못된 신념들　　　　　　　71

4장_ 잃어버린 내면아이　　　　　　　　　　81
　　"나는 내 가치를 판단할 능력이 없어요"　　　　82
　　동반의존, 버림받은 두 아이의 만남　　　　　　84
　　자기를 사랑하지 않는 부모가 자녀를 사랑할 수 있을까?　　89

5장_ 내면아이와 만나기   91
    내면어른과 내면아이의 일체감   93
    타자와 소통하려면 내면아이를 깨워라   94
    지금 이 순간에 충실하라   96
    내면아이가 알려주는 사랑의 기술   98

6장_ 내면아이의 힘   103
    자존감은 내가 선택하는 것이다   103
    내면에서 우러나오는 부드러운 힘   105
    내면아이가 하고 싶어 하는 일을 하라   121
    사랑하려거든 먼저 나를 받아들여라   125

7장_ 나는 어떤 내면어른인가   131
    순응형 내면어른, 갈등을 피하는 피스메이커   133
    통제형 내면어른, 가차 없는 지배자   137
    저항형 내면어른, 책임지지 않는 애어른   142
    내면아이가 진짜로 원하는 것   144
    판단하지 않고 조건 없이 사랑하기   146

8장_ 내면아이를 깨우는 몇 가지 방법   161
    내면아이와 대화하려면 훈련이 필요하다   162
    글쓰기, 가장 강력한 내면대화   171
    내면아이를 깨우는 큰 소리로 말하기   186
    내면아이가 마음껏 말하도록 하라   188
    내면아이가 고집하는 잘못된 신념들   190
    내면아이와 내면어른의 상호 신뢰   192

9장_ 왜 내면아이 만나기를 두려워할까   195

- 분노에 대한 두려움, 분노를 제대로 표출하는 법   197
- 고통에 대한 두려움, 피하지 않고 고통에 맞서는 법   202
- 내면아이를 통제하려는 강박에서 벗어나기   206
- 나를 책임져야 한다는 두려움, 관계 중독에서 풀려나기   222
- "나는 정말 사랑받을 자격이 없나", 수치심 떨쳐버리기   228
- "내가 뭘 원하는 걸까", 내 감정 직시하기   230
- 실패에 대한 두려움, 내면을 회피하는 이유   234
- 관계가 끝날지도 모른다는 두려움   235
- 두려움과 고통을 직시하라, 끝까지 내려가라   236

10장_ 다른 사람의 도움을 받는 방법   241

- 나이가 들어도 엄마가 필요하다   242
- 나를 숨 막히게 하는 손길   254
- 진정한 마더링, "언제나 네 옆에 있어줄게"   258
- 상처를 받아들이는 열린 고통, 타인을 조종하는 닫힌 고통   259

11장_ 내면아이와 함께하는 심리 치료   263

- 개인 치료   264
- 장애 치료   277
- 그룹 치료   290
- 부부 치료   308

12장_ 내면아이가 우리를 치유한다   311

| 들어가는 글 |

내면아이와 함께 떠나는 심리 여행

이 책은 모든 인간에게 있는 내면아이를 다루며 그 아이가 '사랑하는 내면어른'과 이어져야 할 필요를 논하고자 한다. 공저자 에리카 J. 초피크는 자신의 내면아이와 내면어른에 대한 경험을 다음과 같이 기술한다.

한 번쯤 정말로 외롭고 쓸쓸하다고 생각해보지 않은 사람은 아무도 없습니다. 어떤 사람들은 끈질긴 내면의 공허함에 만성적으로 시달리는 듯합니다. 또 어떤 사람들은 외로움을 떨치기 위해 다른 사람들을 잡아끌거나 자기가 분명히 혼자 남겨지지 않았는지 확인하려고 애쓰면서 늘 인간 관계에서 갈등을 겪습니다. 모든 책과 워크숍, 심리 치료는 바로 이 한 가지 문제를 해결하기 위해 만들어진 것일지도 모릅니다. 우리가 정말로 하나로 이어져 있다고 느끼고 더는 외로워하지 않게끔 돕는다는 바로 그 목적을 감당하기 위해서 말입니다.

나는 매우 고독하고 힘들게 어린 시절을 보냈지만 일찍부터 나의 내면아이를 잘 받아들였기 때문에 외로움을 극복할 수 있었습니다. 그러면서 왜 사람들이 자신의 내면아이와 이야기하지 않고 외로움에 시달리는지 항상 의문을 품었지요.

한번은 여성 그룹 치료를 진행하던 중에 내면아이의 말에 귀를 기울이라는 이야기를 하게 되었습니다. 그런 이야기를 그냥 넌지시 비추었을 뿐인데 셜린이라는 여성이 좀 더 자세히 알고 싶어 하더군요. 셜린은 내가 말하는 '내면아이'가 정확하게 무슨 뜻인지 알고 싶어 했고 집요하게 더 깊이 이해하기를 원했습니다. 나도 셜린의 집념, 새로운 것에 열려 있는 자세, 자신의 성장을 바라는 간절한 마음에 자극받았지요. 그래서 그때까지 모든 사람이 자연스럽게 하는 일이라고 생각했던 것을 처음으로 사람들 앞에서 자세히 설명하게 되었습니다.

내 경우에는 언제나 내면어른과 내면아이가 사랑의 대화를 나누어 왔습니다. 아주 어릴 때부터 나의 내면어른은 자신의 욕구와 필요에 대해 내면아이의 의견을 구했고 내면아이는 외부의 사건에 대한 이해나 세상에서의 처신과 요령에 대해 내면어른에게 조언을 구했지요. 그러니까 비록 내면아이니 내면어른이니 하는 명칭은 최근에 붙었을지언정 나 자신에게는 그러한 내적 과정이 지극히 자연스러운 것이었기에 다른 사람들도 당연히 똑같은 내적 과정을 거치는 줄 알았던 것입니다.

나는 셜린에게 나의 내면대화를 설명하고 내가 스트레스를 받을 때마다 큰 소리로 말하는 대화를 그대로 옮겨보았습니다. 나의 내면어른과 내면아이 사이에 존재하는 사랑과 신뢰에 대해 이야기하자 그룹 전체가 흥분하기 시작했지요. 셜린은 질문이 점점 더 많아졌고 내가 대답을 할 때마다 그룹 내에서 뭔가 새로운 반향이 일어나기 시작했습니다.

공저자인 마거릿 폴은 어떻게 내면아이와 내면어른에 대한 에리카의 경험을 처음 접하게 되었는지, 그리고 그러한 발견이 자신에게 어떤 효과를 낳았는지 이렇게 설명한다.

나는 평생을 내면 탐색에 바쳤습니다. 나의 목표는 사랑을 주는 사람이 되는 것과 내면의 기쁨과 평화를 발견하는 것이었지요.

나는 심리 치료사로서 의도 치료(Intention Therapy)라는 치료법을 개발했습니다. 의도 치료는 기본적으로 삶에 두 가지 의도밖에 없다는 이론을 바탕에 깔고 있습니다. '보호의 의도'와 '배움의 의도'가 그 두 가지 의도입니다. 불편함, 아픔, 두려움을 느낄 때 우리는 대부분 그러한 느낌을 이해하고, 경험하고, 책임지고, 감당하는 것을 회피함으로써 자신을 보호합니다. 여러 방식으로 그러한 느낌을 분리하고 차단함으로써 자신을 지키는 것이지요. 보호의 의도는 두려움과 고통을 피하기만 하고 행동으로 정면 돌파하지 못하게 우리 자신을 가두어놓습니다.

몇 년 전에 인간에게 또 다른 선택의 여지가 있음을 깨달았습니다. 그 선택은 고통과 두려움을 통해 오히려 배우고 그러한 감정에서 벗어날 방법을 찾는 것이지요. 그래서 나 자신을 대상으로 놓고 집중 치료 과정을 실시해보았습니다. 결과는 어느 정도 성공적이었지요. 내적으로 좀 더 힘을 얻었고 다른 사람들을 더욱 일관되게 사랑할 수 있었으니까요. 그러나 그것만으로는 여전히 뭔가가 부족했습니다. 여전히 시시때때로 내면의 외로움을 느꼈고 다른 사람들과 함께 있으면서도 곧잘 외톨이 같은 기분이 들곤 했습니다. 마음 깊이 우러나는 평화와 기쁨도 여전히 느낄 수 없었습니다. 그러한 평화와 기쁨이 가능하다는 것은 알고 있었고 어쩌다 가끔은 그런 기분이 들기도 했지만 나름대로 노력을 해봐도 무엇이 잘못되었는지 알 수 없었습니다.

그러던 어느 날 에리카가 자신이 진행했던 여성 그룹 치료 이야기를 꺼냈습니다. 에리카는 "오늘 우리 그룹에서 어떤 일이 일어났어요. 아주 흥분되는 일이었어요. 셜린이 나의 내적인 치료 과정에 대해 물었어요. 그래서 나의 내면아이와 내면어른 사이의 연결에 대해 설명하기 시작했지요. 그랬더니 그룹 전체가 내 이야기에 푹 빠져버렸어요."

에리카가 그룹에게 했던 이야기를 옮기는 동안 나도 짜릿한 전율을 느꼈습니다. '아, 그래! 바로 이거구나!' 그 이야기엔 뭔가 흥미로운 것이 있었어요! 내 안의 모든 것이 살아 움직이며 꿈틀거렸지요. 나는 에리카가 아주 놀라운 발견을 했음을 대번에 알아차렸습니다. 물론 에리카가 이야기한 내용을 완벽하게 이해하고 그 힘을 깨닫기까지는 그 후로 일 주일이 더 걸렸지만 말입니다. 나는 이미 '내면아이 치유'를 알고 있었고 실시한 적도 있었습니다. 내면아이 치유는 우리가 어린아이였을 때 느꼈던 감정을 파악하고 타인의 사랑으로 그 어린 시절 감정을 치유하는 작업입니다. 하지만 에리카는 좀 다른 이야기를 했어요. 에리카가 말한 것은 내면의 애정 어린 관계 맺기, 우리가 현재 '내면 유대 치료(Inner Bonding Therapy)'라고 부르는 작업이었습니다.

나는 한동안 나의 '사랑하는 내면어른'과 내면아이에 대한 치유 작업을 깊이 있게 진행했습니다. 그러자 내 삶의 모든 것이 변했지요. 내면아이의 목소리에 진심으로 귀를 기울이고 그 아이를 사랑하면서 내가 결혼 생활에서도 계속 타인을 돌보는 역할을 맡아 왔고 바로 그 점이 나를 불행하게 만들고 끊임없이 쓸쓸하고 비참한 기분을 느끼게 하는 이유라는 것을 깨달았으니까요. 내가 마침내 그 역할에서 물러나자 결혼 생활은 혼란에 빠졌고 결국은 별거에 이르고 말았습니다. 나에게 결혼 생활과 완벽한 가정은 몹시 중요했기에 솔직히 이러한 변화는 감당하기 힘들었지요. 그렇더라도 이제까지 살면서 이렇게 행복했던 적은 한 번도 없습니다. 오랜만에 만나는 사람들마다 나를 보고 표정이 밝아졌다고 했지요. 실제로 나는 매우 밝고 유쾌한 기분으로 지내는 시간이 훨씬 늘어났습니다. 그렇게나 오랫동안 갈구하던 평화를 마침내 찾고 보니 신바람이 나더군요.

나에겐 배움의 의도가 모든 성장의 기본이라는 점을 이해하는 것이 중요했지만 그게 다는 아니었습니다. 배움의 의도를 '내면아이에게 배우고, 그 아이와 더불어 배우고 그 아이의 모든 감정을 책임지는 것'이라는 뜻으로 이해하는 것은 완전히 다른 이야기니까요. 우리는 세상에 대해 배우려 할 수도 있고, 다른 사람에 대해 배우려 할 수도 있습니다. 그러나 우리 내면의 고립을 치유하고 온전한 인간이 되려면 반드시 먼저 우리의 내면아이에게서 배우고, 그 아이와 더불어 배워야 할 것입니다.

1장
우리 안에 내면아이가 있다

　우리 모두의 인격에는 '어른'과 '아이'로 구별되는 두 측면이 있다. 이 두 부분이 연결되어 있고 협력할 때에는 내적 온전함(wholeness)을 느낄 수 있다. 그러나 상처를 입거나 어떤 장애 때문에, 혹은 제대로 계발되지 못한 탓에 이 두 부분이 서로 분리되면 우리는 내적으로 갈등, 공허함, 외로움을 느끼게 된다.

　내면아이를 적극적으로 명확하게 이해하는 것은 대단히 중요하다. 전통적으로 서구 문화에서 아이는 어른보다 못한 존재, 덜 중요하거나 지식이 모자라는 존재로 여겨졌다. 우리는 어렸을 때 대개 스스로를 힘 없는 존재로 경험했기 때문에 지금도 종종 무능하고 보잘것없는 상태를 어린아이 같은 상태와 동일시한다. 게다가 우리는 어려서 자주 나쁜 아이, 골칫거리 취급을 당했기 때문에 우리 자신의 내면아이를 일종의 말썽꾸러기처럼 생각할지도 모른다. 우리가 아이였을 때 진정으로 평가받지 못했기 때문에 우리 안의 그 '아이'도 제대로 평가하기 힘든지도 모른다. 내면아이의 중요성을 간과하여 우리 내면에서 분리가 일어나고 그 분리가 다시 우리의 불행을 낳는 식으로 유년기의 경험을 반복할 수도 있다. 내면아이를 바르게 이해하고 평가하는 것은 온전한 나 자신이 되기 위해 꼭 필요한 과정이다.

내면아이,
내 안의 잃어버린 나

내면아이는 모든 범위의 강렬한 감정—기쁨과 고통과 행복과 슬픔—을 지닌다. 내면아이는 '존재, 느낌, 경험'이라는 우뇌형 기능을 하기 때문에 '실천, 사유, 행동'이라는 좌뇌형 기능을 하는 내면어른과 대립되지만 내면어른 역시 모든 범위에서 폭넓게 감정을 느낀다는 점에서는 내면아이와 마찬가지다. '실천'은 외부의 물리적 세계와 어떤 행위의 실제 수행과 관련되지만 '존재'는 내적, 감정적, 정신적 수준에서의 실존과 관련된다. '실천'이 외적 경험이라면 '존재'는 내적 경험이다.

여기에서 사례 하나를 들겠다. 에리카는 이 사례에서 갑자기 극심한 슬픔을 느낄 때 어떤 식으로 자신의 내면아이를 달래는지 설명해준다.

친구와 샌디에이고 여행을 하던 중에 나의 내면어른과 내면아이가 실제로 어떻게 작용하는가를 분명히 알 수 있었다. 우리는 이제 막 태어난 새끼돌고래를 구경하러 시월드에 갔다. 새끼돌고래를 구경하는 동안 나는 수조 안에서 내 친구 오르키를 찾기 시작했다. 오르키는 나와 친해진 커다란 수컷 범고래의 이름이다. 나는 오르키를 무척 좋아해서 녀석을 한눈에 알아볼 수 있다. 하지만 수조 안에서 오르키는 보이지 않았다.

잠수부들이 관람장 뒤쪽에 오수(汚水) 수조를 옮겨놓고 가는 장면을 본 순간, 갑자기 온몸에 쭈뼛 소름이 돋았다. 오르키가 죽었다는 것을 직감했다. 우리는 미친 듯이 수조 반대쪽으로 뛰어가 조련사들에게 자초지종을 물었다. 그들은 아무 일도 없다고 했다. 심지어 자그마한 암고래 한 마리를 가리키며 그 고래가 오르키라고 둘러댔다. 그런 말에 속아 넘어갈 내가 아니었다. 그중 한 조련사와 이야기를 나누고 나서 나의 두려움은 현실이 되었다.

갑자기 너무 슬프고 비통해서 넋이 나갔다. 나의 모든 부분들이 일제히 슬퍼하며 울부짖었다. 하지만 그 각각의 부분들은 슬픔을 서로 다른 입장에서 경험하고 있었다. 나의 어른스러운 부분은 그저 슬프기만 한 것이 아니라 모욕감을 느꼈다. 조련사들의 거짓말에 화가 났고 오르키가 죽기 전까지 어떤 보살핌을 받았을지 걱정이 되었다. 나의 내면어른이 맨 처음 느낀 충동은 뭔가 '해야겠다'는 것, 높은 사람을 만나서 설명을 요구해야겠다는 것이었다. 그다음에는 나의 내면아이의 목소리가 들렸다. 그 아이는 관계자가 누구인지, 도대체 이런 일이 어째서, 어떻게 일어났는지에 대해서는 관심이 없었다. 나의 내면아이는 소중한 친구를 잃었고 이제 다시는 그 친구를 볼 수 없다는 것만 생각했다. 그 아이는 조련사들이 작별인사조차 허락하지 않는다는 데 치를 떨고 있었다.

나는 내면아이를 우선 돌봐야겠다고 결심했다. 그래서 어떤 행동을 취하기보다 먼저 그 아이가 슬픔을 온전히 느끼고 다스릴 수 있도록 했다. 우리는 벤치에 앉아 몇 분간 흐느껴 울었다. 내면아이가 충분히 준비될 때까지 자초지종에 대한 조사를 미루기로 결정한 것이 뿌듯했다. 만약 내가 충분히 슬퍼할 시간과 경험을 허용하지 않았다면 슬픔을 가누기가 더 힘들었을 것이다. 나의 내면아이는 오르키를 잃어버렸다는 상실감뿐만 아니라 (어른 입장에 있는) 나의 배려 없음까지 감내해야 했을 테니까.

내면아이는 우리의 본능적 부분, '마음으로 느끼는' 감정이다. 때로는 내면아이가 무의식을 가리킬 수도 있지만 그것은 우리가 내면아이에게 거의 주의를 기울이지 않는다는 의미에서만 그렇다. 우리가 무의식에 대해 알고 싶어 하면 무의식은 즉시 의식으로 활용될 수 있다. 우리의 내면아이는 어린 시절에서 비롯된 감정, 기억, 경험을 포함한다. 내면아이에게서 배우겠다고 마음을 먹는다면 어린 시절의 감정, 기억, 경험이 떠오를 수 있다.

내면아이는 두 가지 방식으로 볼 수 있다. 내면어른에게 사랑받을 때의 내면아이와, 내면어른에게 사랑받지 못한 채 비난과 괄시를 당하고 버림받는 내면아이. 내면아이는 오직 하나뿐이다. 주어진 어느 한 시점에서 내면아이는 내면어른에게 사랑받든가 그렇지 않든가 둘 중 하나다. 내면아이의 감정과 행동은 내면어른이 그 아이의 필요와 욕구, 감정을 파악하고 책임지고자 하는가, 아니면 그러한 앎과 책임을 회피하고자 하는가라는 선택에 따라 직접적으로 결정된다.

사랑받지 못한 내면아이
"나는 사랑받을 자격이 없어"

내면어른이 자신을 보호하려고 내면아이의 감정과 욕구를 경험하고 책임지지 않기로 선택할 때 그 내면어른은 수치심, 무시, 방종 같은 다양한 형태로 내면아이와 분리된다. 내면아이는 사랑받지 못하고 버림받았다는 감정에 휩싸이고 내적으로 심한 외로움에 시달린다. 내면아이는 자신이 나쁘고 못됐으며, 사랑받을 자격도 없고 보잘것없고 부족한 존재라서 그런 거라고 결론 내린다. 자기가 그렇게 모자란 아이가 아니었더라면 실제로 존재하는 어른(부모와 조부모)도, 그리고 결국은 내면어른도 자기를 버리지 않았을 거라고 생각하는 것이다. 외적, 내적 분리로 내면아이는 강렬한 공포, 죄의식, 수치심과 함께 이 세상에 자기 혼자라는 감정과 내면의 외로움에 시달린다. 아이는 먼저 외부의 양육자들에게, 나중에는 자신의 내면어른에게 거부당하고 버림받고 통제당하는 두려움을 배운다. 결국 아이는 이러한 두려움을 다른 사람들에게까지 투사하게 된다. 일반적으로 다른 사람들도 거부당하고 버림받을 것이라고 믿거나 그들이 자기를 통제하려 든다고 의심하게 되는 것이다.

외로움이라는 감정은 우리 모두에게 무척이나 감당하기 어려운 감정이다. 외로움은 너무나 절절한 고통을 낳기에 우리 모두는 그 고통으로부터 자신을 보호하기 위해 분투한다. 어린 시절에 부모나 다른 어른들에게 거부, 모욕, 버림, 학대를 당하면 버림받았다는 고통이 참을 수 없이 끔찍하다는 것을 알기 때문에 그러한 고통을 다시 느끼지 않으려고 내면어른은 내면아이와 관계를 끊는다. 그때부터 내면아이는 세상에 자기 혼자라는 고독과 외로움만 느끼는 것이 아니라 타인들에게 상처 받지 않도록 지켜줄 사람이 내면에 없기 때문에 공허감까지 함께 느낀다.

성장 과정에서 버림받은 내면아이는 자신의 내적 경험을 타인들에게 투사하는 법을 배운다. 내면아이가 내면어른에게 통제, 비난, 괄시를 당한다면 내면아이는 다른 사람들에게도 이를 그대로 투사하여 그들의 실제 행동과는 상관없이 그들도 통제하고 비난하고 저버리는 사람들이라고 생각한다. 또한 내면어른에게 버림받은 내면아이가 느끼는 분노도 일반적으로 다른 사람들에게 투사된다. 내면아이는 자신의 분노를 내면어른에게 표현할 방법이 없기 때문에 그러한 유기(遺棄)가 자기 외부에서 이루어진 것이라고 믿게 된다. 사랑이 없는 내면어른은 내면아이의 감정에 귀를 기울일 수 없다. 우리가 어른으로서 타인들에게 느끼는 분노와 비난은 부모에게 당했던 외적 거부뿐만 아니라 내면의 버림받음까지 다른 사람들에게 투사한 것으로 볼 수 있다.

버림받은 내면아이는 항상 자신이 잘못할까 봐 두려워한다. 자기가 잘못해서 거부당했다고 생각하기 때문이다. 따라서 그러한 내면아이는 이 세상에서 '바르게' 살아가는 법을 찾고자 아등바등 매달린다.

'꼭 해야 하는 일'과 규칙을 틀림없이 이행하면 거절을 피할 수 있다고 생각하고 거기에 중독된다. 그러한 내면아이는 더욱 완벽해져야 한다는 남다른 욕구를 품을 뿐 아니라 그렇게 될 수 있다고 믿는다. 완벽주의, 그리고 잘못을 저지를지도 모른다는 두려움은 내면의 아이와 어른이 분리되었을 때에 나타나는 징후다.

버림받은 내면아이는 외적으로 버림받은 데 따르는 외로움을 달래 줄 내면어른이 없기 때문에 한없는 공허와 외로움을 느끼고 비어 있는 내면을 채우기 위해 다양한 중독에 빠져든다. 상처 입고 버림받은 내면아이는 매우 다양한 범위의 물질과 행동에 탐닉함으로써 기본 양육자에게 받은 고통과 수치심을 은폐하며 살아갈 수 있다. 앤 윌슨 섀프(Anne Wilson Schaef)는 《중독 사회》에서 미국 인구의 96퍼센트가 물질 중독과 과정 중독에 시달리고 있다고 했다. 술, 약물, 음식, 설탕, 카페인, 니코틴 따위에 대한 중독은 물질 중독이다. 과정 중독은 사람 중독(동반의존증)과 사물 및 행동 중독이라는 두 종류로 나뉜다. 내면아이는 텔레비전, 일, 운동, 잠, 연습, 권력, 돈, 소비, 도박, 도벽, 독서, 수다, 전화 통화, 명상, 종교, 드라마, 위험, 성적 유혹, 근심, 곱씹는 생각, 심지어 가난과 우울까지도 공허를 채우기 위한 하나의 수단으로 간주하고 탐닉할 수 있다. 내면아이는 내적·외적 고독과 외로움이 야기하는 고통에서 도망치기 위해 물질, 사물, 활동 따위에 빠져드는 것이다.

또한 내면아이는 인간 관계, 섹스, 로맨스, 사랑, 승인에 중독될 수도 있다. 모든 아이는 동의나 승인을 필요로 한다. 그런데 내면어른으로부터 승인이 떨어지지 않으면 다른 사람들에게 사랑과 승인을 구하려고 노력하는 수밖에 없다. 내면어른이 사랑을 주지 않는다면 나 자신이 그런대로 괜찮고 사랑받을 만한 인간인가라는 판단을 하기 위해 타인들의 승인에 집착하게 된다. 이것은 '결핍(neediness)' 상태, 즉 자신이 괜찮다고 느끼기 위해 타인을 반드시 필요로 하는 상태. 외부의 승인에 대한 결핍 상태는 거부에 대한 뿌리 깊은 두려움과 아이가 승인을 원하는 사람의 지배를 낳는다. 타인들과의 외적 분리가 필연적으로 자기 자신과의 내적 분리에서 일어난다는 점을 깨닫지 못한 내면아이는 참을 수 없는 외로움을 회피하기 위해 타인의 승인, 섹스, 사랑을 수단으로 이용한다.

  사랑, 섹스, 승인이 주어져야만 스스로 괜찮다는 기분을 느낄 수 있을 때, 그러면서도 내심 자신은 사랑받을 자격이 없다고 느낄 때, 우리는 사랑과 승인은 얻고 거절은 피하도록 통제할 필요가 있다고 믿는다. 이처럼 결핍되고 버림받은 내면아이는 다른 사람들이 자신을 대하는 방식을 통제하려고 노력하고, 실제로 타인들에게 죄의식과 두려움을 주입함으로써 통제를 할 수 있는 것처럼 느끼고 싶어 한다. 짜증, 분노, 비난, 애정의 말없는 철회, 독선, 울화, 폭력, 토라짐, 윽박지름, 거짓말, 훈계, 잔소리, 설명, 심문, 혹은(그리고) 감정의 구구절절한 토로를 통해 상대를 조종할 수 있다는 것이다. 쓸쓸하고 외로운 감정에 절망한 내면아이는 잘못된 신념에 휘둘린다. 그 신념은 다음과 같은 말로 요약할 수 있다. "다른 사람들을 내 마음대로 부릴 수 있어. 날 사랑하게끔, 날 바라보게끔, 내 말을 듣게끔, 나에게 동의하게

끔, 나와 관계를 맺게끔, 내가 원하는 것을 더 주게끔 할 수 있다고. 그들이 그렇게 대해주면 난 내가 괜찮은 것 같아." 한없이 외롭고 겁에 질린 내면아이는 충동적이고 자기 본위라서 좀처럼 자기 행동을 다스리지 못하는 경우가 많다. 내적 유기의 뿌리가 깊을수록 내면아이가 고통을 누그러뜨리기는 어렵고 아이는 더욱 파괴적이고 자기 파괴적인 방식으로 행동하게 된다. 하지만 이것이 내면아이 본연의 모습은 아니며 그 아이가 외적으로나 내적으로 버림받을 때에만 이렇게 된다. 이 사실을 자각하는 것이 매우 중요하다.

내면아이의 또 다른 통제 방식은 순응과 보살핌이다. 내면아이는 자기 자신의 욕구를 제쳐놓고 남들의 욕구에 부응하려 드는 '착한 아이'가 된다. 이런 아이는 모든 사람을 위해 일을 처리하고 조정하는 역할을 떠맡거나 좋은 사람, 또는 매력적인 사람이 되려고 지나치게 노력하는 등 매우 어른스럽게 행동한다. 맹목적으로 순응하고, 돌보고, 타인의 월권을 허용하고, 친절하게 사람들을 보듬을 때에도 다음과 같은 잘못된 신념에 입각해서 움직이는 셈이다. "나는 중요하지 않아. 내가 원하고 느끼는 것은 중요하지 않아. 다른 사람들의 욕구와 감정이 내 욕구와 감정보다 훨씬 더 소중해. 내가 친절하게 대하거나 매력적인 사람이 되면 다른 사람들도 나를 사랑하고 내가 하자는 대로 따를 거야." 이런 태도는 모두 버림받은 내면아이가 사랑을 얻고 거부당하거나 버림받지 않으려고 자신을 보호하기 위해 다른 사람들에게 행하는 방식이다.

지배당하고 사로잡힐지 모른다는 두려움은 거절당하고 버림받을지

내면아이와 분리된 내면어른

- 의도(내면어른의 선택)
  - 자신의 고통과 기쁨을 위해 책임 회피
    - 내면어른이 내면아이의 감정, 특히 그 아이의 고통에 책임을 느끼지 않으려고 내면아이를 버린다.
    - 내면아이는 자기가 나쁘고, 잘못을 저질렀으며, 사랑받을 자격이 없고, 부족하고, 보잘것없으며, 결함이 있다고 결론 내린다. 아이는 내적으로 외롭고 힘없는 존재로 남겨진다.
      - 사랑받지 못한 채 버림받은 아이
        - 내면아이는 자기가 통제당하거나 버림받거나 모든다는 두려움을 품게 되고, 자기 내면의 유기를 다른 사람들에게 투사하고 다른 사람들도 거절하거나 통제하는 존재들로 보게 됨. 잘못을 저지를지 모른다는 두려움(반드시 옳아야 한다는 욕구인 배우자). 핵심적 자기(core-self)에 문제가 있다는 확신에서 비롯된 죄의식과 수치심. 공허감을 채우고 고통과 두려움을 마비시키기 위한 동반의존과 중독
          - 동반의존/과정 중독
            - 사람
              - 인간 관계
              - 섹스
              - 로맨스
              - 사랑
              - 승인
            - 사물 또는 행동
              - 텔레비전, 일, 독서, 운동, 연료, 권력, 도박, 돈, 소비, 잠, 도벽, 끊임없는 생각, 걱정, 기난, 수다, 명상, 전화 통화, 드라마, 위험, 성적 매력, 종교
          - 물질 중독
            - 약물
            - 술
            - 음식
            - 설탕
            - 담배
            - 카페인

분리가 낳는 것:
- 거절당하거나 버림받거나 모른다는 두려움을 품게 되고, 자기 내면의 유기를 다른 사람들에게 투사하고 다른 사람들도 거절하거나 통제하는 존재들로 보게 됨.
- 잘못을 저지를지 모른다는 두려움(반드시 옳아야 한다는 욕구인 배우자)
- 핵심적 자기(core-self)에 문제가 있다는 확신에서 비롯된 죄의식과 수치심
- 공허감을 채우고 고통과 두려움을 마비시키기 위한 동반의존과 중독

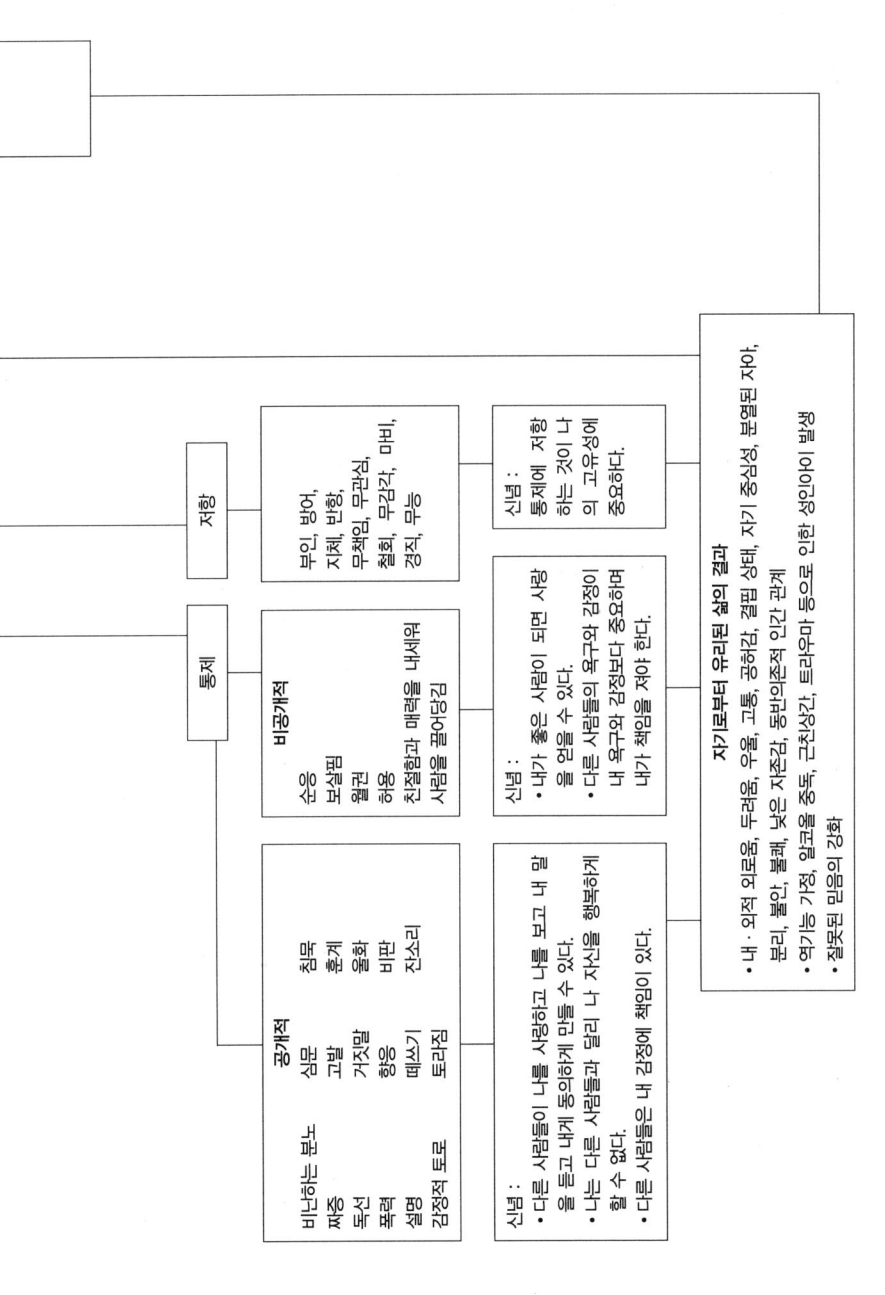

모른다는 두려움 못지않게 강하다. 누군가가 여러분을 통제하고 싶어 하거나 여러분에게 무엇인가를 원할 때 이러한 두려움이 생겨 활성화되면 여러분의 버림받은 내면아이는 저항함으로써 자신을 보호하려 들 것이다. 버림받은 내면아이의 반응에 따라 여러분은 다른 사람의 욕구나 감정에 방어적인 행동을 보일 수도 있고 자신의 감정이나 행동을 부정하게 될 수도 있다. 혹은 애정을 갑자기 거두어들이거나 무관심하게 굴면서 어떤 활동에 홀딱 빠져들거나 어떤 물질에 탐닉하며 귀를 틀어막을지도 모른다. 이런 사람은 시야가 경직되거나 다른 사람의 요구에 반항하며 정반대로 행동할 수도 있다. 혹은 순응하기로 해놓고도 일부러 늑장 부리거나, 무능하게 굴거나, 잊어버림으로써 실제로는 소극적 저항을 하기도 한다. 이러한 행동은 통제당하지 않는 것이 그 무엇보다 중요하다는 잘못된 믿음에서 나온다. 이를테면 이런 식이다. "내가 나 아닌 다른 누군가가 원하는 일을 한다면(설령 나 또한 원하는 일이라 해도) 나 자신과 내 본래의 모습을 잃게 될 거야." 저항에 급급한 사람은 정말로 자기를 생각해서 자기가 원하는 대로 결정하지 않는다. 다른 사람들이 그에게 바라는 것—그를 생각해서 바라는 일이라 해도—에 무조건 저항만 한다. 그런 사람은 사실 자기 자신의 저항에 놀아나는 셈이다. 그 저항이 아무리 타인의 통제로부터 자신을 보호하겠다는 의도에서 나온 것이라 해도 말이다.

 버림받은 내면아이는 앞에서 기술한 방법들(28~29쪽의 표를 보라)로 자신을 보호하기 위해 최선을 다한다. 그러나 이 모든 보호는 더욱 극심한 내적·외적 외로움을 낳는 방향으로 귀결될 뿐이다.

사랑받는 내면아이, 생명력 넘치는 경이로운 아이

스스로 사랑받는다고 느끼는 내면아이가 우리 안의 자연스러운 아이다. 그러한 내면아이는 생동감, 열정, 경이로움을 느끼는 우리의 감각이다. 우리 안의 사랑받는 아이는 무척 특별하기 때문에 그 아이와의 짧은 접촉만으로도 우리는 마음을 열고 살아 있다는 절대적 기쁨을 만끽하게 된다. 사랑받는 내면아이는 원기 왕성하고 열정, 흥겨움, 호기심이 가득하며 새로운 아이디어와 경험을 언제나 기꺼이 받아들인다. 타고난 그대로의 내면아이는 우리의 창의성이자 직관이고 신뢰할 수 있는 능력이다. 내면아이가 한 아이로서 양육자에게 사랑을 받거나, 오랫동안 내면어른에게 사랑으로 재양육되었을(re-parented) 때, 그 아이는 부드럽고 감성이 풍부하며 성품이 원만하고 사랑을 베풀 수 있는 아이가 된다. 사랑받는 내면아이를 통해 우리는 모든 인간이 타고난 평등, 모든 존재의 일체성을 이해할 수 있다. 사랑받는 내면아이는 지혜로우며 그 아이의 앎은 단선적이지 않고 전체를 아우른다. 이 말은, 내면아이가 논리적 단계를 순차적으로 밟아 나가거나 단선적 사고를 하기보다는 — 이 방식은 어른의 소관이다. — 동시에 일어나는 다양한 경험과 인상을 모두 감안하여 결론을 이끌어낼 수 있다는 뜻이다.

내면아이는 단선적이라기보다는 개념적 존재로서 우리 자신 안에서, 또한 다른 사람들과 더불어 근본적으로 감정적이고 정신적인 유대를 이룰 수 있는 능력을 품고 있다. 사랑받는 내면아이는 자기에게 무엇이 '올바른' 느낌이고 무엇이 '잘못된' 느낌인가를 바탕으로 우리의 느낌과 욕구를 구분할 수 있다. 바로 이러한 느낌이 무엇이 우리를 행복하게 하고 무엇이 우리를 불행하게 하는가를 정확하게 가르쳐준다. 자신의 내면아이와 동떨어져 있는 사람들은 오만 가지 감정을 느끼더라도 이러한 앎의 원천에는 이르지 못한다.

우리 사회는 오랫동안 감정의 중요성을 간과하고 논리를 숭상해 왔다. 감정에서 끌어낸 지혜를 얕잡아보고 좌뇌를 떠받들면서 우뇌는 무시했던 것이다. 그래서 엄청난 불균형—지혜의 힘은 없고 논리의 힘만 있는 상태—이 빚어졌다. 지혜는 감정으로 저장된 모든 경험의 축적물이다. 무엇이 진실인지 '느낄' 수 없다면 지혜를 활용할 수도 없다.

많은 이들이 자신의 감정과 어린아이의 지혜를 부인한 채, 행동하며 존재하기보다는 행동 그 자체로 정체성을 수립하려고 노력해 왔다. 한 사람의 정체성이 오로지 그가 수행하는 일하고만 상관이 있을까? 그럼, 존재는 어떻게 되는가? 온화함, 다정함, 공감, 직관, 각성, 느낌은 어떻게 되는가? 호기심, 자발성, 흥겨움은? 이러한 자질들이 우리의 성취 못지않게 중요하다는 것을 알게 될 때 비로소 우리는 충만한 힘과 지혜에 접근할 수 있을 것이다.

사랑받는 내면아이는 공감할 줄 안다. 타인의 감정을 마음 깊이 느낄 수 있다. 우리 안의 바로 이런 측면이 타인을 구해주고 그들의 고통을 덜어주고 싶어 한다. 사랑받는 내면아이는 다른 사람들이 아파할 때 함께 아파하고 그 고통을 완화하기 위해 뭔가 하고 싶어 한다. 내면아이가 타인에게 사랑을 베푸는 것과 타인의 월권을 허용하는 것을 구별할 수 있도록 사랑하는 내면어른이 도와줄 필요가 있다.

사랑받는 내면아이는 잘 놀고 상상력이 풍부하다. 이처럼 재미있고 생동감 넘치는 자신의 일면과 맞닿아 있는 사람들에게는 신명과 흥을 느끼는 감각이 있다. 자신의 내면아이와 잘 이어져 있는 사람들은 인생을 대하는 태도도 자발적이고 활기차다. 그들은 딱 적당하게 자발적이다. 지나치게 충동적이거나 통제 불능으로 치닫지도 않고, 그렇다고 해서 소극적이거나 자기를 억지로 옭아매지도 않는다.

'아이 같은(childlike)'과 '유치한(childish)'은 하늘과 땅 차이다. 전자는 활기 넘치고 자발적이라는 뜻이지만 후자는 충동적이고 통제가 안 된다는 뜻이다. 사람들은 종종 이 두 가지를 혼동해서 자발적인 사람, 잘 놀고 상상력이 풍부하며 경이로움을 느낄 줄 아는 사람에게 성숙하지 못하다는 둥, 세련되지 못하다는 둥, 철 좀 들라는 둥 훈계를 한다. 사람들은 종종 그런 식으로 자신의 내면아이를 저버리든가, 그러지 않으면 최소한 감추기라도 하려고 애쓴다. 자신의 내면아이와 분리된 어른들은 신나게 놀고 즐기는 것을 무척 어려워한다. 그들은 대부분 논다는 것을 성인 특유의 활동으로만 생각한다. 번듯한 칵테일파티에 참석하거나, 고급 레스토랑에서 외식을 하거나, 영화나 운동 경기를 보러 간다든가, 술이나 약에 잔뜩 취해야만 놀았다고 생각하는 것이다.

내면아이는 우리의 행복에 결정적으로 중요하다. 재미를 느낄 줄 아는 능력은 우리가 내면아이에 얼마나 접근해 있는가에 달려 있다. 진정한 놀이는 단순히 어떤 활동에 참여하는 것과는 전혀 다르며 계획적이라기보다는 즉흥적이다. 진정한 놀이는 어디서나 자연스럽게 발생할 수 있는 일종의 태도다. 동물원에서, 혹은 그네를 타면서, 심지어 장을 보느라 줄을 서거나 저녁식사를 차리는 중에도 경험할 수 있으며, 언제든 우리가 기쁨에 열려 있기만 하다면 바로 거기에서 느낄 수 있는 것이다. 놀이는 웃음 가득하고 유쾌한 감정이 원만하게 이어지는 것이다. 마지막으로 자신을 잊고 무엇인가에 푹 빠졌던 때가 언제인가? 우리가 그런 것을 허락한 유일한 때는 처음으로 사랑에 빠졌던 때가 아닐까? 사랑에 빠진 연인들이 까불고, 건들거리고, 노래하고, 즐거워하고, 어린애처럼 논다면 어느 정도 봐줄 수 있다. 하지만 똑같은 행동이 '사랑에 빠지지 않은' 사람들에게는 부적절하게 여겨진다. 어쩌면 바로 그 점 때문에 우리는 사랑에 빠지는 사태를 그토록 생생하고 매력적인 것으로 상상하는지도 모르겠다. 그렇지만 얼마 지나지 않아 젊은 연인들은 이제 책임감을 가져야 할 때라고 결심하고(그것이 곧 내면아이를 무시해야 한다는 뜻이라고 믿으며) 내면아이와 분리되어 완전히 내면어른으로서만 살거나, 혹은 완전히 버림받은 내면아이로서만 살게 된다. 그게 아니면 거부와 통제에 대한 두려움, 그것에 대한 보호 대책이 이어지다 보니 서서히 내면아이의 감정으로부터 분리된다. 그러다 결국 심리 치료사들의 상담실로 찾아가 "어차피 혼자 사는 게 인생인가 보다, 이제 어떻게 사람들과 교류할 수 있는지도 모르겠다."라고 넋두리를 하게 된다! 이따금 갈림길로 나아가 새로운 놀이 상대를 물색해볼 수도 있겠지만 그래 봤자 다시 똑같은 일이 반복될 뿐이다. 그들이 자신의 감정을 책임지고 자신의 내면아이에게서 배우려는 방향으로 변화한다면 대개의 경우 새로운 놀이 상대를 찾을 필요도 없다.

우리의 감각—강렬한 촉각, 미각, 후각, 청각의 경험—은 내면아이에게 속해 있다. 어린아이는 감각적 만족을 좇는 존재다. 아이들은 감각을 통해 온몸으로 삶을 경험한다. 그들은 아무 판단도 내리지 않고 순진무구하게 모든 경험에 온전히 뛰어든다. 아이들은 완전히 지금 이 순간에 충실하기 때문이다. 팔을 까불며 자유롭게 걷고, 노래하고 싶으면 노래한다. 눈에 보이는 대로 거의 다 만져본다. 그래도 가장 중요한 것은 아이들이 끌어안기를 좋아하고 안기기도 좋아한다는 것이다! '우리'가 내면아이와 연결돼 있을 때 바로 이렇게 된다. 대부분 이렇게들 생각한다. '놀 때가 따로 있고 일할 때가 따로 있어. 놀 때가 되면 그때 내면아이와 이어지면 될 것 아냐.' 하지만 인생의 대부분을, 심지어 일하는 시간조차 놀이하듯 신나게 창의적으로 보낸다면 그 인생이 어떻게 흘러갈지 상상해보라!

우리 그룹 치료의 일원이었던 케이트는 우리가 알았던 사람 중에서 그 누구보다 유쾌한 사람이었다. 케이트는 항상 즐거움과 기쁨을 발산했기 때문에 우리는 그녀에게 내면아이에 대한 글을 써 달라고 부탁했다.

'흥겨움'을 주제로 삼아 글을 써보라는 제안을 처음 받았을 때 나는 가슴이 쿵쿵 뛰었다. 드디어 내가 말할 거리가 있는 주제가 나왔구나! 하지만 나 자신은 이 주제에 대해 글을 쓰지 않는 게 좋겠다고 생각했다. 나의 내면아이가 평생 내 인격을 상당히 많이 장악해 왔기 때문에 나보다는 잃어버린 내면아이를 찾으려고 오랫동안 분투해 온 사람이 이 주제로 글을 쓰는 게 더 효과적일 듯싶었다.

다른 사람들이 자기 안의 아이에게 나가서 놀아도 좋다고 허락할 때 어떻게 하는지 이야기를 들었다. 놀이, 기쁨, 행복, 재미를 통해 내면아이가 모습을 드러내도록 하기가 몹시 힘들다는 사람들의 고통스러운 얼굴을 보면서 나는 깊은 슬픔을 느꼈다. 내면아이는 나의 아주 강력한 일부이기 때문에 왜 그들이 그렇게 어려워하는지 이해하기가 힘들다. 내면아이에게 목소리를 주라고? 나의 내면아이는 쩌렁쩌렁한 목소리로 분명하게 외치고 있다. 그 아이에게 밖으로 나와도 좋다는 '허가증'을 주라고? 나의 내면아이는 주도권을 쥐고 살아왔단 말이다! 벌써 서른일곱 살인데도 나는 내가 어른의 몸을 한 어린아이 같다.

대부분의 사람들은 나에게 늘 똑같은 소리를 한다. "철 좀 들어라, 정리 좀 하고 살아라, 진지해져봐라, 책임감을 가져라." 재미만 좇으며 살지 말라는 이야기다. 나는 부모님, 선생님, 그밖의 어른들에게 꾸지람이나 훈계를 들을 때 그것을 결코 깊이 받아들이지 않았다. 그 당시의 내 행동은 달라졌을지 모르지만 나라는 사람 본연의 모습이 바뀌지는 않았다. 나는 아주 어렸을 때조차 내가 이 지구에서 살아가는 가장 큰 이유가 이 생명을 가지고 사랑, 행복, 기쁨을 누리기 위해

서이며, 내가 지구 표면을 거니는 한 그 삶을 충만하게 살아가기 위해서라고 생각했다. 나한테는 보물이 있고 그 보물이 나의 본질적인 부분이며, 그걸 꼭 붙잡고 매달려야 한다는 것을 알고 있었던 것이다. 부정적인 메시지들은 뒷전으로 보내버려야 했다. 나는 즐겁고 행복하다는 것이 얼마나 좋은 느낌인지 알 수 있었다. 나의 작은 존재가 다른 사람들의 삶에 얼마나 큰 빛을 비추는지 알 수 있었다. 그들은 그 빛이 자기들에게 이로운 줄 몰랐지만 나는 확실히 알았다!

내가 일종의 마법에 빠진 삶을 살아왔고, 그래서 놀기 좋아하는 나의 내면아이와 항상 연결되어 있기가 수월했다는 것을 여러분은 잘 모르기 때문에 나 자신에 대해 조금 이야기를 해볼까 한다. 나는 '숙녀다운' 행동과 예의범절을 무척 따지는 남부의 작은 시골 마을에서 자랐다. 그래서 이렇게 행동해야 한다, 저렇게 행동하면 안 된다는 식의 이야기를 귀에 못이 박히도록 들었다. 그렇게 행동하지 않으면 "동네 사람들이 어떻게 생각하겠니?"라는 것이었다. 게다가 우리 가족은 엄격하기로 이름난 남부 침례교도 집안이었으므로 나는 엄마뿐만 아니라 하느님에게서도 곧고 좁은 길을 걸어야 한다는 가르침을 받았다. 성년기의 삶도 순탄하지 않았다. 나는 스물네 살에 결혼했는데 결혼한 지 1년 만에 남편이 비행기 사고로 사망했다. 당시에 나는 출산을 불과 보름 남겨놓은 만삭의 몸이었다. 7년 후의 두 번째 결혼은 남편의 약물 중독이라는 문제를 내 삶에 끌고 들어왔다. 약물이 일으킨 모진 시련과 거짓말, 그리고 마침내 회복으로 이어진 참으로 길고 고된 여정이었다. 그러나 그 모든 과정을 겪으면서도 나의 정신은 망가지지 않았다. 오히려 그토록 힘겨운 시간 속에서도 행복과 사랑이 넘치는 인생의 면모를 볼 수 있었다. 매사에 좋은 면을 찾아낼 수 있고 고통을 치유하는 동안에도 행복한 순간을 포착할 수 있는 능력, 이런 것들을 택함으로써 나는 내 마음속의 사랑하는 내면아이를 계속 지킬 수 있었다.

그렇다면 놀 줄 안다는 건 무슨 뜻일까? 흥겨움에는 특별한 장치나 기술, 방법이 필요하지 않다. 흥겨움은 자발적으로, '지금 이 순간을' 즐길 수 있는 기회라면 어느 때라도 놓치지 않는 자세를 뜻한다. 아마 아이의 마음속에서 '재미있을까?'보다 중요한 질문은 없을 것이다. 성인이 된 우리에게도 이 질문은 중요하다. 나는 어떤 일이 나한테 재미가 있을지 없을지 알 수 있고, 재미가 없을 것 같은 일은 대개 내가 해야 할 일로 치지 않는다. 여러분이 조금만 창조적이라면 지극히 세속적인 허드렛일조차도 재밋거리로 바꿀 수 있다. 식료품점에서 카트를 힘차게 한 번 밀고 그것에 냉큼 올라타 자동차 있는 데까지 가본 적이 있는가?

흥겨움에 대해 생각하고 글을 쓰면서 나는 그러한 성격이 이 세상에서 나라는 존재에 얼마나 막대한 영향을 끼쳤는지, 내게 얼마나 큰 힘을 주었는지 깨달았다. 나는 아이 같은 성격 때문에 분명히 다른 사람들보다 덜 방어적이고 더 개방적이었다. 호기심이 풍부했고 그래서 성장하기도 수월했다. 아이는 성장하게 마련이니까. 그리고 나를 둘러싼 세상에서 기쁨과 경이를 찾았다. 일단 시선을 던지기만 하면 주위에 그런 것들이 얼마나 많은지 알 수 있을 것이다. 내가 즐길 줄 알면 남들도 즐기게 만든다는 것을 안다. 그런 까닭에 내 주위에는 사람들이 모여들었고 나의 행복은 여러 사람의 마음을 치유해주었다. 나는 사랑을 베풀 줄 아는 어린아이가 우리 모두의 내면에 있다고 믿는다.

더욱이 '일'조차 나에겐 재미나기만 하다. 나는 줄곧 미술계에서 일해 왔지만 나만의 진정한 표현법을 찾은 것은 불과 4, 5년 전의 일이고 지금은 꽤 성공적인 작업을 하고 있다. 나는 머리에서 발끝까지 입을 수 있는 일종의 예술 작품을 만든다. 또한 내 일을 자유롭고 창조적으로 주도한다. 고객들은 대부분 이전 작품보다 좀 더 상상력을 펼쳐 달라고 부탁한다. 나의 작업만 향상되는 것이 아니다. 이 일은 나 자신의 재미있고 사랑을 베풀 줄 아는 부분, 즉 나의 감각적인 내면아이, 마음 한가운데서 자유롭게 풀려나 창조할 수 있는 그 아이와 내가 맞닿아 있느냐에 달려 있다.

때로는 나의 아이 같은 면모가 자그마한 불편을 낳기도 한다는 것을 인정해야겠다. 나는 힘 있는 여성이 되기를 두려워했다. 힘 있는 존재가 된다는 것은 흥겨움을 포기해야 하는 것이라고 생각했기 때문이다. 내가 어렸을 때 접했던 어른들은 주목할 만한 예외가 있긴 하지만 모두들 심각하고 예의 바르고 고루했다. 그래서 절대로 그 어른들처럼 되지 않겠다고 결심했다! 나로서는 양자택일의 상황이었고 그래서 놀기 좋아하는 아이 쪽을 택했다. 나는 어른이 되어서도 때때로 수줍음 많은 계집아이처럼 굴며 자기 주장을 내세우기 꺼렸고 심지어 진짜 어린 소녀처럼 기어들어가는 목소리로 말하곤 했다. 어느 날 마지가 지적해주기 전까지는 나 자신도 그런 줄 모르고 있었다. 나는 이제 새로운 역할 모델이 내 주위에 있다는 것을 안다. 바로 마지와 에리카 같은 사람들, 자신의 흥겨움과 이어져 있으면서도 여성으로서 자신의 힘을 지닌 사람들이다. 이 발견이 나에게 얼마나 놀라운 계시였는지! 여전히 내가 원하는 대로 옷을 입고, 내가 원한다면 바보같이 정신 나간 짓도 저지를 수 있지만 여성으로서 내 힘도 지닐 수 있는 것이다. 이러한 깨달음을 얻자 내 삶에 진짜 변화가 일어났다. 이제 나 자신이 온전한 사람처럼 느껴진다. 여전히 어른의 몸을 한 어린아이 같으면서도 내가 원하는 것을 내 삶 속에서 창조할 수 있는 힘이 있다. 내가 될 수 있는 모든 것이 되기 위한 힘이.

진정으로 자신의 내면아이와 이어져 있을 때 우리는 내면의 힘을 표현하고 자신의 삶을 다스리며 타인의 통제에 쉽게 말려들지 않는다. 부모와 사회는 항상 통제력을 잃을지도 모른다는 위협에 시달린다. 그 때문에 우리는 어린아이가 진정 어떤 존재인가에 대해 그릇된 메시지를 자주 주입받는다. 어른들은 보통 내면아이에 대해 잘못된 믿음을 품고 있다. 잘못된 신념 중에서 가장 일반적인 것들을 몇 가지 꼽아보면 다음과 같다.

- 내면아이는 내 안에 존재하지 않는다. 다른 사람들에겐 있을지 모르지만 나는 아니다.
- 모두들 내가 지나치게 낙관적이라고 생각하며 내 말을 진지하게 받아

들이지 않을 것이다.
- 내가 '그렇게' 행복하다면 아무도 내 깊은 속내를 모를 것이다.
- 다른 사람들은 모두 나를 또 의기소침하게 만들 뿐이다.
- 내면아이와의 연결은 내가 선택할 수 있는 사안이 아니다. 일이 제대로 풀릴 때에나 그런 경우가 생길 수 있다.
- 내가 어린아이같이 군다면 직장에서 그 누구도 — 상사, 동료 직원, 학생, 고객 등 — 나를 존중해주지 않을 것이다.
- 무책임하다는 소리나 듣게 될 것이다.
- 내 아이들도 내가 젊게 살려고 용을 쓴다고 할 것이다. 아이들이 부모에 대한 존경심을 잃고 머리끝까지 기어오르려 할 것이다.
- 다른 사람들이 나의 자발성에 당황할 것이다. 그들이 불편해한다면 내 잘못이다.
- 노는 건 애들이나 하는 짓이다.
- 남들이 나를 멍청이라고 생각할 것이고 나로서는 그런 비난을 어쩔 수 없다.
- 내 안의 아이를 풀어놓는다면 아무것도 얻지 못할 것이다.
- 나는 내면아이를 신뢰할 수 없다. 내면아이는 항상 나를 골치 아픈 일에 끌어들일 것이다.
- 내가 내면아이에게 마음을 연다면 내 삶을 다스릴 수 없게 될 것이다. 나의 내면아이는 그저 나와 그밖의 모든 것을 쥐고 흔들고 싶을 뿐이다.

이상은 잘못된 신념의 일부일 뿐이다. 이밖에도 내면아이는 무능하다는 믿음을 포함하여 수많은 잘못된 신념을 갖고 있다. 이보다 진실과 동떨어진 주장도 없을 것이다! 내면아이에게는 깊은 지혜가 있다. 우리 상담실의 내담자 중 한 사람인 할은 이러한 깨달음을 잘 보여주었다.

할은 어릴 때 피아노를 쳤다. 그는 성인이 된 후, 피아노 한 대를 사고 싶다는 소망을 오랫동안 품어 왔다. 피아노가 배달되던 날, 그는 당장 피아노를 치고 싶어서 얼른 배달원들을 문 밖으로 내보냈다. 자신이 갖고 있는 유일한 악보인 모차르트 소나타 한 곡으로 피아노를 공략했다. 그의 손은 뻣뻣했고 그 곡은 연주하기가 어려웠다. 그렇지만 할은 아무리 힘들지라도, 혹은 그 곡을 끝내기 위해 어떤 대가를 치르더라도 그것을 즐기려고 했다. 불과 몇 분 사이에 그의 몸은 경직되고 땀에 흠뻑 젖었다. 얼굴이 긴장되고 찌푸려졌지만 결국 그는 그 곡을 정복하고 말았다. 기어이 끝까지 연주해낸 것이다! 마음속의 작은 목소리가 그에게 물었다. "그래, 하지만 재미있디?" 그러자 갑자기 예전에 왜 피아노 배우기를 그만두었는지 기억이 났다! 할은 당혹스러워서 악보를 집어던지고 그냥 자기 느낌대로 피아노를 치기로 결심했다. 그 순간, 그는 자신의 내면아이를 자유롭게 풀어놓았다. 금빛 피아노현에서 흘러나온 소리는 그가 오랫동안 부정해 왔던 기쁨과 창조성의 음악이었다. 그는 '제대로 해내려고' 노력한다는 것이 참으로 이루기 힘든 목표라는 것을 배웠다. 그의 내면아이는 줄곧 피아노 치는 법을 알고 있었고 그 소리는 훌륭했다.

여러분은 이렇게 말할지도 모른다. "물론 그 친구는 그럴 수 있었지. 어렸을 때 피아노 치는 법을 배웠으니까 커서도 기억이 난 게 아닌가. 하지만 내면아이가 무슨 일이든 할 수 있다고 믿어서는 안 돼. 특히 위험할 수도 있는 일은 아이에게 맡기지 말아야지. 아이가 중대한 것들을 배울 수 있다고 믿어선 안 돼. 아이는 일단 이해력이 딸린단 말이야." 그렇지만 에리카는 괄목할 만한 경험을 했다. 그녀는 그 경험에서 내면아이를 믿어도 된다는 것을 배웠다.

나는 글라이더 조종사다. 어린 소녀 시절에 글라이더 비행을 다룬 디즈니 영화를 보고 나서부터 글라이더 조종사가 되기를 꿈꾸었다. 이런저런 이유 때문에 비교적 뒤늦게 글라이더 조종에 입문했지만─아직 몇 년밖에 안 됐다.─그 첫걸음이 나의 내면아이에 대해 결코 잊을 수 없는 교훈을 주었다.

온화한 10월의 어느 날이었다. 우리는 오랫동안 기다려 온 나의 첫 번째 비행 교습을 위해 사막까지 차를 몰고 나갔다. 너무 흥분해서 직접 차를 몰 상황이 아니었기에 친구에게 모하비 사막의 크리스털 소어링까지 운전을 부탁해 두었다.

멋진 글라이더 앞좌석에 앉은 나는 그 늘씬한 날개와 사랑에 빠져버렸다. 나의 비행조교 존 스티븐슨만큼 황홀경에 빠졌고 견인기에 끌려 활주로를 따라가기 시작했다. 오랫동안 꿈꾸던 일이 현실이 된 만큼, 비행하는 내내 "와우!"라고 외치는 내 목소리가 들렸다. 나중에 존이 말했다. "에리카, 조종 스틱을 잡고 회전을 시도해봐요." 글라이더의 날개가 나에게 반응한다는 느낌이 얼마나 엄청난 힘을 실어주었는지 모른다. 매의 무리 중 한 마리가 된 기분이 들었다. 하늘에서 이런 일을 해낼 수 있다면 땅에서 내가 못할 일이 아무것도 없을 듯했다. 글라이더가 착륙하는 순간 내가 경험한 재미와 압도적인 아름다움에 눈물이 날 것 같았다.

그렇지만 두 번째 비행 교습은 전혀 다른 경험이었다. 안전벨트를 착용하면서 나는 긴장감을 느꼈고 왠지 자신이 없었다. 내 안의 비판적인 목소리가 이렇게 말했다. "에리카, 넌 비행을 할 수 없어. 넌 존도 손을 쓸 수 없을 만큼 아주 끔찍한 실수를 저지르게 될 거야. 있잖아, 이건 하나도 재미있지 않아. 넌 지금 심각한 위험을 무릅쓰고 있는 거라고. 어쩌면 너 때문에 존까지 목숨을 잃을 수도 있어." 이륙을 하는 중에도 속이 계속 메스꺼웠다. 조종 스틱을 잡을 때에는 손에 충분히 힘이 들어가지 않았다. 팔이 두려움으로 뻣뻣하게 굳어 있었기 때문에 지난주에 자연스럽게 해냈던 것처럼 날개를 부드럽게 회전시키지 못하고 거칠게 조작할 수밖에 없었다. 나는 겁에 질렸고 착륙할 즈음에는 또다시 비행을 할 수나 있을지 확신이 없었다. 그러나 이 상황이 얼마나 심각한지 존은 눈치채지 못했을 수도 있기에 그에게는 내 심경을 전혀 드러내지 않았다. '우리 둘 다 죽을 뻔했다는 것을 모른 채 그저 내가 좀 신경이 날카로운 줄 알겠지' 생각하자 걱정이 되었다.

비행 교습을 마치고 집으로 차를 몰아 돌아가는 길에 나는 실망 정도가 아니라 아예 패배감마저 느꼈다. 나중에야 두 번째 비행 교습에서 내가 두려움 때문에 나의 내면아이와 분리되고 말았다는 것을 깨달았다. 첫 번째 비행에서는 내면아이가 내면어른과 하나가 되어 비행을 했다. 나는 비행을 할 때에는 항상 내면아이를 끌어들여야겠다고 결심했다. 바로 그거였다!! 나의 내면아이는 알고 있다!! 나는 내면아이의 지식을 신뢰할 수 없으며, 그냥 재미만 좇다가는 분명히 죽게 될 거라고 생각했던 것이다.

그 다음 교습시간에 활주로를 달리면서 다시 팽팽한 긴장을 느꼈다. 그래서 나는 창을 열고 두려움을 지금 창밖으로 내버린다고 상상하고는 탕 소리가 나게 창을 닫았다! 그러자 다시금 자유를 느꼈고 글라이더의 날개는 다시 한 번 내면아이의 정신의 연장이 되었다. 나의 비행 훈련은 유례없는 속도로 진전을 보였고 조종술도 매우 빨리 늘었다. 이러한 성과의 일부는 존의 공로였다. 그는 어른과 아이의 완벽한 균형을 보여주었다. 비행 교습을 할 때 존의 내면어른은 비행기에 대한 완벽한 이해와 습득을 도왔다. 한편, 매우 잘 계발된 그의 내면아이는 공기, 비행기, 그리고 자기가 가르치는 제자들에 대한 직관적 지식과 감수성을 불어넣어주었다.

지금까지 나는 하늘을 날 때마다, 땅을 박차고 오르는 순간마다, 내면아이에게 비상(飛上)을 허락한다는 것이 얼마나 가치 있는 일인지 떠올리곤 한다.

다음 표는 사랑받는 내면아이의 정의를 요약한 것이다.

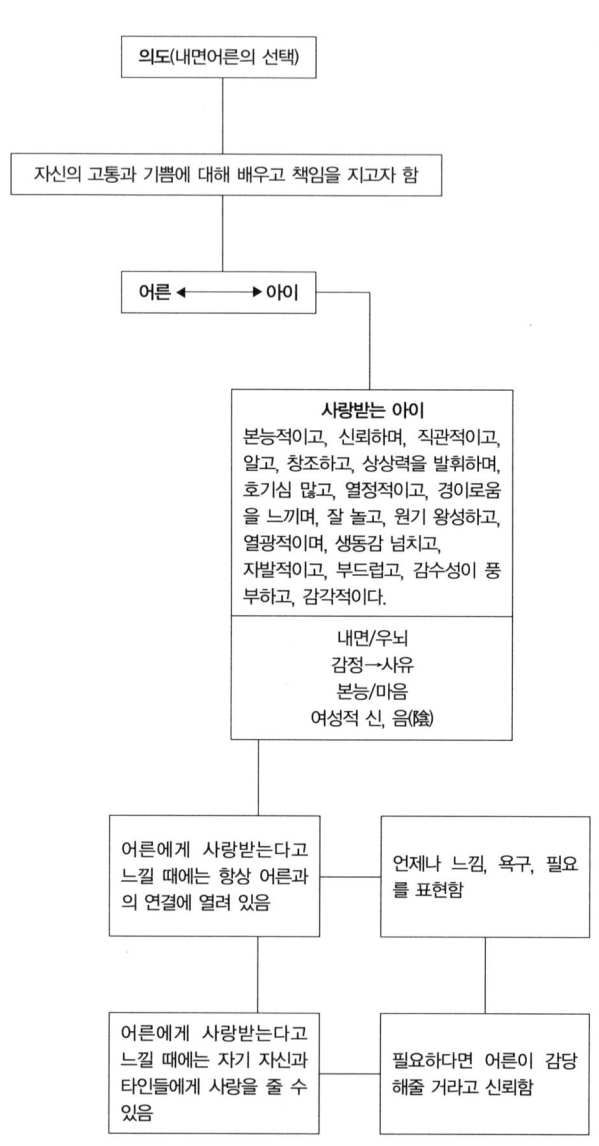

2장
내면어른이란 누구인가

우리의 어른 부분은 열여덟 살이 되면서 갑자기 나타나는 것이 아니다. 우리는 태어난 그 순간부터 우리 자신의 '아이' 부분과 '어른' 부분을 함께 발달시킨다.

내면어른,
지성과 행동의 주체

내면어른은 우리 안의 논리적 부분, 사유하는 부분이다. 내면아이는 감정에서 생각이 나오지만 내면어른은 정반대로 생각에서 감정이 나온다. 내면어른은 존재보다 실행에 더 관심이 많고 경험하기보다는 행동하려고 한다. 내면어른은 양(陽), 남성성, 혹은 우리 자신의 좌뇌적인 측면으로, 내면아이는 음(陰), 여성성, 우뇌적인 측면으로 구분할 수 있을 것이다. 또한 내면어른을 의식적 정신, 직선적 사유의 지성으로 간주할 수 있다.

내면어른은 의도와 행동을 주목하는 '선택권자'다. 보호를 선택하거나 배움을 선택하는 주체, 그리고 의도에 따르는 행동을 선택하는 주체는 항상 내면어른이다. 사랑으로 재양육하는 과업—오랜 상처를 치료하고 잘못된 믿음들을 진실로 대체하는 작업—에 착수하고 버림받은 내면아이의 파괴적이거나 자기 파괴적인 행동 패턴들을 더는 보아 넘기지 않기로 결심하는 것은 내면어른의 소임이다. 내면어른이 내면아이를 지속적으로 알아 가고 사랑하기로 결심한다면 그 아이는 자연스레 호기심을 품고 배움에 자신을 열게 되어 있다.

우리의 내면어른은 사랑을 주는 어른일 수도 있고 사랑할 줄 모르는 어른일 수도 있다. 달리 말하자면, 배움을 선택한 어른일 수도 있고 보호를 선택한 어른일 수도 있다. 그렇지만 이 문제를 기술하기 전에 애정 어린 행동에 대한 실질적인 정의를 짚고 넘어가는 것이 중요하다. 우리가 우리 자신과 다른 사람들의 감정적·정신적 성장을 북돋아주고 지지할 때, 또한 우리 자신의 감정을 개인적으로 책임질 때, 우리는 사랑하는 존재다. 이 말은, 우리가 피해자 행세를 하지 않고 우리 행동과 반응에 대한 책임, 나아가 그로 인한 행복과 불행의 책임을 남의 탓으로 돌리지 않아야 한다는 뜻이다. 뿐만 아니라 애정 어린 행동은 자신에 관해서 숨김이 없고 자기에게나 남들에게 부끄러울 것이 없다. 애정 어린 행동은 본질적으로 조화롭고, 자존감과 완전성을 고양시킨다. 자신의 내면아이를 사랑한다는 것은 자신을 고통스럽게 하는 잘못된 신념들에 대해 그 아이와 함께 배워나감으로써 자신의 감정을 책임진다는 뜻이다. 나를 사랑하고 지지해주는 활동 무대를 만들고, 그 안에서 해묵은 분노와 고통을 헤치고 나아가 내게 기쁨을 주는 것을 발견하고, 그것을 실현하기 위해 행동한다는 뜻이다.

내면아이를 회피하는 무심한 내면어른

사랑 없는 어른은 자기를 보호하기 위해 지각, 경험, 느낌을 차단하고 내면아이의 고통, 두려움, 슬픔, 불편함, 극심한 고독과 외로움을 책임지지 않기로 선택한다. 또한 사랑 없는 어른은 아이의 기쁨에 대한 책임마저 회피하기로 선택한다. 이러한 어른은 아이와 연결되기 전에 과제, 규칙, 의무를 앞세우고 면박을 준다. 따라서 사랑 없는 어른은 지나치게 권위적이거나, 아니면 모든 것을 허용하는 내면부모(Inner Parent)가 됨으로써 내면아이와 분리되고 그 아이를 유기한다. 사랑 없는 어른이 권위적이면 사사건건 비판하고 판단이 앞서며 아이를 깎아내리고 창피를 주면서 심하게 통제하려 든다. 이는 곧 내면아이에게 "너는 나쁘다, 네가 잘못이다, 너는 부족하고, 멍청하고, 이기적이고, 보잘것없다."라고 거짓말을 하며 아이의 감정을 짓밟는 내면의 목소리다. 사랑 없는 어른은 무엇을 '해야만 하고' 무엇을 '해서는 안 되는지', 만약 '똑바로 하지 않으면' 어떠어떠한 나쁜 일들이 일어나게 되는지 말함으로써 내면아이를 통제하려 든다. 이 어른은 아이에게 자기 희생만이 사랑이고, 자신의 행복을 추구하는 것은 이기적이라고 말한다. 그러나 사실 자기 감정을 다른 사람들이 책임져주기를 기대하는 것이야말로 진짜 이기적인 태도다. 사랑 없는 어른은 일방적으로 결정을 내리고 아이의 욕구와 필요를 간과한다. 그리고 내면아이의 목소리를 무시하고 부정하면서 부모들이 아이의 말에 귀 기울이지 않을 때 생기는 것과 똑같은 문제들을 만들어낸다. 사랑 없는 어른이 권위주의자라면 그의 기본 의도는 내면아이에 대한 통제를 유지하는 것이다.

사랑 없는 어른은 부모와 사회로부터 여러 규칙을 흡수하여 내면아이에게도 그 규칙을 그대로 강요한다. 멜로디 비티(Melody Beattie)는 《동반의존을 넘어서》에서 우리 대부분이 수용하게 된 몇 가지 규칙을 정리했다.

- 느끼지 말라, 혹은 감정에 대해 말하지 말라.
- 생각하지 말라. 사정을 짐작하지 말라, 혹은 결정을 내리지 말라. 아마 당신도 자기가 무엇을 원하는지, 자기에게 무엇이 최선인지 모를 테니까.
- 확인하지 말라, 언급하지 말라, 문제를 풀지 말라. 문제가 있다는 것 자체가 좋지 않다.
- 착하고 올바르고 완벽하고 강해져라.
- 타고난 자기 본래의 모습이 되지 말라. 그것만으로는 충분치 않으니까.
- 이기적으로 굴지 말라, 자기를 우선시하지 말라, 자기가 원하고 필요로 하는 것을 말하지 말라, 거절하지 말라, 선을 긋지 말라, 자기 자신을 챙기지 말라. 항상 남들을 챙기고, 그들을 화나게 하거나 감정을

상하게 해서는 안 된다.

- 재미를 좇지 말라, 바보처럼 굴지 말라, 인생을 즐기지 말라. 그러려면 돈이 들고 시끄러워지는 데다가 그럴 필요도 없다.
- 자기를 믿지 말라, 초월적 힘(Higher Power)을 믿지 말라. 인생이라는 과정을, 혹은 특정 인물들을 믿지 말라. 차라리 믿을 만한 가치가 없는 사람들을 믿고 나중에 그들에게 당하거든 깜짝 놀라는 척하라.
- 마음을 열지 말라, 정직해지지도 말고 직설적으로 말하지도 말라. 넌지시 말을 흘리고 남들을 조종해서 그들이 당신 대신 말하게 하라. 그들의 욕구와 필요를 추측하고 그들도 당신에 대해 그렇게 추측하게 하라.
- 사람들에게 가까이 다가가지 말라. 그건 위험하니까.
- 성장이나 변화를 도모한다고 시스템을 어지럽히지 말라.
- 속이야 어떻든, 어떤 일을 해야 하든 늘 '겉모습'은 좋게 보여라.

사랑 없는 내면어른은 이러한 규칙과 잘못된 믿음을 내면아이에게 지속적으로 강요함으로써 우리가 어렸을 때 사랑받지 못했던 경험을 영원히 존속시킬 수도 있다.

한편, 사랑 없는 어른이 허용적이라면 내면아이에게 전혀 신경을 쓰지 않고 그 아이가 모든 것을 혼자 처리하도록 방임할 것이다. 혹은 태만하고 물러터진 어른으로서 내면아이가 자기 파괴적 양상을 띠고 물질 및 과정 중독을 통해 자기 자신을 육체적으로나 감정적으로 학대하고 모독하더라도 대책을 세우지 않을 것이다. 또한 지나치게 관대한 내면어른은 내면아이가 타인에게 신체적 · 감정적 폭력— 구타,

폭행, 절도, 거짓말, 모욕 주기, 나아가 강간이나 살인까지— 을 휘두를 정도로 파괴적인 모습도 허용할 것이다. 사랑 없는 허용적 어른은 내면아이의 욕구와 필요에 저항할 수도 있다. 사랑 없는 어른은 내면아이의 필요를 충족시켜야 할 자신의 책임에 저항하기로 선택했기 때문에 그 아이가 다른 사람들을 통해 필요를 충족하게끔 방치한다.

권위적 내면어른이나 허용적 내면어른이나 사랑받지 못하고 버려졌다는 느낌을 내면아이에게 남긴다는 점에서는 마찬가지다. 아이는 자기가 못됐고, 잘못했고, 사랑받을 자격이 없고, 결점이 많고, 보잘 것없고, 무의미하며, 부족한 존재라고 결론을 내린다. 그리고 이러한 잘못된 믿음이 두려움, 수치심, 죄의식이라는 감정을 낳는다.

사랑 없는 내면어른은 대개 우리의 부모, 조부모, 형제자매, 교사, 성직자, 그밖의 역할 모델과 권위적 존재들의 애정 없음을 그대로 본뜬 것이다. 우리 모두에게는 부모나 양육자가 우리에게 반응했던 방식 그대로 자신의 내면아이에게 반응하려는 경향이 있다. 그 때문에 우리의 분리된 느낌과 고통이 영원히 지속된다. 우리는 어렸을 때 비난, 거짓, 모욕, 깎아내림을 당했던 방식 그대로, 종종 그때와 완전히 똑같은 단어와 화법과 행동을 구사해 가며 자기의 내면아이를 몰아세우고, 기만하고, 창피를 주고, 깎아내릴 수 있다. 사랑 없는 내면어른이 권위적이냐 허용적이냐는 여러분의 부모나 일차 양육자가 여러분과 자기 자신을 어떻게 대했는가에 달려 있다.

무의식적으로 항상 일어나는 내면대화는 아마 여러분이 어렸을 때 여러분의 역할 모델에게 들었던 말과 비슷할 것이다. 부모들도 대부분 자신들의 버림받은 내면아이와 사랑 없는 내면어른을 통해 우리를 양육했을 것이다. 그리고 부모들은 다시 우리 자신의 사랑 없는 내면어른의 역할 모델이 되었다.

만약 당신이 어려서 사랑받지 못하고 자랐다면—정도의 차이는 있지만 우리들 대부분이 그렇다고 할 수 있는데—당신의 부모가 내면아이를 버릴 때 영향을 끼쳤던 잘못된 믿음을 당신도 그대로 받아들였을 것이다. 다음은 부모를 지켜보고 경험하면서 흡수했을, 잘못된 믿음의 몇 가지 예다.

- 나 자신을 행복하게 할 수 없다. 다른 사람이나 사물과는 달리, 나는 스스로를 행복하게 만들지 못한다. 난 나를 돌볼 수 없다.
- 나는 고통을 다스릴 수 없다. 특히 거절당하거나 버림받는 고통, 혼자가 된다는 고통은 내가 어찌할 수 없다.
- 내 감정은 남들에게 책임이 있고 나는 그들의 감정에 책임이 있다.
- 나에 대한 다른 사람들의 느낌이나 그들이 나를 대하는 방식을 조종할 수 있다.
- 통제에 저항해야만 나의 완전성을 지킬 수 있다.
- 나의 행복을 추구하는 것은 이기적인 짓이니까 잘못됐다.
- 나의 핵심적 자기는 못되고 나쁘고 사랑받을 자격이 없거나 어떤 식으로든 결함이 있다.

이러한 잘못된 믿음에 따라서 움직이는 한, 여러분은 내면아이를 사랑하는 행동으로 나아가지 못할 가능성이 높다. 자기가 나쁘고 스스로를 행복하게 할 수 없다고 믿거나 자기 힘으로는 내면아이의 고통을 어쩔 수 없다고 믿는다면, 자신의 감정을 책임지고 내면아이에 대해 배우겠다는 선택을 내리지 못할 것이다. 오히려 내면아이를 계속해서 통제하려 들 것이고, 내면아이는 내면아이대로 다른 사람들을 통제하려 할 것이다. 또한 여러분은 내면아이를 유기함으로써 계속해서 자신의 감정을 남의 탓으로 돌릴 것이다. 일단 여러분의 내면어른이 내면아이를 유기하기로 한 이상, 그 아이는 고독하고 무력한 상태로 남을 수밖에 없다. 내면아이를 위해서 내면어른이 새로운 선택을 하는 것이 첫걸음이 되어야 한다.

55쪽의 표는 '사랑 없는 내면어른'을 잘 보여준다.

내면아이를 대하는 방식이 인생을 결정한다

사랑하는 내면어른은 내면아이에게서, 또한 그 아이와 더불어 배우기를 선택한 어른으로서 우리 자신의 힘 있고 헌신적이며 용감한 면이고, 윤리적이고 흠 없이 행동하는 부분이다. 사랑하는 내면어른은 내면아이를 재양육하는 방법을 배우는 데 매우 '헌신적'이다. 내면아이를 알고, 사랑하고, 기르고, 지지하고, 그 아이와 이어지기 위해 깊이 몰두하는 것이다. 사랑하는 내면어른에게는 자기 내면을 들여다보고 자신을 직시하며 감히 알고자 하는 '용기'가 있다. 이것이 바로 긍

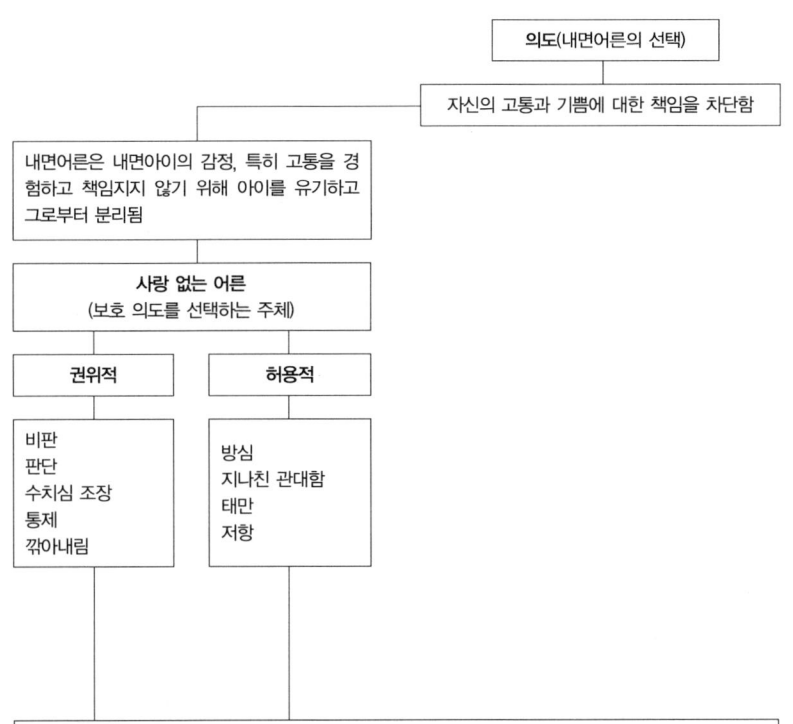

정적인 내면부모, 어린 시절에서 비롯된 오랜 상처를 치유하고 잘못된 믿음을 진실로 대체할 수 있는 우리 자신의 한 부분이다. 사랑하는 내면어른은 내면아이의 감정과 욕구를 위해 적극적으로 행동할 수 있는 우리의 일면이다. 이 어른은 행동을 통해 내면아이의 욕구, 필요, 욕망, 창의적 아이디어들이 열매를 맺게 한다. 아이가 굶주려 있으면 어른은 음식을 준비한다. 아이가 지쳤다면 어른이 침대에 뉘어주고 불을 꺼줘야 한다. 아이가 다른 사람들과 관계를 맺고 싶어 하면 어른이 전화를 걸어주는 것이다. 아이가 이미지를 창조하면 어른은 그 이미지를 화폭에 옮긴다.

어른은 아이와 어른 양쪽 모두의 필요와 감정을 행동으로 표현한다. 어른의 행동 없이 감정만 경험한다면 우리는 답보 상태에서 벗어나지 못한다. 마찬가지로, 감정이 배후에 깔리지 않은 행동은 알맹이 없이 공허한 경험일 뿐이다. 예를 들어 누군가에게 온정을 느낀다 해도 어떤 형태로든 행동으로 표현하지 않는다면 상대는 결코 당신의 진실을 경험할 수 없다. 그렇지만 사랑하는 마음 없이 애정이 넘치는 행동만 한다면 그 행동은 허망할 뿐 아니라 기만적일 수도 있다. 바로 그 때문에 감정과 행동의 관계와 균형이 그토록 중요한 것이다. 사랑하는 어른과 사랑받는 아이가 협력할 때 비로소 내면의 조화가 이루어진다.

사랑하는 내면어른은 내면아이에게 권위적이지도 않고 허용적이지도 않다. 이 어른은 아이에게 자신의 의지를 관철하거나 자기 방식을 따르라고 강요하지 않는다. 그렇다고 해서 관대하기만 한 것도 아니다. 내면아이는 하루 종일 사탕만 먹겠다고 할 수도 있지만 사랑하는 내면어른이 그런 행동을 허용하지 않는다. 오히려 그 어른은 아이에게 왜 그렇게 하고 싶은지, 왜 하루 종일 사탕을 먹고 싶을 정도로 마음이 허한지 물어본다. 사랑하는 내면어른은 욕구와 감정을 이유로 내면아이에게 창피를 주지 않으며 아이가 나쁘다든가 잘못했다는 식으로 몰아세우지도 않는다. 아이가 그렇게 느낀 데에는 중요한 이유가 있다는 것을 알고 그러한 감정에 대해 배우겠다는 태도로 행동한다.

사랑하는 내면어른은 내면아이를 떠받들어 그 아이가 다른 사람들에게 애정 없는 행동을 저지르게 하지 않는다. 내면아이가 누군가에게 화가 날 수도 있다. 사랑하는 내면어른은 열린 자세로 그러한 분노를 알고 이해하지만 내면아이가 적절한 방법으로 감정을 표출하게 도와줄 뿐, 다른 사람들에게 해롭거나 기만적인 방식으로 분풀이를 하도록 —약자를 괴롭히고 위협하거나 신체적으로 남들에게 위해를 가한다든가— 놔 두지 않는다. 사랑하는 내면어른은 내면아이가 화나고, 상처 입고, 슬플 때 그 아이를 버리지 않으며 그러한 감정이 남들의 탓이라고 말하지도 않는다. 이 어른은 그 감정들이 다른 누군가가 '발생시킨' 것이 아니라 내적 두려움과 신념에서 나온 것임을 안다. 그래서 아이의 감정을 귀담아듣고 이해하기 위해 함께 있어주며 아이가 감정을 치유할 수 있도록 돕는다. 게다가 이 어른은 언제나 진실을 말해줌으로써 내면아이가 매사를 개인적으로 받아들이지 않도록 보호하는 역할도 한다. 예를 들어, 배우자가 당신에게 고함을 지르며 멍청이라고 욕을 한다고 치자. 당신이 어렸을 때 종종 부모에게 이런 비난을 듣고 자랐다면 '멍청이'라는 표현을 꽤 민감하게 받아들일 것이다. 이때 사랑하는 내면어른이 한 발짝 들어와 내면아이에게 이렇게 말하는 것이다. "저 사람이 화내고 비판적으로 구는 건 너하곤 상관없는 이야기야. 네가 얼마나 똑똑한 사람인데. 자기 심사가 꼬이니까 다른 사람을 바보 취급하는 것뿐이야. 그건 네 책임이 아니라고. 그러니 걱정하지 마. 내가 우리 둘을 위해서 이 상황을 잘 처리할게." 그러고 나서 내면어른은 내면아이를 위해 행동에 나서서 당신의 배우자에게 이렇게 말한다. "당신이 화난 거 알아. 하지만 나도 바보 취급 당하기는 싫어. 기분이 나쁘잖아. 당신이 내 이야기를 들을 준비가 되면 그때 이야기하자." 상대가 배울 자세가 아니라면 내면어른은 그 자리를 떠날 것이다. 내면아이가 그래도 여전히 모욕감을 느낀다면 내면어른은 아이의 감정에 귀기울이고 그러한 감정의 근원에 대해 더 많은 것을 알아내려 할 것이다. 어쩌면 그러한 감정이 오래 묻혀 있던 어린 시절의 비슷한 경험을 떠올리게 했을 수도 있기 때문이다. 내면어른은 아이의 감정이 그때그때 우연히 나온 것이 아니라, 아이의 과거 경험과 그 경험에서 비롯된 신념들에서 나왔을 것이라고 믿는다. 사랑하는 내면어른은 진실을 말함으로써 내면아이의 잘못된 신념 체계를 바로잡는 선생님이다.

    사랑하는 내면어른은 자기를 다스릴 수 있고 선택권을 갖고 있다는 뜻에서, 또한 내면아이의 꿈을 실현할 수 있다는 뜻에서 힘이 넘친다. 60쪽의 표는 사랑하는 내면어른과 사랑받는 내면아이, 그리고 그 둘의 관계의 성격을 나타낸다.

우리가 애정 없이 스스로를 양육하고 있다는 사실과 우리의 내면아이에게 사랑하는 내면어른이 된다는 것이 어떤 의미인지 자각하는 것은 자신을 위해 해줄 수 있는 가장 중요한 일이다. 자신의 내면아이를 다루는 방식이 인생의 나머지 모든 것을 결정한다. 애정 없이 내면아이를 다룬다면 물질 중독이나 과정 중독에 빠지게 되고 두려움, 불안, 우울, 고통, 공허함, 결핍, 낮은 자존감, 참을 수 없는 외로움, 나아가 신체와 정신의 병까지 생긴다. 정신 질환으로 얼마나 혹독한 고통을 겪는가는 내면아이와 내면어른이 분리되어 있는 정도와 직결된다. 내면아이의 뿌리 깊은 외로움과 고통을 외면할 때 광기가 나타난다.

내면아이를 사랑으로 대하면 내면의 유대가 생겨나서 외부적으로 중독에 호소하지 않아도 우리의 공허함을 내적으로 채워준다. 우리가 내면아이를 사랑으로 대하는 법을 배울수록 내적 유대는 더욱 탄탄하고 충만해지고 평화, 기쁨, 힘, 온전함에 이를 수 있으며 타인에게 사랑받기 위해 자기 자신을 포기할 필요도 없어진다.

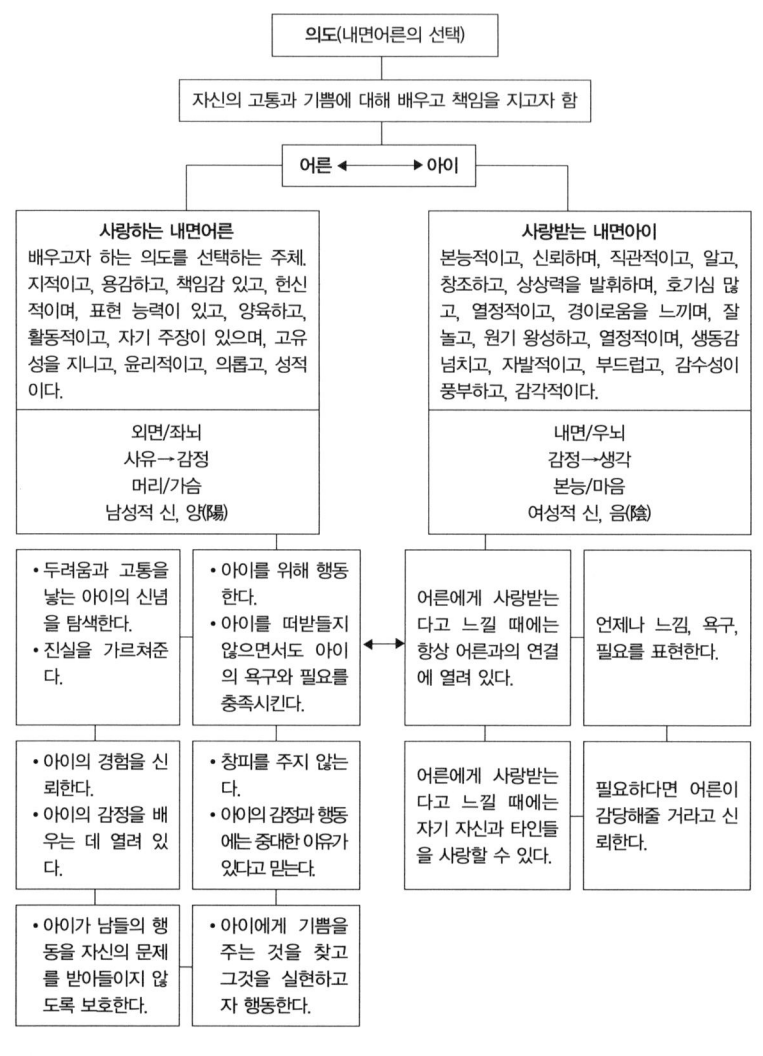

3장
내 안의 두 얼굴

우리 사회의 모든 문제는 내면의 어른과 아이가 분리된 데서 비롯한다. 타인과 지구를 향한 애정 없는 행동은 한 세대에서 다음 세대로 이어지는 내적 분리와 유기의 결과물이다. 내면어른이 일단 내면아이와 분리되어 그 아이의 온화함, 애정, 다른 사람들과의 일체감에 이롭게 행동할 수 없게 되면 사랑 없는 어른과 버림받은 아이는 서로에게 타격을 입힐 뿐 아니라 다른 사람들, 특히 가족들에게 악영향을 끼친다. 내적으로 버림받아서 생긴 두려움은 다른 사람들에게 투사되고 폭력과 싸움으로 나타난다. 많은 사람들이 내면 작업을 수행하고 더 높은 자기를 통해 역할을 다하는 법을 배우기 전까지 지구상에서 일어나는 아동 학대, 범죄, 전쟁, 굶주림, 공해 문제는 완전히 풀리지 않을 것이다.

상처를 치유하는
'더 높은 자기'의 힘

찰스 화이트필드(Charles Whitefield) 박사는 《마음속의 아이 치유》에서 내면아이를 "우리의 진정한 자기 — 우리 본연의 참다운 존재"로 정의한다. 그는 "이 책에서 진정한 자기(Real Self), 참자기(True Self), 마음속의 아이(Child Within), 내면아이(Inner Child), 신성한 아이(Divine Child), 더 높은 자기(Higher Self) 등은 같은 의미라서 서로 바꿔 쓸 수 있는 용어들이다."라고 밝힌다. 필립 올리버 디아즈(Philip Oliver-Diaz)와 패트리셔 오고먼(Patricia A. O'Gorman)은 《자기 양육으로 가는 12단계》에서 더 높은 부모(Higher Parent, '사랑하는 내면어른'과 같은 개념)가 "자기 자신의 초월적 부분, 위대한 힘으로 나아가는 직행 경로"라고 말한다. 그들은 이어서 "우리 안에 존재하는 신성, 곧 우리 한 사람 한 사람에게 내재한 위대한 힘이 우리를 떠받쳐준다."고 진술한다.

전자는 내면아이를 더 높은 자기라고 보는 반면, 후자는 사랑하는 내면어른을 더 높은 자기라고 보는 듯하다. 우리는 제3의 견해를 제시하겠다. 우리는 사랑하는 내면어른과 사랑받는 내면아이의 연합이 바로 더 높은 자기라고 생각한다. 둘 사이의 연결과 균형 — 어른/아이, 남성적 신/여성적 신, 남성성/여성성, 양/음 — 이 더 높은 자기를 구성하는 것이다.

우리는 더 높은 자기를 우리의 온전함, 사랑할 수 있는 능력, 자신이 지닌 힘에 대한 느낌으로 정의한다. 그것이 우리의 참 존재, 진실한 정체성이다. 더 높은 자기는 우주와 이어져 있을 때의 존재다. 우리는 내면의 어른과 아이가 연결될 때 이러한 우주적 연결도 발생한다고 믿는다. 진심을 품고 성실하고 동정심 있는 사람이 될 때, 우리는 더 높은 자기가 된다. 그때, 사랑, 공감, 용서가 충만해진다. 그 경이로운 상태에서 우리는 지혜, 그것도 우주에서 직접 끌어온 지혜에 의지할 수 있게 된다.

더 높은 자기는 힘의 본질이며 우주와 우리 안에서 생명을 주고 양육하고 발생시키는 요소, 생명을 유지하는 창의적 요소다. 모든 생명은 남신과 여신, 남성성과 여성성의 균형에서 태어난다. 그러한 균형은 비폭력적이고, 생명을 앗아가지 않으며, 결코 아무것도 파괴하지 않는다. 오로지 사랑과 생명을 줄 뿐이며 그렇기 때문에 평화의 본질이 된다.

더 높은 자기 상태는 샤먼들의 강력한 치유 상태다. 샤먼들은 치유를 행하기 위해 이른바 그들의 '여성적' 측면(우리가 말하는 내면아이)을 활용한다. 《치유의 상태》의 공저자 알베르토 빌로도(Alberto Villodo)와 스탠리 크립너(Stanley Krippner)는 남아메리카의 명성 높은 샤먼에게 이러한 개념에 대해 이야기했다. "우리가 에두아르도 씨에게 '보기'를 배운다는 것이 무슨 뜻인지 묻자, 그는 샤먼은 자신의 여성적인 면이 깨어나기 전까지는 마음속의 비전을 '볼' 수가 없다고 대답했다. 그는 우리의 남성적, 이성적 면이 오로지 사물의 표면만을 보게 한다고 주장했다." 샤먼은 어른/아이, 남성성/여성성의 연합을 통해 내면을 바라보고 알게 되며 그로써 치유를 행할 수 있는 것이다. 어떤 사람이 배움과 치유에 열려 있다면 더 높은 자기의 힘, 지혜, 다정함이 어떤 상처라도 치유하고 어떤 고통이든 달래며 어떤 분노도 잦아들게 할 수 있다. 더 높은 자기야말로 면역 체계를 가장 활성화하고 신체 건강을 훌륭하게 지켜준다.

우리가 모든 인류에 대한 사랑과 일체감이라는 넉넉한 감정을 느낄 때에는 항상 내면에서 깊이 연결되어 있다. 그럴 때 우리는 더 높은 자기인 것이다. 65쪽의 표는 더 높은 자기가 내면어른과 내면아이의 연합을 통해 어떻게 발전하는가를 보여준다.

더 높은 자기의 목적은 배우고 사랑하고 완전한 기쁨으로 나아가는 것이다. 여러분이 완전한 평화를 느꼈던 때나 격정적인 사랑에 빠졌던 때, 마음 깊이 우러나는 기쁨을 느끼거나 내면의 강인함과 자신이 지닌 힘을 기분 좋게 느꼈던 때를 기억해보라. 여러분이 그 기억에서 얻는 느낌이 바로 더 높은 자기다. 더 높은 자기는 내면의 평화, 무조건적인 사랑, 깨달음을 파악하는 것이다. 더 높은 자기는 심판하지 않으며, 두려워하거나 걱정하거나 부정하지도 않는다. 그것은 완전히 '이 순간'에 충실하다. 비록 우리는 이러한 감정을 시시때때로 느끼지만 이 놀라운 상태에서 하루하루의 삶을 생각하는 경우는 드물다. 우리는 언제 어느 때고 자신의 내면아이와 사랑으로 연결됨으로써 더 높은 자기가 되는 쪽을 선택할 수 있다. 그러나 대부분은 너무 많은 시간을 그 아이와 분리된 채 보냈기 때문에 이제 자신과 연결되는 방법조차 모르는 것이다. 이렇게 내면어른과 내면아이의 분리에서

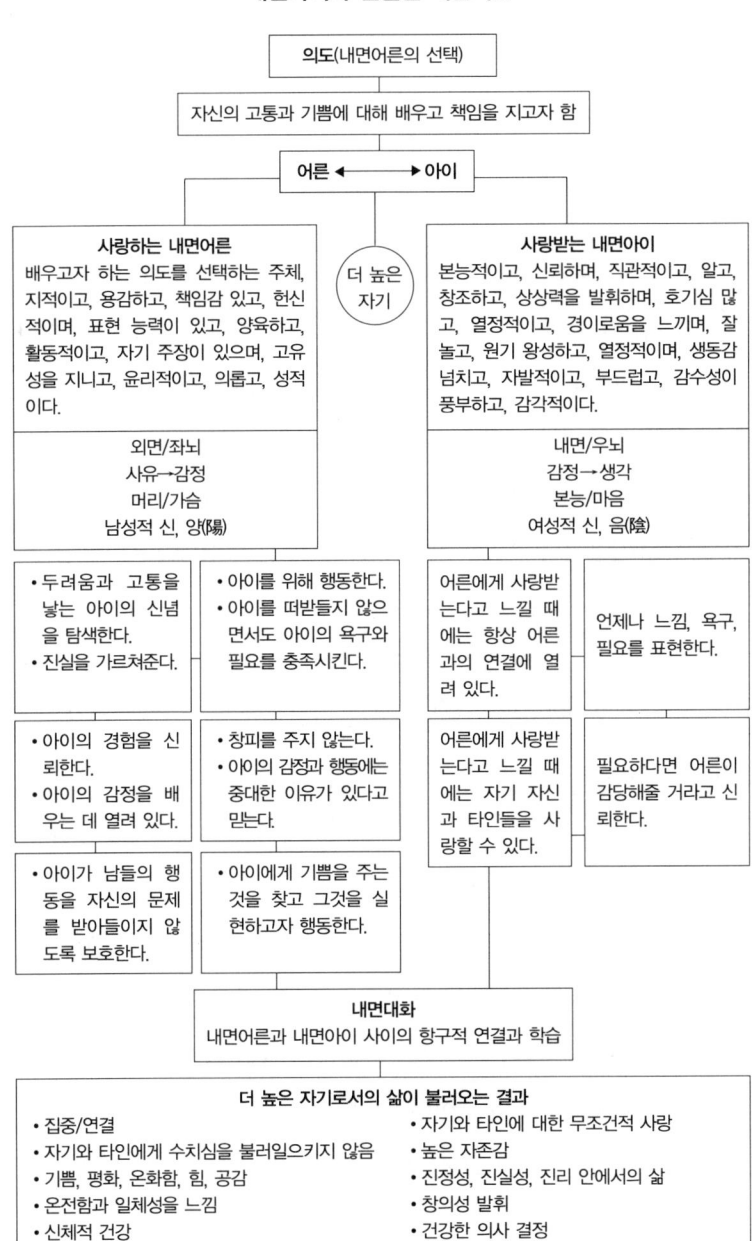

자아(ego)가 태어난다.

내면아이를 잃어버린 나,
자아

우리가 사용하는 자아(ego)라는 용어의 의미를 분명히 밝혀 둘 필요가 있다. 여기서의 자아는 프로이트가 말하는 자아, 혹은 자아심리학(ego psychology)의 자아가 아니다. 자아에 대한 우리의 정의는 그보다 동양 철학에서 더 많은 영감을 얻었다. 우리는 학습 의도가 아니라 보호 의도를 선택할 때면 언제나 출현하는 왜곡된 자기라는 의미로 자아를 사용한다. 어린 시절에 외적 거부를 경험했을 때 내적으로 자기 자신을 거부하는 식으로 반응했기 때문에 분리가 일어났고 자아가 출현했다. 우리 대부분은 정도의 차이가 있을 뿐 자신을 유기하고 그로부터 분리되었지만, 자신을 결코 버리지 않은 소수의 아이들도 있다. 그중 좋은 예가 핀(Fynn)이 쓴 《어른들은 바보예요》라는 놀라운 책에 잘 나타나 있다. 이 책은 자식을 학대하는 부모에게서 도망쳐 사랑으로 자신을 돌봐주는 사람들을 찾은 어린 소녀의 실화를 담고 있다. 작가 핀에게 다섯 살 소녀 안나는 자기 자신과 잘 이어져 있는 인간의 아름다운 본보기로서 많은 가르침을 주었다.

여러분은 아주 어렸을 때 최초의 분리를 경험했다. 인생에서 가장 중요한 사람과 처음으로 떨어진 것이다. 우리 사회에서는 대개 출산 직후 아이가 엄마와 떨어져 신생아실로 옮겨지면서 분리된다. 아이는 혼자 이 세상을 상대해야 한다. 퇴원하고 집으로 돌아오더라도 엄마 품에 안겨 안전하게 사랑받고 있다는 느낌을 받기보다는 혼자 요람에 누워 있거나 아기 놀이울에 있는 때가 많다. 그 후에도 다른 거부와 분리가 이어진다. 엄마가 젖을 늦게 준다든가 하는 사소한 일일 수도 있고 부모의 죽음처럼 중대한 사건일 수도 있다. 여러분은 어머니나 아버지에게 사랑, 긍정, 인정을 필요한 만큼 받지 못하고 자랐을 수도 있다. 어쩌면 공개적으로나 암묵적으로 여러분의 존재 자체에 대한 반감을 경험했을지도 모른다. 우리는 모두 여러 형태로 부모와의 분리를 경험했고, 저마다 자신에게 뭔가 문제가 있기 때문에 거부당하고 버림받았다는 결론을 내렸다. 우리가 부족하거나 나쁘거나 사랑받을 자격이 없어서 그렇게 됐다고 믿었던 것이다. 자아는 바로 이 시점에서 태어난다. 우리가 아주 작고 상처 입기 쉬웠던 때 경험한 거부와 외로움이 감당하기에 너무 벅찼기 때문에, 우리는 스스로를 보호하기 위해 그토록 외로워하는 내면아이에게서 떨어져 나와 왜곡된 자기, 즉 '자아'를 수립했다. 그 자아가 외로움의 고통에서 우리를 보호해주고 그렇게나 필사적으로 갈구한 사랑을 가져다주기 바라면서 말이다. 성장하면서 버림받은 경험이 내면화될수록 우리의 자아는 점점 더 강해지고 내면아이와 내면어른의 분리가 뚜렷해진다.

  자아의 목적은 우리를 외로움에서 보호하고, 사랑을 주기보다는 받는 것이다. 자아는 (내가 주체가 되어) 사랑한다는 것이 어떤 것인지 모른다. 비판적이고, 남의 잘못을 꼬집고, 수치심을 조장하며, 경악하고, 화내고, 방어적으로 구는 우리의 일면이 바로 자아다. 자아는 사

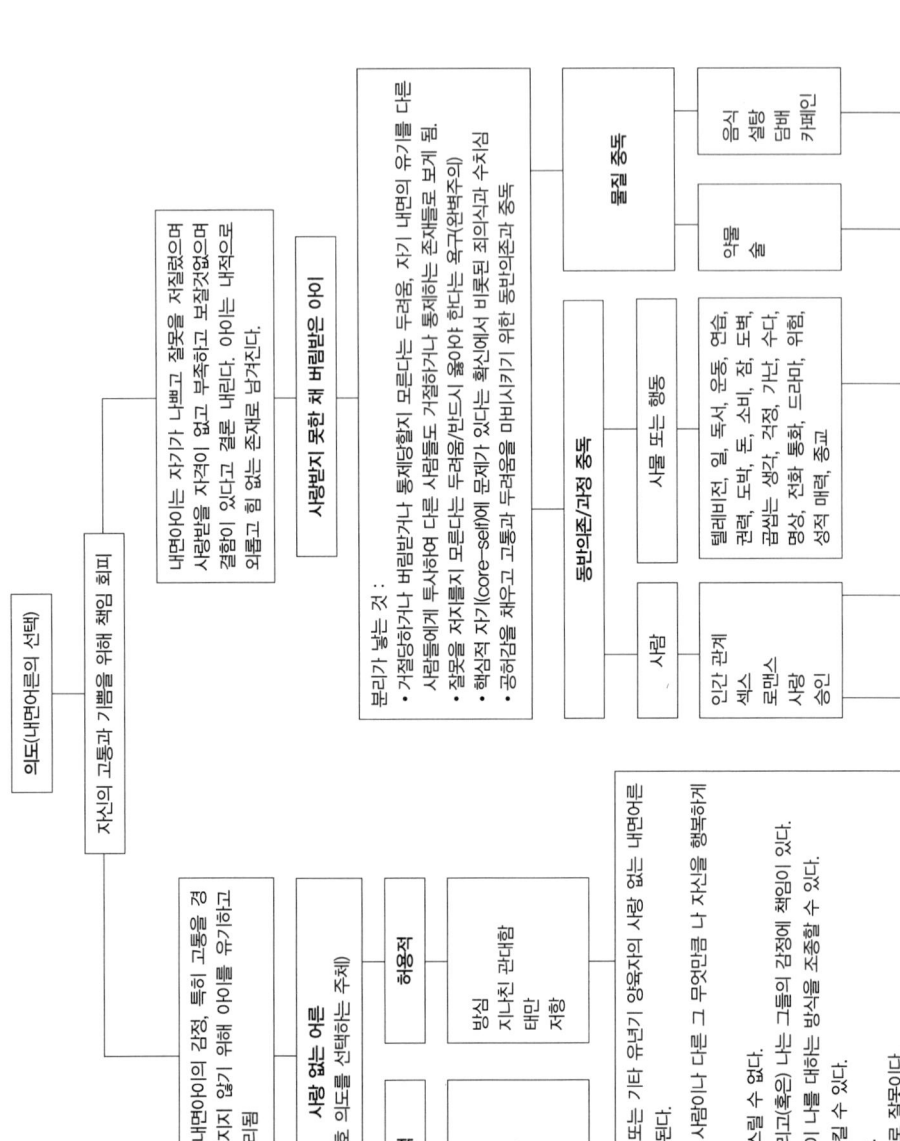

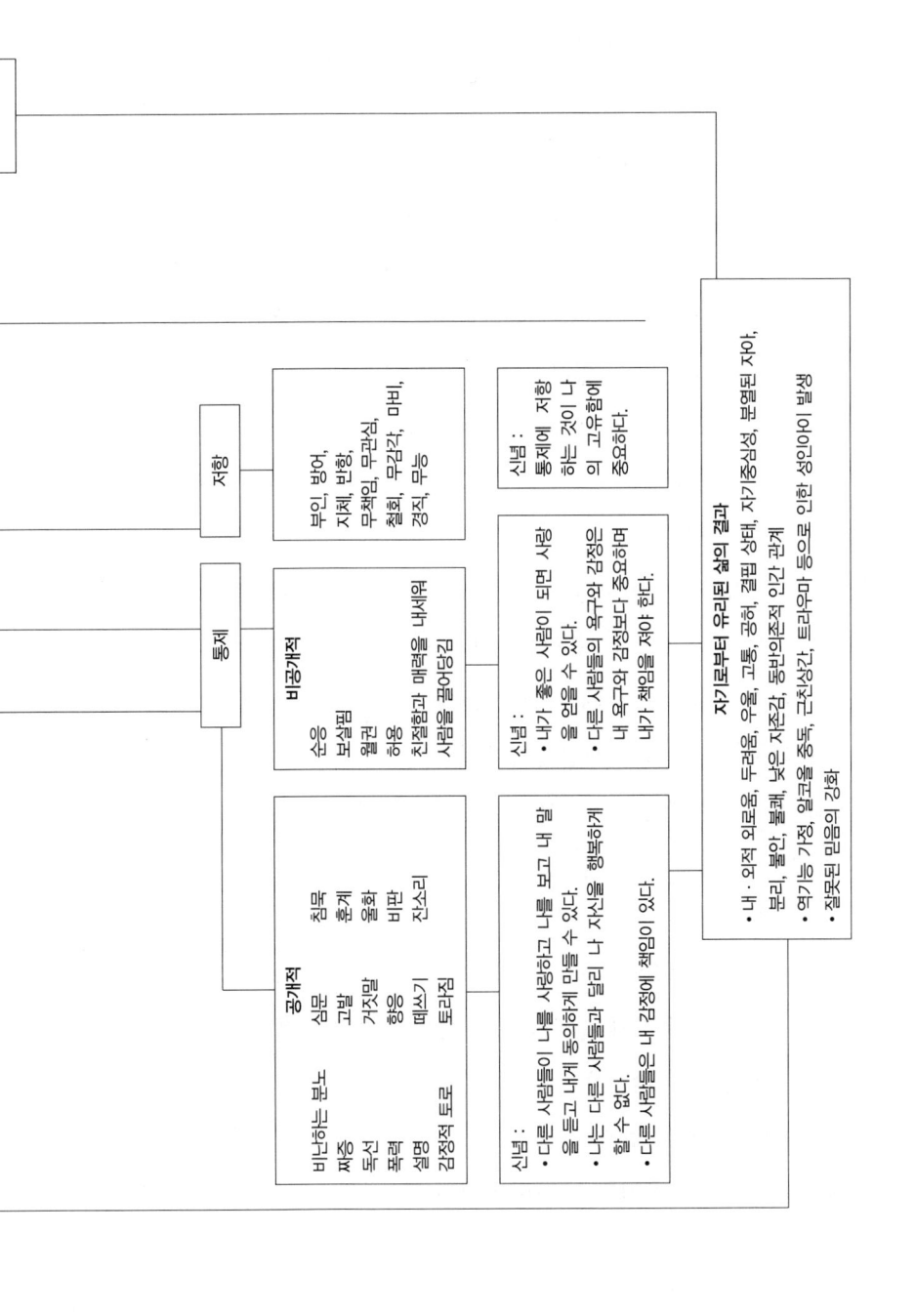

랑 없는 내면어른과 버림받은 내면아이의 모습으로 자신을 드러낸다. 자아가 여러분의 어깨에 걸터앉아 늘 못마땅한 얼굴로 "넌 못해!" "진작 했어야지." "널 정말로 사랑하는 사람은 아무도 없어." "네가 그 사람들 안중에 있기나 하겠어?" "넌 절대 제대로 못할걸."이라고 말한다고 생각해보라. 이것은 모두 여러분이 사랑을 얻고 외로움을 느끼지 않게 하려고 사랑 없는 내면어른이 전하는 왜곡된 말이다. 여러분은 이런 생각이 들 수도 있다. "그 사람에게 앙갚음할 거야." "나한테 이렇게 할 수 없다는 걸 보여주지." "아무도 나에게 이래라 저래라 할 수 없어." 이런 말들은 버림받은 내면아이가 자신의 외로움을 처리하기 위해 나타내는 반응이다.

거부와 유기를 피하고 싶다는 소망에 사람들을 묶어 두는 것이 자아가 하는 일이다. 그러나 역설적이게도 내면의 분리야말로 자아를 낳고 이별, 버림받음, 거부, 외로움을 경험하게 하는 원인이다. 바로 이 분리 때문에 수많은 사람들이 매일같이 스트레스를 받는다. 이 스트레스는 면역 체계를 약화시키고 결국 우리 몸을 질병에 취약하게 만든다.

신체와 자아는 보조를 같이한다. 이 둘은 모두 덧없고 일시적인 것이기 때문에 밀접하게 연결되어 있다. 자아는 신체가 유일한 실체라고 생각한다. 우리의 존재가 더 높은 자기의 정신적 사랑의 에너지라는 것을 믿지 않는다. 신체라는 형태가 곧 우리의 존재라고 믿기 때문에 만약 그 형태가 '옳지' 않다면 우리도 '옳지' 않고 그 형태가 없어진다면 우리도 더는 존재하지 않는다고 생각한다. 이처럼 신체와 자아가 너무나 긴밀히 연결되어 있어서 우리는 병에 걸린다. 병이란 자아의 신념이 신체에 반영된 결과다. 자아는 우리 몸에 대한 왜곡된 신념을 심어줌으로써 우리를 계속 통제하려고 할 때가 많다. 또한 우리 몸을 스스로 제어하려는 자아의 신념 때문에 자존감도 낮아진다.

68쪽에서 69쪽까지의 표는 우리가 지금까지 사랑 없는 내면어른과 사랑받지 못한 내면아이에 대해 다루었던 내용을 종합한 것이다. 이 표는 자신의 고통, 두려움, 불편함, 평화, 기쁨을 책임지지 않고 스스로를 보호하려는 의도에서 발생한 분리가 어떻게 자아를 출현시키는지 보여준다.

나를 병들게 하는 잘못된 신념들

불안, 상처, 두려움을 일으키는 신념은 어떤 것이든 잘못된 것이다. 어느 때라도 우리가 불안하거나 상처를 받는다면 우리는 잘못된 신념에 의해 움직이고 있는 것이다. 슬픔과 비애는 진실을 목격하거나 경험할 때 생긴다. 그런데 상처, 불안, 두려움은 우리의 잘못된 신념에서 온다. 우리는 대부분 어렸을 때 사실이 아닌 신념을 채택했고 그 신념이 고통을 낳았다. "난 예쁘지 않아." "난 멍청해." "아무도 나를 있는 그대로 사랑해주지 않아." 따위의 신념을 곧이곧대로 받아들였을 것이다. 이 신념들이 우리에게 상처를 입힌다. 어떤 신념이 나를 아프게 하면 그 신념은 무조건 잘못된 것이다. 만약 진실이라고 믿는 것이 나를 아프게 하고 그 신념이 나를 위해 작용하지 않는다면, 그것은 단순한 자아의 신념이며 그릇된 신념이라고 인식하는 것이 중요하다. 자아의 신념은 모두 그릇된 신념이기 때문이다. 더 높은 자기에게는 신념이 없다. 더 높은 자기는 그저 진실을 깨달을 뿐이다. 그러므로 우리가 더 높은 자기를 통해 아는 바는 결코 우리를 아프게 하지 않는다. 자아의 신념들을 확인하고 그 가운데 우리를 고통스럽게 하는 믿음들을 바로잡는 것은 성장 과정에서 아주 중요한 부분이다.

아주 어렸을 때, 때로는 출생과 동시에 우리는 자아를 보완할 신념들을 수립한다. 우리 워크숍에 참가했던 팻이라는 여성은 자기 인생 전반에 큰 영향을 끼쳤던 자아 신념이 자신의 출생과 동시에 수립되었다는 점을 떠올렸다.

나는 항상 다른 사람들의 불만을 심하게 두려워했다. 나는 완벽해야만 한다고, 그렇지 않으면 죽는다고 믿으면서 살았다. 지금까지는 왜 그런 생각을 했는지 이해가 되지 않았다. 다만 기억나는 것은 내가 쌍둥이로 태어났다는 사실이다. 나의 쌍둥이 언니는 기형아로 태어나서 금방 죽었다. 하지만 나는 쌍둥이 언니가 자연사했다는 걸 몰랐기 때문에 기형아로 태어나서 엄마 아빠가 죽였다고 생각했다. 그래서 은연중에 나도 완벽하지 않으면 부모님이나 다른 사람들이 죽일 거라는 믿음을 품고 살아왔던 것이다.

우리는 거부, 유기, 나아가 죽음으로부터 자신을 보호하기 위해 그릇되고 자기 제한적인 신념들을 만들어 나간다. 마지도 자신에게 이런 일이 어떻게 일어났는지 회상한다.

나는 재탄생 치료(rebirthing therapy, 출생에 대한 기억을 떠올리도록 돕는 신체 치료의 한 형태) 중에 내가 태어났던 순간을 분명하게 기억해냈다. 엄마는 마취제에 취해서 완전히 정신을 잃은 채 누워 있었다. 분만실에 엄마 말고는 의사 한 사람밖에 없었다(작은 동네 병원이었다). 의사는 출산을 빨리 마무리하고 싶은 생각밖에 없어서 무심하고 부주의했다(이 점은 나중에 엄마를 통해 확인했다. 나는 그 의사의 외모나, 분만대가 어느 쪽을 향하고 있었는지, 분만실 벽이 무슨 색깔이었는지도 정확하게 묘사할 수 있었다). 이 세상에 태어나면서 뼈저리게 외로웠던 느낌, 누구와도 연결되지 못한 느낌을 기억해냈다. 너무 외로워서 심장이 부서질 것 같은 느낌이었다. 바로 그 순간 나의 핵심적 자기의 신념 한 가지가 수립되었다. '난 중요하지 않구나.' 아무도 나의 탄생을 맞으러 와주지 않았고 의사마저 나를 성가셔했기 때문에 나는 내가 중요한 존재가 아니라는 결론을 내렸다.

그 다음은 신생아실에서의 기억이다. 신생아실에 아기는 나밖에 없었다. 간호사 두 명이 나에게 지대한 관심을 보였다. 그중 한 명이 이렇게 말했다. "아기가 너무 착하고 순하다. 울지도 않잖아." 그래서 나는 사랑과 관심을 받으려면 '착해야' 하는구나 생각했다. 착하다는 것은 절대 불평하지 않고 다른 사람이 원하는 대로 그에게 맞춰준다는 뜻이었다. 나는 이 믿음을 오랫동안 간직했고 그 때문에 많은 괴로움을 겪었다. 이 믿음 때문에 나는 남이 시키는 대로만 움직이고 자신의 욕구와 욕망은 책임지지 못하면서 다른 사람들만 돌보아주는 존재가 되었다. 이 그릇되고 제한적인 자아 신념을 버리는 데에만 몇 년이 걸렸다.

영유아기 때 우리는 주로 사랑을 받는 데 관심을 쏟는다. 사랑을 받지 못하면 아이는 죽어버리기 때문이다. 진정한 성장은 언제나 사랑을 얻고자 하는 결핍 상태에서 자신과 타인에게 사랑을 줄 수 있는 상태로 옮겨 가는 것이다. 이러한 성장은 고통과 수치심으로부터 도망치지 않고 과거에 경험한 상실, 트라우마, 학대가 낳은 슬픔을 성공적으로 치유할 때에만 가능하다. 그리고 난 후에야 비로소 자아의 제한적 신념들을 탐색하고 폐기할 수 있다. 우리 자신을 더 높은 자기의 진실에 열어놓을 수 있는 것이다. 다음은 에리카가 어린 시절에 어떻게 해서 자기 제한적 신념을 택하게 되었는지 그 경험을 기술한 것이다.

우리는 어릴 때 좋아했던 이야기 중 하나를 택해서 그 이야기를 자기 인생이라는 대본의 일부로 만든다고 한다. 내가 가장 좋아한 이야기는 《오즈의 마법사》였다. 내가 〈오즈의 마법사〉 영화에서 제일 좋아하는 부분은 마법사가 양철 나무꾼 아저씨에게 심장을 주면서 "기억하렴, 친구야, 심장은 네가 얼마나 사랑하느냐가 아니라 네가 다른 사람들에게 얼마나 사랑받는가로 판단된단다." 마법사의 이 대사는 진실이어야만 했다. 나는 그의 말을 진심으로 믿었다. 유일한 문제는 이 말이 정반대라는 것이다! 심장(마음)이 다른 사람에게 사랑을 주는 중이라면 오로지 그 사랑으로만 평가할 수 있다. 오히려 이렇게 말해야 하지 않을까. "심장은 네가 다른 사람들에게 얼마나 사랑받느냐가 아니라 네가 얼마나 사랑하느냐로 판단된단다." 결과적으로 나는 어린 시절의 대부분을 얼마나 많은 사람들에게 사랑받을까만 궁리하며 보냈고 스스로 사랑을 더 많이 베푸는 사람이 되는 법은 배우지 못했다. 누군가가 나를 거부한다는 것은 내 마음이 나쁘다는 뜻이고 내가 사랑받을 만하지 못하다는 뜻이었다. 나는 건강한 자존감을 내버리면서까지 다른 사람들에게 매달렸고 내가 정말로 누구인가를 아는 힘도 잃었다. 그 결과, 난 언제나 자신 없이 겁에 질려 있었다. 나에 관해 사람들이 믿는 바를 그대로 받아들였기 때문에 나는 진실한 내 모습에 대해서도 몰랐다. 그렇지만 나는 거의 언제나 괴로워하고 아파했다. 나 자신과 사랑에 대한 진실을 찾는 동안, 오즈의 마법사가 채운 족쇄에서 비로소 풀려났다.

자아의 잘못된 신념은 우리를 제한하고 거의 평생을 괴로움에 가둬 놓는다. 다음은 자아의 잘못된 신념에서 비롯되는 고통스러운 감정들을 정리한 것이다. 사랑받지 못한 내면아이와 사랑 없는 내면어른 양쪽 모두가 이러한 감정들을 겪는다.

자아 감정

외로움	혼란	두려움	절망	무력	허약함
애증	무감각	연약함	상처/고통	분노	죄스러움
화	방어적	좌절	무능	후회	어리석음
불안	부정	탐욕	무관심	원한	무가치함
불쾌	우울	죄책감	질투	독선	미움
비난	실의	증오	비판	자기 의심	복수심
따분	시기	구제불능	고독	수치심	나쁨

이러한 감정으로부터 여러 가지 중독들이 비롯되고 그러한 중독들은 감정을 더욱 고통스럽게 만들어 우리를 고통의 악순환 속에 가두어버린다. 중독에서 고통이 나오고, 그 고통을 덜기 위해 더 심한 중독에 집착하게 되는 구조다. 자아는 약물, 음식, 술, 동의, 인간 관계, 텔레비전, 일, 수면, 섹스, 심지어 우울과 화마저 우리의 고통을 덜어 줄 수 있다고 믿게 만든다. 그리하여 우리는 실제로 그것이 고통을 영원히 지속시킨다는 것을 깨닫지 못한 채 중독에 빠져드는 것이다.

자아는 내면아이가 나쁘고, 못됐고, 사랑받을 자격이 없고, 기본적인 결함이 있으며, 무의미하고, 보잘것없으며, 부족한 존재라는 잘못된 신념에 입각해 있다. 수치심에 근거를 둔 잘못된 핵심 신념에서 여타의 모든 잘못된 자아 신념들이 나온다. 아래는 사랑 없는 내면어른과 사랑받지 못한 내면아이를 통해 나타나는 잘못된 자아 신념들의 일반적 예들이다.

1. 나의 행복을 나의 내면으로부터 끌어낼 수 없다. 다른 사람이나 활동, 물질 같은 것만이 나를 행복하게 할 수도 있고 불행하게 할 수도 있다. 내가 감정을 느끼는 방식이나 나에게 일어난 일에 대해 나는 전혀 손을 쓸 수 없다. 나는 피해자일 뿐이다.

2. 남들의 감정이 내 감정보다 중요하며 나는 그들의 감정에 책임이 있다. 남들이 상처 받고, 실망하고, 기분이 상한다면 그건 내가 저지른 어떤 행동 때문이다(비록 나는 상처 입힐 의도가 없었더라도). 내가 나쁘다. 내 잘못이다. 내가 죄의식을 느끼는 것은 마땅하다. 나를 희생하지 않는다면 나는 이기적인 사람이다.

3. 나는 고통을 어찌할 수 없다. 고통은 영영 끝나지 않을 것이다. 고통을 느끼게 되면 죽든가 미쳐버릴 것이다. 고통을 느낀다는 것은 약하다는 증거다.

4. 다른 사람들이 나를 어떻게 생각하고 느끼는지, 그들이 나를 어떤 식으로 대하는지 통제할 수 있다. 착하고 친절한 사람이 됨으로써 그들이 나를 좋아하거나 사랑하거나 받아들이게 '만들' 수 있다. 또한 그들이 나를 제대로 대우해주지 않는다면 화내고, 독선을 부리고, 비판적으로 굴어서 내가 원하는 방식대로 대우하게끔 '만들' 수 있다.

5. 남들의 통제에 저항하는 것이 세상의 다른 무엇보다 중요하다. 나는 타인의 통제에 저항함으로써 나의 자유, 고유함, 자존감을 지킬 수 있다.

6. 나 자신을 돌보거나 나의 행복을 추구하는 것은 이기적이고 자기 중심적인 태도이며 따라서 잘못된 태도이다. 타인들을 사랑하는 사람이라면 당연히 나의 필요를 제쳐놓고 타인들의 필요를 채워주어야 한다.

7. 승인이 곧 사랑이다.

사랑하는 내면어른과 사랑받는 내면아이가 연결됨으로써 나타나는 더 높은 자기는 진실을 알고 말할 수 있다. 그러므로 사랑하는 내면어른은 내면아이에게 너는 착하고, 사랑할 줄 알고, 가치 있고, 중요하고, 믿을 만한 존재라고 말해준다. 그러한 어른은 앞에서 열거한 잘못된 신념들에 대해 아이에게 진실을 가르쳐준다.

1. 어떤 상황에 대한 나의 반응은 내가 선택한 것이다. 다른 사람, 활동, 물질들이 아니라 나 자신의 선택과 반응에 따라 나는 행복해지기도 하고 불행해지기도 한다.
2. 다른 사람들의 감정은 그들이 자신의 의도, 신념, 행동을 참작하여 선택한 결과다. 그러므로 내가 상처를 주려는 의도가 없었다면 그들의 감정은 내 책임이 아니다. 다른 사람들이 내 감정을 책임지리라고 기대하는 것이야말로 이기주의다. 자신의 감정을 책임진다는 것은 애정 어린 자세일 뿐, 조금도 이기적이지 않다.
3. 고통을 스승 삼아 나는 배움을 얻기도 한다. 고통은 그저 아프게만 할 뿐 나를 파괴하지 않으며, 나는 고통을 다스릴 수 있다. 고통을 다스리고 그로부터 배움을 얻는 것이야말로 내가 더욱 강인해지는 방법이다.
4. 나는 다른 사람이 아니라 나 자신만의 신념, 감정, 행동을 통제한다. 나는 나의 의도를 다스릴 뿐, 남의 의도는 통제하지 않는다.
5. 타인의 통제에 저항하면 결국 나는 그 저항에 의해 통제된다. 타인의

선택에 저항하는 것보다는 나 스스로 선택을 내릴 때 비로소 자유로워진다.

6. 나의 필요를 충족시키고 스스로를 행복하게 할 때 나를 책임지는 사람이 된다. 다른 사람들이 그들 자신을 뒷전으로 하고 나의 필요를 챙겨줄 것이라고 기대한다면 그것이야말로 이기적이고 자기중심적인 결핍 상태라고 할 수 있다.

7. 진실이 곧 사랑이다. 다른 사람들을 무조건 승인하기만 해서는 그들을 승인에 중독되게 만들 것이다. 판단을 개입하지 않고 공감하는 자세로 우리에 대한 진실을 자신과 타인들에게 말한다면 우리는 그들과 함께 성장할 기회를 얻는다.

자아에게 진실을 말해주고 왜 그렇게 믿고 느끼는가를 배우는 것은 사랑하는 내면어른의 소임이다. 이것이 잘못된 신념과 과거의 고통을 치료하는 방법이다. 사랑하는 내면어른이 진실을 말함으로써 자신의 사랑을 보여주면 사랑 없는 내면어른과 사랑받지 못한 내면아이로 나타났던 자아는 차츰 더 높은 자기로 변화한다.

완전한 내면의 연합은 깨달음과 같고 우리는 개인적으로 누가 그러한 깨달음에 이르렀는지 알지 못하기 때문에 자아의 목소리는 항상 우리와 함께 있지만, 그 목소리에 휘둘릴 것인가 아니면 진실이 무엇인지 알고자 할 것인가는 우리가 선택할 수 있다. 자아는 언제나 거짓말을 한다는 사실을 인식하면 이러한 선택이 한결 쉬워진다. 자아는 왜곡된 방식으로 느끼고 생각한다. 그리고 진실은 우리가 더는 자아의 신념에 지배당할 필요가 없다는 것이다. 우리는 자아를 잘 다룰 수 있어야 한다. 그러나 자아가 가장 바라지 않는 것은 우리가 내적으로 성장해서 내면의 연합을 이루는 것이다. 왜냐하면 자아가 통제권을 상실하거나 스스로 사멸될까 봐 두려워하기 때문이다. 우리가 성장하고 마음속의 아이와 사랑으로 이어지기 시작하면 자아는 더욱 그악스럽게 용을 쓰며 더 많은 거짓말을 늘어놓는다. 우리가 내면아이와 연결되어 자유를 향해 전진한다면 틀림없이 심각한 상황에 처하거나 죽음에 이를 거라고, 아니면 홀로 쓸쓸히 끝장을 보게 될 거라고 말하는 것이다. 그렇지만 사랑하는 내면어른의 애정 어린 양육의 힘을 자각할수록 우리는 이 힘을 우리 내면에도 적용하여 자아의 두려움을 진실로, 우리 안에 있는 사랑으로 바꿀 수 있다. 사랑하는 내면어른에 의지하여 사랑받지 못한 내면아이를 애정으로 재양육하는 법을 배울 수 있고, 그 사랑으로 자아의 두려움까지 치유할 수 있다.

4장
잃어버린 내면아이

무력하고 외로운 느낌을 피하기 위해 내면아이가 행하는 모든 것들이 인생에서 겪는 대부분의 고통, 두려움, 불편함을 일으키는 원인이 된다. 이것은 내면어른이 우리 자신의 고통과 기쁨에 대한 책임을 회피하기로 선택할 때에 일어나는 역설적 결과이다. 타인은 통제하면서 자신은 통제당하지 않으려고 기를 쓰고, 중독으로 공허함을 채우려고 노력해봤자 자존감은 떨어지고, 불안과 스트레스는 가중된다. 이 때문에 우리는 병에 걸리고 외롭거나 허망하고 고립된 느낌은 더욱더 커져 간다. 우리는 대개 내면의 갈등을 겪는다. 그 이유는 내면어른과 내면아이가 서로 조화롭게 작용하지 않기 때문이다. 우리는 사는 동안 끊임없이 죄의식과 수치심을 느낀다. 우리가 뭔가 잘못을 저지르고 있다고 생각하기 때문에 죄의식을 느끼는 것이고 자신에게 인간적으로 문제가 있다고 느끼기 때문에 수치심을 느끼는 것이다.

"나는 내 가치를 판단할 능력이 없어요"

자아가 주도하는 삶이 기본적으로 불러일으키는 부정적 결과 중 하나가 바로 '동반의존'이라는 꼬리표가 붙는 존재 상태다. 동반의존(codependence)은 미국 알코올 중독자 모임에서 일하는 사람들이 만들어낸 신조어다. 원래는 알코올 중독자 당사자와, 그 사람과 밀접하게 연루되어 있는 사람의 관계를 지칭하는 용어였지만 지금은 모든 중독에 대한 탐닉을 기술하는 용어로 쓰이고 있다.

동반의존증 환자는 다른 사람과 상황, 자아가 내세우는 '의무'와 규칙에 의해 통제되고 결정되는 사람이다. 이러한 사람들은 더 높은 자기가 아닌 다른 것들에 따라 규정된다. 이들은 타자들을 '통하여' 자신의 가치를 판단한다. 남들이 자신을 규정하도록 허용하며 자신의 감정을 타인의 책임으로 돌린다. 일단 내면어른이 내면아이를 규정하고 가치를 부여할 책임을 스스로 포기해버리면 아이는 자신에 대한 규명과 스스로의 가치를 찾아 계속 다른 곳을 쳐다볼 수밖에 없다. 이것이 바로 타인들에 대한 의존 상태다. 자아에 입각해서 움직이기로 결정한다면 그것은 자기 자신을 정의하는 힘을 남들에게 넘겨주는 셈이다. 자신을 규정할 힘을 남에게 양도하는 사람 — 이게 바로 동반의존증 환자에 대한 정의다.

우리의 가치를 남들이 정하도록 일단 허용하면 우리는 그들이 우리에 대해 어떻게 생각하는지를 통제하려 들게 마련이다. 통제하는 행동들은 모두 다 — 화, 비난, 토라짐, 훈계, 설명, 보살핌, 지나친 순응, 부정 — 우리에 대한 남들의 생각과 태도를 우리가 조종할 수 있다고 믿거나, 그들이 우리를 생각하고 대우하는 방식이 우리를 규정한다고 믿기 때문에 나오는 것이다. 그러나 우리의 자존감과 가치는 내면아이를 사랑하는 내면어른을 통해 느낄 수 있다는 것이 더 높은 자기의 진실이다. 우리의 자존감과 가치가 다른 사람들로부터 온다는 주장은 자아의 거짓말이다.

어릴 때 우리는 타인의 감정을 책임져야 한다고 철저하게 배웠고 그렇기 때문에 우리 감정도 남들이 책임져야 할 것으로 생각한다. 부모에게 이런 식의 이야기를 얼마나 많이 들었던가? "당장 그만둬. 안 그럼 엄마 화낸다." "사람을 왜 화나게 만들어?" "너 때문에 너무 속상하다." "너 때문에 엄마는 행복해." 꼭두각시를 조종하는 인형술사처럼 부모의 감정과 행동을 우리가 다 만들어내기라도 했단 말인가? 우리는 이러한 메시지를 주입받았기 때문에 타인들이 우리를 행복하거나 불행하게 하고, 우리도 남들의 감정에 책임을 져야 한다고 잘못된 신념을 갖게 된 것이다.

버림받은 내면아이는 이 신념을 바꾸지도 못하고 자신을 스스로 규정하지도 못한다. 내면어른만이 신념을 변화시키고 자기를 규정할 힘을 쥐고 있다. 버림받은 내면아이는 고통스럽고 무력해져서 자아의 신념을 타자에게 투사한다. 오로지 다른 사람들만이 자신을 변화시키고 다르게 대해줄 수 있고, 그렇게만 된다면 고통도 사라질 거라고 믿으면서 말이다. 그러나 내면어른이 힘을 다잡고 내면아이와 더불어 배우겠다는 새로운 결정을 내릴 때까지 고통은 결코 사라지지 않을 것이다.

혼자 있을 때는 자기 자신과 이어져 있지만 다른 사람이 옆에 있으면 이 연합을 포기해버리는 사람들이 매우 많다. 이러한 유형의 사람들은 받기만 하는 사람(taker)과 돌보미(caretaker)라는 두 종류로 나뉘는 경향이 있다. 받기만 하는 사람은 다른 사람이 대신 나서주지 않을 때에만 자기 자신을 돌보려 한다. 그러나 이들의 기본 의도는 타인의 사랑, 승인, 보살핌을 받으려는 데 있다. 그렇게 받는 입장에 있어야만 기분이 좋아질 수 있다고 믿기 때문이다. 반면에 돌보미는 자신과 연합하고 자신을 사랑하기를 포기한 채 다른 사람들을 돌보기 바쁘다. 이들은 타인이 원하는 것은 비록 자기가 원치 않더라도 채워줄 책임이 있다고 믿는다. 돌보미들이 자신과 분리되어 남들을 좇는 이유는 타인의 승인을 원하기 때문이기도 하지만 자기가 그들의 감정을 책임져야 한다고 생각하기 때문이기도 하다. 자기를 포기하지 않으면 아무에게도 사랑받지 못해 혼자가 될까 봐 두려워지는 것이다.

동반의존, 버림받은 두 아이의 만남

두 명의 동반의존증 환자가 함께 어울리게 되면 — 대부분의 사람들이 자신과 분리되어 동반의존에 빠지기 때문에 이는 불가피한 일이다.— 동반의존적 인간 관계가 발생한다. 이러한 관계 속에서는 두 사람 모두 타자의 승인에 매달리며 더러는 그밖의 과정(섹스, 일, 돈 등)이나 물질에 중독될 수도 있다. 그들은 피차 상대의 애정과 승인에 의존해야만 기분 좋은 느낌을 얻을 수 있고 자신의 안 좋은 감정을 상대의 탓으로 돌리며 비난한다. 또한 자기가 원하는 사랑과 승인을 얻어내기 위해 노골적으로나 암묵적으로 상대를 조종하려 든다. 각자가 사랑과 승인을 얻어내는 형태는 다르다. 어떤 이는 섹스를 통해서, 어떤 이는 함께 보내는 시간을 통해서 그러한 획득을 꾀할 것이다. 또 어떤 이는 금전적으로 지원을 받으려 할 것이고, 어떤 이는 감정적으로 보살펴주기를 원할 것이다. 그들 모두는 각자 유난히 잘해준다든가 화를 낸다든가 그밖의 노골적이거나 암묵적인 전략들을 구사하여 원하는 것을 얻으려고 노력한다. 두 사람이 모두 통제당하기를 거부한다면 그들의 관계는 권력 투쟁이 될 것이다. 그러한 힘겨루기를 피할 방법은 단 하나, 통제의 암묵적 형태라고 할 수 있는 무조건적인 순응뿐이다.

조엘과 그레첸은 전형적인 동반의존증 커플이다. 조엘은 성공한 사업가이고 조경디자이너인 그레첸은 파트타임으로 일한다. 조엘의 돈 버는 재주는 혀를 내두를 만하다. 손대는 것마다 족족 황금으로 변하고 그의 자존감은 돈과 아주 밀접하게 연결되어 있다. 그렇지만 집에서 조엘은 까다롭고 요구가 많은 어린애 같다. 혼자 기분 좋게 지내는 법을 전혀 몰라서 자기가 집에 있을 때에는 그레첸도 항상 집에 있어주기를 바란다. 그는 친구도 하나 없이 그레첸에게만 의지해서 모든 정서적 욕구를 채운다. 게다가 조엘은 성적 요구가 지나친 남편이다.

가족을 부양한다는 이유로 자기가 원할 때에는 언제나 섹스를 할 자격이 있다고 믿는다. 결국 그에겐 결혼도 '기브 앤 테이크' 사업이다. 자기는 돈을 주니까 섹스를 제공받을 자격이 있고 아내는 자기가 벌어오는 돈을 받으니까 이러한 요구에 마땅히 응해야 한다는 것이다. 그레첸이 남편이 원하는 대로 시간, 동의, 섹스를 제공하지 않으면 조엘은 버럭 화를 내고 가끔은 신체적 폭력까지 행사한다. 때로는 아내를 위협하고 윽박지르며 자신의 분노를 드러내기도 하고 가끔은 며칠씩이나 냉랭하게 군다.

조엘이 금전적 돌보미라면 그레첸은 감정적·성적 돌보미다. 그레첸은 자기가 보잘것없고 쓸모없으며, 자신의 가치는 남들을 기쁘게 하는 데 있다고 믿는다. 그레첸은 조엘의 승인에 의존하고 있기 때문에 섹스를 이용하여 그러한 승인을 조종하는 법을 배웠다. 남편의 분노와 냉담함을 두려워하고 싫어하기 때문에 그런 상황을 피하기 위해서라면 무슨 일이든 할 수 있다. 그래서 다른 할 일이 있는데도 남편과 함께 시간을 보내준다든가 하는 식으로 자기를 포기하기 일쑤다. 조엘이 노골적인 방식으로 상대를 통제하려 든다면, 그레첸은 섹스, 아첨, 선물을 통해서, 또는 자기만의 관심사나 친구들까지 포기한 채 모든 여가 시간을 남편에게 할애함으로써 암묵적 통제를 시도한다. 그레첸은 남편 성격이 이렇지 않다면 자기도 이렇게 사람을 조종하려 들지는 않을 것이며, 자기를 이렇게 포기하고 살지는 않을 것이라고 생각한다.

하지만 실상은 그렇지 않다. 사람들은 항상 공통의 상처라는 수준에서 완벽하게 짝을 이루기 때문이다. 조엘과 그레첸은 그들의 관계에서 둘 다 버림받은 아이로 작용한다. 두 사람 모두 자신의 행복에 대한 책임을 포기하고 그 책임을 타자에게 떠넘겼다. 그래서 자신의 불행을 서로 상대 탓으로 돌리는 것이다.

우리는 대부분 낮은 자존감 상태에서 자신이 완전하고 훌륭하다고 느끼게 해주기를 상대에게 바라며 인간 관계를 맺는다. 내 기분이 좋거나 나쁜 것이 상대의 책임이라고 믿기 때문에 이것은 인간 관계의 가장 큰 문제 중 하나라고 할 수 있다. 내면아이와 사랑으로 연결되어 이미 자기 자신을 사랑하고 있을 때에만 타인도 진심으로 사랑할 수 있다. 그래야만 그 사람을 정말로 알기 원하고 그 사람의 성장과 행복을 지원해줄 수 있다. 자신을 사랑하지 못할 때에는 타인의 성장이 위협으로 다가온다. 그래서 상대를 지원해주기보다는 자꾸 깎아내리고 조종하려 드는 것이다. 자신을 잘 모르고 사랑하지 못하는 사람은 상대에게 거부당하고 버림받고 지배받게 될까 봐 두려워한다. 그래서 그 두려움으로부터 자신을 보호하려고 오만 가지 방법들을 찾게 된다. 소극적이거나 저항하는 사람은 버림받을지도 모른다는 우리의 두려움을 자극할 수도 있다. 이때 우리는 통제를 통해 스스로를 보호하고자 한다. 반대로, 요구가 많고 통제가 심한 사람은 상대에게 매몰될지도 모른다는 우리의 두려움을 활성화시킬 수 있다. 그러면 우리는 소극적이거나 저항적인 자세를 보임으로써 자신을 보호하려 들 것이다. 이러한 두려움으로부터 자신을 지키려고 전전긍긍하는 동안에는 사랑을 줄 수가 없다. 사랑의 관계를 맺기 위해서는 먼저 내면아이를 탐색하고 자신에 대한 그릇되고 자기 제한적인 신념들과 싸워야 한다. 우리가 사랑받을 만한 존재라는 것을 깨닫기 전까지는 자신을 기분 좋게 받아들이기 위해 남들에게 의존해야만 하며, 버림받거나 상대에게 매몰될까 봐 계속 두려워하면서 살아야 할 것이다.

자아는 언제나 동반의존을 낳는 타인의 승인에 중독되어 있다. 자존감과 행복이 타인의 승인에서 나온다고 굳게 믿기 때문이다. 이 잘못된 신념에 근거하여 움직이는 한, 우리는 계속해서 자기 자존감을 떨어뜨리는 행동만 하게 된다. 자기 본연의 모습으로 살기보다는 자신을 '올바른' 존재 방식에 끼워 맞추려고 노력할 것이고, 타인의 불만을 사지 않으려고 자기가 좋아하는 것들을 묵살하게 될 것이다(원치 않는 성관계, 원치 않는 보살핌, 원치 않는 금전 지출, 원치 않는 손님들). 상대가 잘못됐다는 것을 보여주겠다며 화내고, 토라지고, 일장 연설을 늘어놓고, 그로써 우리를 기분 좋게 만드는 승인과 관심을 얻게 되리라 기대할 것이다. 사랑할 만한 존재라고 느끼기 위해 필요하다고 생각되는 것들을 얻으려고 아등바등할 것이다(섹스, 유대, 연인이나 배우자와 함께하는 시간). 자신에 대한 사랑이 전제되지 않은 이 모든 방식대로 행동할 때 우리는 항상 우리의 자존감을 은연중에 깎아먹는다. 그러나 자아는 그와 동시에 이렇게 행동해야만 승인을 얻고 성공할 거라고, 그래야 불만, 거부, 실패를 피할 수 있다고 속삭인다. 일단 승인을 얻고 성공하는 법을 찾기만 하면 행복해지고 스스로를 기분 좋게 느끼게 된다고 자아는 끊임없이 말한다.

동반의존적 관계를 맺는 두 사람은 모두 큰 고통을 겪는다. 그러나 이러한 유형의 인간 관계가 우리 사회에서 가장 흔한 인간 관계다. 부부가 치료를 통해 문제를 해결하려고 노력하더라도 치료사가 회복 요원한 동반의존증 환자라서 도움이 안 될 가능성도 얼마든지 있다. 자기도 회복되지 않은 상태의 동반의존적 심리 치료사가 다른 사람들에게 동반의존증을 직시하라고 할 수는 없다. 자기 안에서 처리하지 못한 것을 남들에게서 알아보지는 못하는 법이다. 동반의존적 심리 치료사들은 심지어 환자들의 동반의존을 더 심화시킬 수도 있기 때문에 도움보다는 해악을 끼칠 가능성이 농후하다.

자기를 사랑하지 않는 부모가 자녀를 사랑할 수 있을까?

동반의존적 관계에서 역기능 가정이 생긴다. 여기서 역기능 가정(dysfuctional family)이라 함은 부모 중 한 명 이상이 돌보미, 알코올 중독자, 약물 중독자, 과식증 환자, 일 중독자, 섹스 중독자, 분노 중독자, 아동 학대자, 텔레비전 중독자, 상습 도박자, 도벽 환자, 통제 중독자인 가정을 뜻한다. 아버지와 어머니 모두 타자의 승인만 원할 뿐 자기 자신을 사랑하거나 배우기를 선택하는 것에 대한 분명한 의식이 없기 때문에 그들의 자녀들도 이러한 모습을 그대로 따르게 된다. 그러한 부모들은 자기를 사랑하지 않는 것 이상으로 자기 자녀들도 사랑하지 않기 때문에 아이는 애정 욕구를 충족하지 못하고 자신이 결함이 있고 외롭다는 느낌을 받는다. 결국 아이의 내면에서 자아가 태어나면서 내면의 분리, 역기능, 동반의존이라는 악순환이 계속 반복된다.

　알코올 중독, 근친상간, 학대, 그밖의 역기능적 동반의존증 문제가 있는 가정에서 자란 아이들은 자기가 괜찮다는 것을 알기가 어렵다. 부모가 자신을 사랑하지 않는 것이 자기 책임과는 무관하다는 것을 모르기 때문에 아이들은 자연스럽게 자기에게 뭔가 문제가 있어서 사랑받지 못한다고 결론을 내린다. 이런 아이들은 아주 어려서부터 수치심에 기반한 자아 신념을 흡수하여 자기는 나쁘고, 못됐고, 가치없고, 사랑받을 자격이 없고, 보잘것없고, 부족하다고 믿어버린다. 이로써 내면의 분리가 일어날 무대가 마련되는 셈이다.

　전쟁, 범죄, 폭력, 굶주림, 지구에 입히는 피해로 가득한 우리의 역기능적 사회 역시 역기능 가정들에서부터 비롯되었다고 할 수 있다. 우리 각자가 자신을 사랑한다는 것이 무슨 뜻인지 내면아이에게 배우기로 결심하지 않는 이상, 이러한 악순환은 결코 끝나지 않을 것이다.

5장
내면아이와 만나기

신체 어디에 내면어른과 내면아이가 있는지 경험할 수 있다면 내면의 연합이라는 개념도 이해하기 쉬울 것이다. 본능적 측면인 내면아이는 신체의 중심부인 복강신경총(명치)에 있다. 이 부분은 종종 본능 혹은 제3의 차크라(chakra)로 지칭된다. 차크라는 힌두교 전통에서 신체 내에 있는 기(氣)의 중심부를 뜻하는 용어다. 누군가가 "이건 본능적 반응이야."라고 말할 때 그 사람은 내면아이로서의 경험을 언급하는 것이다. 우리가 본능적 반응을 믿을 수 있게끔 성장하면 신체의 이 부분이 느끼는 것을 좀 더 크게 자각할 수 있다. 그러나 어린 시절의 고통이 너무 버거워 살아남기 위해 입을 다물어야 했다든가, 진실을 경험함으로써 너무 많은 거부를 당했다든가 해서 자신의 감정을 부인하는 방향으로 성장하면, 이 부분은 공허하고 죽은 듯한 느낌, 마비된 느낌밖에 지니지 못한다. 그밖의 경우에도 사람들은 신체의 이 부분에서 지속적으로 다양한 감각을 느끼지만 이 느낌들이 무엇을 말하고 있는가에 대해서는 실제로 주의를 기울이지 않는다. 그 이유는 그들이 본능적 반응이나 느낌을 믿어서는 안 된다고 줄곧 배워 왔기 때문이다.

내면어른의 사유 과정은 머리에 있다. 사랑하는 내면어른, 배우기를 선택한 어른은 머리와 가슴 사이를 오가는 기(氣)의 순환, 즉 제4의 차크라다. 이 말은 곧 사랑하는 내면어른의 생각은 가슴에서 흘러넘치는 사랑과 공감으로 가득 차 있다는 뜻이다. 이러한 가슴 경로가 열려 있기 때문에 내면어른은 쉽사리 제3의 차크라(내면아이의 감정)에 주의를 쏟을 수가 있다. 물론 그 이유는 내면아이의 감정을 파악하고 배우기 위해서다. 이러한 작용이 일어날 때, 머리, 가슴, 본능 사이에서 기의 순환이 지속적으로 이루어지는데 이것이 바로 내면의 연합이다. 내면어른은 내면아이의 감정을 느끼고, 이해하고, 그 감정에 근거해 행동할 수 있도록 열린 자세를 취한다. 한편 내면아이는 내면어른의 사랑과 지원과 이해심을 느낀다. 가슴은 자기 자신에게 열려 있기 때문에 다른 사람들과의 교류에도 활짝 열려 있다.

고통, 두려움, 불편함, 아이에 대한 책임을 차단하여 자신을 보호하기로 선택한 사랑 없는 내면어른은 가슴과 분리되어 있다. 내면어른이 이처럼 보호 의도를 취하면 심장이 움츠러들어 갑갑한 느낌이 들거나 그저 텅 빈 느낌밖에 들지 않는다. 이렇게 꽉 닫힌 가슴으로는 내면아이에 다가갈 수 없으므로 그 아이는 버려진다.

내면어른과 내면아이의
일체감

　우리 모두는 다른 사람과 감정적, 정신적으로 깊이 연결되기를 갈망한다. 그런 연결은 우리가 내면아이와 화합할 때 느끼는 온전함이나 일체감과 같다. 그리고 타인과 하나가 되는 느낌은 자신의 내면아이에 열려 있어서 타인들에게까지 열릴 때에만 가능하다. 연합이란 내면어른과 내면아이, 두 사람 이상의 더 높은 자기들 사이에서, 그리고 개인의 더 높은 자기와 우주적 남신/여신 에너지 사이에서 사랑의 기가 흐트러짐 없이 완전하게 순환하는 것이다. 자기 자신과의 연합은 평화와 기쁨을 느끼게 한다. 타인 및 우주와의 연합은 더 큰 평화와 기쁨을 안겨준다. 실제로 이러한 감정은 인간이 경험할 수 있는 가장 경이로운 감정이다. 이 감정이야말로 사랑의 모든 것이다.

　많은 사람들이 명상을 통해 신 혹은 우주와 일체감을 맛보려 한다. 이러한 일체감을 얻느냐 얻지 못하느냐는 명상의 '의도'에 달려 있다. 명상 의도가 배움에 있다면 특히 호흡에 집중하는 방법을 통해 내면아이의 경험에 열린 자세를 취할 수 있다. 실제로 얕은 숨을 쉬거나 숨을 멈추는 것은 사람들이 흔히 내면아이의 감정을 차단하기 위해 동원하는 방법 중 하나다. 명상 의도가 자신을 알고자 하는 것이라면 호흡법이 도움이 될 수 있다. 가슴을 열고 내면아이와 차츰 이어질수록 여러분은 우주적 남신/여신과의 연합도 느끼게 된다. 그러나 명상 의도가 내면의 작업을 회피하고 곧장 신과의 연합을 꾀하는 것이라면 결코 그러한 경지에 도달하지도 못할 뿐만 아니라 명상 그 자체가 중독의 한 형태—자신의 외부에서 좋은 느낌을 얻으려는 수단—로 전락하고 만다. 몇 년간 꾸준히 명상을 실천했지만 별 진전이 없는 사람들이 연합으로 나아가지 못하는 이유는 명상의 의도가 자기 자신에 대한 책임을 회피하는 데 있기 때문이다. 그들은 명상을 내면아이와의 분리를 유지하기 위한 하나의 수단으로 이용했다. 우주적 연합은 오로지 더 높은 자기를 통해서만, 내면어른과 내면아이의 연합을 통해서만 도달할 수 있다.

내면아이와 연결될수록 자연스럽게 우주적 연합을 경험하게 될 것이다. 그것은 자기 안으로 흘러들어오는 사랑과 우주적 지혜를 느끼는 상태다. 이러한 초월적 경험은 회복 작업을 실시하고자 하는 모든 이에게 유용하다.

타자와 소통하려면
내면아이를 깨워라

여성은 곧잘 여자친구들을 통해 다른 사람과 이어져 있다는 느낌을 받지만 남성들과 마음이 통하는 관계를 맺으려 할 때에는 좌절을 맛보곤 한다. 그 이유는 우리 문화가 남자들이 여성적 측면—그들의 내면아이—을 지니지 못하게 하고, 여자들은 남성적 측면, 즉 내면어른을 지니지 못하게 조장하기 때문이다.

남녀가 각기 어떤 형태로 우정을 맺는지 살펴보면 남자들은 주로 친구들과 일, 정치, 스포츠에 대한 지적인 대화를 나눈다. 이러한 대화는 그들의 내면어른에서 비롯된 것이다. 그렇지만 가까운 여자들끼리는 그들 자신을 기꺼이 내어주고 아이의 호기심을 통해 배우려는 자세로 감정과 믿음을 끌어들이는 깊은 대화를 나눈다. 여성들의 관계는 대개 남성들의 관계에 비해 더 깊은 수준에 있다. 게다가 남성들은 이렇게 깊은 유대감을 (남자들과의 우정에서는 제쳐 두고) 오로지 여성과의 관계에서만 찾는 경향이 있다. 그렇지만 여성들은 때때로 남성과는 이러한 관계를 맺기가 어렵다고 생각한다. 남성들은 내면아이에게서 우러나는 감정을 알아채지 못하기 때문이다. 우리는 이런 말을 하는 여성 내담자를 심심찮게 만날 수 있다. "우리 남편하고도 내 친구들과 이야기하듯 대화를 나눌 수 있으면 좋겠어요. 친구들한테 마음을 터놓기는 쉬운데 왜 남편한테는 그게 안 되는지. 이렇게 말하면 이상하지만 남편보다는 여자친구들한테 더 친밀한 느낌이 든다니까요! 그이는 자기 감정을 나한테 토로하는 것도 너무 어려워하고 내 감정을 이해하지도 못하니까요." 그렇지만 우리 경험을 보면 남자들도 차츰 자신의 감정에 개방적인 자세로 변화하고 있다.

우리는 모두 다른 사람들과 연결되기를 원한다. 어쩌면 세상 그 무엇보다 그것을 원하는지도 모르겠다. 그러나 많은 이들이 그러한 연합은 타인과 이루어져야 하는 것으로 생각하는데, 바로 그 생각 때문에 연합은 교묘하게 그들을 피해 간다. 내면아이에게 열려 있지 않으면 절대로 타인과의 연합에도 열려 있을 수 없다. 우리가 자아 안에 틀어박혀 있다면 사랑의 기가 순환하지 못하게 문을 닫고 있는 셈이다. 그러면 우리는 너무나 고립된 기분이 들고 공허해지기 때문에 통제하거나 영합해서 타인과의 연합을 조종하려 드는 것이다. 우리는 연합을 이루기 위한 수단으로 친절하고 애정 넘치는 '연기'를 할 수도 있다. 우리가 먼저 해야 할 일은 내면아이와 하나가 되어 문을 활짝 여는 것이라고 깨닫지 못한 채 말이다. 일단 문이 열리면 사랑하는 감정을 느끼게 되고, 허울뿐인 연기가 아니라 감정을 있는 그대로 반영하는 행동을 하게 된다.

지금 이 순간에 충실하라

내면의 연합, 즉 더 높은 자기의 온전함과 일체감에 대한 경험은 내면어른이 내면아이와 사랑의 대화를 나눌 때면 언제나 발생한다. 반면, 내면어른이 애정 없는 내면대화를 선택할 때나 내면아이가 스스로 모든 일을 처리하도록 방임할 때는 자아가 고개를 내밀고 내적으로 분리되어 있는 느낌이 생겨난다.

자아는 과거와 미래에서 살아간다. 우리가 자아에 갇혀 있을 때에는 신념을 과거로부터 미래로 투사한다. 바로 이 때문에 두려움과 불안이 발생한다. 우리는 앞으로 일어날 안 좋은 일 — 실패할 것이다, 거부당할 것이다, 잘못을 저지를 것이다, 비웃음을 당할 것이다, 사랑하는 사람을 잃게 될 것이다. — 을 생각하면서 겁을 먹고 불안해한다. 우리는 그러한 괴로운 감정을 어떻게 할 수 없다고 믿는다. 자아를 통해서는 다른 사람들과 연합할 수 없다. 자아 안에 있는 우리는 우리 자신과도 떨어져 있기 때문이다. 우리는 겁먹고 불안한 상태에서 감히 연합을 꿈꿀 수 없다. 우리가 온전히 현재에 충실하지 않으면 연합은 불가능하기 때문이다. 우리가 지금 이 순간에 있을 때, 그때 우리는 더 높은 자기 안에 있다.

우리가 상호작용의 결과에 집착한다면 현재에 충실할 수 없다. 우리의 목표가 연합이 일어나도록 '만드는' 것이라면, 혹은 재미를 보거나 섹스를 하고 사랑받고 승인을 얻고 반대를 피하기를 기대한다면, 우리는 지금 이 순간에 있지 않다. 무엇을 얻거나 어떤 일이 일어나게 하려고 애쓸 때 우리는 항상 미래에 가 있고 자아 안에 있다. 그러므로 두 사람 사이에 어떤 목표나 기대가 존재한다면 그들 사이에서 진정한 연합은 일어나지 못하며 조종이 난무할 뿐이다. 다른 사람과의 진정한 연합은 두 사람이 온전히 지금 이 순간 자신의 감정과 상대에게 충실할 때에만 가능하다. 만약 둘 중 어느 한쪽이 결과에 집착한다면 그 사람의 생각은 미래에 방향을 맞추게 되고 그러한 목표를 달성하려고 노력할수록 자기 자신, 그리고 그 순간에 충실한 상대와 접촉하기 어려워진다. 원하는 성과가 이루어질지 아닐지에 전전긍긍하는 한, 자신의 감정과 상대가 느낄 감정을 알아차릴 여유 따윈 없다. 그리고 섹스, 승인, 연합 등을 기대하는 사람은 모든 행위가 자신이 원하는 것을 얻기 위한 시도가 되어버리므로 행위 자체가 조종이다.

연애를 통해 지금 이 순간에 마음을 열고 연합하는 것이 헌신적 관계를 통한 연합보다 항상 더 수월하다. 일단 헌신적인 관계를 맺거나 혼인 관계에 들어가면 반대, 거부, 지배에 대한 두려움이 더욱 활성화된다. 우리는 모두 처음으로 경험한 기본적 인간 관계, 즉 부모와의 관계에서 반대, 거부, 지배에 대한 두려움을 발전시켰고 이러한 두려움을 그 후의 모든 기본적 인간 관계에까지 끌고 들어간다. 그 두려움을 직시하고 극복할 때까지 그러한 양상은 계속된다. 하지만 연애가 이러한 두려움을 촉발하는 경우는 생각만큼 많지 않다. 사실, 연애에서 느끼는 상실의 두려움은 (부모와의 관계에서 느끼는 상실의 두려움에 비하면) 그렇게 크지 않기 때문이다. 그러므로 반대로 기본적 인간 관계보다 연애를 통해 (두려움 없이) 더 깊은 연합에 도달하는 사람들이 많다.

내면아이가 알려주는
사랑의 기술

남성과 여성 사이의 가장 큰 오해 중 하나는 성(性)이라는 영역에서 발생한다. 상담실을 찾아와 치료를 받은 많은 커플들은 똑같은 불만을 토로했다. 남자는 섹스를 더 원하고 여자는 그렇지 않다는 것이다. 대개 다 정서적·정신적 연합의 결핍이라는 문제를 안고 있는 커플들이었다.

전부는 아니지만 많은 남성들이 섹스를 연합의 수단으로 생각하는 경향이 있는 반면, 여성은 연합이 이루어진 후에야 비로소 성적 욕구를 느낀다. 남자들은 "사랑을 나누면 마음이 열리는 것을 느끼고 당신과 이어질 거야."라고 말하는데 여자들은 "당신이 마음을 열고 우리가 하나가 되기 전까지는 섹스를 하고 싶지 않아."라고 말하므로 많은 커플이 딜레마에 부딪친다. 게다가 자신을 확인받는 수단이나 자신을 기분 좋게 느끼기 위한 하나의 방법으로 섹스를 이용하는 사람들도 적지 않다. 타인에게 매력적으로 다가가고 섹스를 나누어야만 기분이 좋아질 수 있다고 믿기 때문에 섹스 중독이 발생한다. 섹스 중독자의 파트너가 되는 사람은 상대를 행복하게 '만들어야' 한다는 압박을 자주 느낀다. 이런 유형의 상호작용에서 진정한 연합의 가능성은 없다. 결국 두 사람 모두 왜 자신들이 진정으로 연결되지 못하는지 이해하지 못한 채 씁쓸한 기분만 남을 뿐이다.

성(性)은 자아에서 비롯될 수도 있고 더 높은 자기에서 비롯될 수도 있다. 자아로부터 나온 성은 항상 무엇인가를 '획득'하겠다는 의도를 품는다. 사랑, 연합, 긍정, 긴장 해소, 오르가슴 등을 얻겠다는 의도가 분명하다. 그러나 더 높은 자기로부터 나온 성은 언제나 사랑 그 자체의 표현이며 '주고자 하는' 반응이다. 때때로 그러한 성은 혼란스러울 수도 있다. 예를 들어 어떤 남성이 한 여성과 사랑을 나누기 원하며 "난 그저 당신을 사랑하고 싶을 뿐인데 당신이 날 받아들이지 않고 있소."라고 말한다고 치자. 이런 종류의 혼란스러운 상태에서 여자는 미칠 것 같은 기분을 느낄 수도 있다. 남자는 여자를 사랑하고 싶다고 말하지만 여자에게는 그런 식의 '느낌'이 오지 않기 때문이다. 분명히 따지자면 남자가 진심으로 그녀를 사랑하고자 한다면 상대가 원치 않으면서 섹스에 응하기를 바랄 일도 아니요, 그밖의 어떤 것도 달리 바라지 않을 것이다. 오히려 여자가 무엇을 원하는지 알고 싶어 하고 그녀가 원하는 것을 주면서 진심으로 행복한 기분을 느낄 것이다. 여자에게 섹스를 종용하는 남자는 비록 입으로는 그녀를 사랑한다고 말한다 해도 항상 자신의 자아에 사로잡힌 채 무엇인가를 획득하려 든다. 남녀의 역할이 뒤바뀌어 여성이 종용하는 입장에 서더라도 이 점은 마찬가지다.

더 높은 자기에서 비롯된 섹스는 언제나 매우 관능적인 경험이다. 커플이 더 높은 자기에서 우러나 육체적 사랑을 나눌 때에는 아무것도 배울 필요가 없다. 상대를 사랑하는 감정을 자연스럽게 표출하는 동안에는 두 사람 사이의 모든 것이 원만하다. 자아의 두려움과 신념이 관계에 끼어들기 시작하고 버림받은 내면아이들로서 사랑을 나누게 되면 성적 문제들이 출현한다. 성적 에너지가 '주고 싶은' 방향에서 '얻고 싶은' 방향으로 바뀌는 순간 문제가 터지는 것이다. 만약 어떤 사람이 성관계에서는 주는 입장이더라도 나머지 관계에서 받기만 하는 입장이라면 그러한 양상이 장차 성관계에도 반영될 것이다. 그러나 두 사람 모두 더 높은 자기를 바탕으로 상대에게 마음을 열고 사랑/에너지의 연합을 이룬다면 그들의 성은 자유롭고 자연스럽게 흘러갈 것이다. 그렇기 때문에 행동 양식을 바꾸는 것만으로 성적 문제들을 해결하려고 해봤자 잘 되지 않는다. 얻으려는 의도가 주려는 의도로 변화해서 진정한 연합이 일어날 때만 비로소 성적 문제들이 진정으로 해결된다. 이 문제를 다룬 예로 우리 환자 중 한 사람인 실러가 쓴 글을 소개하겠다.

섹스는 항상 내게 문젯거리였다. 나는 오랫동안 나에게 뭔가 문제가 있다고만 생각해 왔다. 내가 섹스를 기피했기 때문에 초혼에 실패했다. 나는 그게 전적으로 내 잘못이라고 굳게 믿었다. 두 번째 결혼 생활은 꽤 길게 이어졌지만 사정은 마찬가지였다. 그래도 두 번째 결혼은 내가 기대할 수 있는 최대한도라고 생각했기 때문에 오래 버텼다. 그러다 웨인을 만났다. 처음에는 평범한 직장 동료로 만났고 서서히 친구가 되었다. 점점 더 많은 시간을 함께 보내기 시작했고 어느덧 가장 내밀한 부분까지 공유하는 사이가 되었다. 단순히 많은 대화를 나누었기 때문만은 아니었다. 남편과도 내밀한 대화는 많이 나누는 편이었다. 설명하기는 힘들지만 웨인은 자기 안의 문을 활짝 열고 나를 그의 깊은 내면까지 들어갈 수 있도록 받아준 것 같았다. 그리고 웨인도 내가 그를 위해 열어놓은 마음의 문으로 성큼성큼 들어오고 있는 것 같았다. 그런 순간이면 내가 한 번도 경험해보지 못한 방식으로 그의 에너지가 나를 받아들였다. 우리는 서로 알게 된 지 2년쯤 지나서야 처음으로 사랑을 나누었지만 그 섹스는 내가 이전에 경험한 어떤 것과도 같지 않았다. 우리 두 사람 다 예전에는 좋아하지 않았던 일들—이를테면 키스 세례를 퍼붓는다든가—을 기꺼이 하고 싶어 했다. 우리는 그냥 키스만 나누면서도 몇 시간이고 보낼 수 있었다! 우리 두 사람의 몸은 서로 너무나 잘 맞는 듯했다. 서로를 괴롭힐 수도 있는 상대의 작은 결점이 이제는 전혀 문제가 되지 않는다는 것을 안다. 심지어 미칠 것처럼 신경이 쓰이던 남편의 문제점들이 웨인에게도 똑같이 존재하지만—고질적인 건망증이라든가—웨인과의 관계에서는 전혀 짜증이 나지 않는다. 우리가 함께하는 모든 것이 재미있다. 옛날에는 그렇게 귀찮아하고 질색하던 가구 쇼핑조차도 웨인과 함께하면 즐겁다. 무엇을 하느냐가 아니라 어떤 에너지로 하느냐에 따라 이처럼 놀라운 차이가 나타난다는 것을 나는 깨달았다. 우리 사이의 에너지가 활짝 열리고 사랑으로 흐를 때에는 모든 일이 잘 풀린다. 이제는 첫 번째 남편이나 두 번째 남편과의 관계에 진정한 연합이 없었기 때문에 내가 성적 흥분을 느끼지 못했다는 것을 안다. 그들이 진정으로 자기를 나에게 열어주지 않았기 때문에 나는 그들을 느낄 수 없었다. 결코 자신들의 에너지를 나에게 베풀어주지 않았던 것이다. 그들은 언제나 조건과 한계를 정해놓고 있었기 때문에 그들이 나에게 뭔가를 주어도 나는 빼앗긴 것처럼 느껴졌다. 웨인은 내가 어떤 것을 하고 싶어 하지 않아도, 설령 섹스를 하기 싫어하더라도 결코 화내지 않는다. 그는 기꺼이 나를 알기 위해 마음을 열어 두고 있을 뿐이다. 그게 얼마나 놀라운 느낌인지!

부부 관계와 가족의 문제는 모두 다 내면의 분리에서 비롯된다. 자신을 사랑하고 자기와 이어져야만 남들도 사랑하고 연합할 수 있기 때문에 내면아이를 배우는 것이야말로 관계 문제를 해결하는 열쇠가 된다.

6장
내면아이의 힘

우리가 내면아이와 함께 살아가기로 선택할 때 자아는 더 높은 자기로 변화하고 삶은 경이로운 경험이 된다. 우리는 평화롭고 집중된 삶, 신체적으로 건강하면서도 내면의 온전함을 느끼고 모든 생명체들에 대해서도 공감과 일체감을 느낀다. 슬플 때도 기쁨을 느낄 수 있게 된다. 우리 내담자 중 한 사람인 리처드가 말했던 대로다. "내면이 분리되었을 때 느낀 고통은 끔찍합니다. 하지만 내면아이와 이어지고 나니 그 아이의 고통을 느끼는 것조차 좋네요."

자존감은 내가 선택하는 것이다

내면아이를 사랑하는 법을 더 열심히 배울수록 높은 자존감을 경험하게 된다. 자존감은 간단히 말해 자기 자신이 사랑받을 만하고 가치 있고 충분하다고 느끼는 것을 의미한다. 자아는 자존감이 남들의 승인에서 나오는 거라고 말하지만, 사실 자존감은 내면의 승인, 즉 내면어른이 내면아이를 어떻게 생각하는지 또 그 아이를 어떻게 대하는지에 달려 있다. 다른 사람들이 우리를 승인하면 그때 당장은 기분이 좋을 수 있다. 그러나 좋은 기분은 금세 사라지고 다시 그러한 기분을 느끼려면 점점 더 많은 승인이 필요해진다(이 때문에 중독이 일어난다. 좋은 기분을 맛보기 위해서 그 대상을 점점 더 절박하게 필요로 하게 되는 것이다). 자아가 느끼는 좋은 느낌은 늘 수명이 짧다. 그러나 내면어른이 내면아이를 일정 기간 이상 사랑해준다면 그 아이는 자신이 사랑받을 만하고 가치 있는 존재라는 것을 알게 된다. 이러한 앎은 일시적이지 않으며 깊이가 있고 영속적이다.

사랑하는 내면어른으로서 내면아이를 알아 가는 데에 쏟는 시간이 많으면 많을수록 자신과 함께하는 삶을 좋아하고 귀하게 여기게 될 것이다. 세상 그 누구보다 자기 자신과 지내는 시간이 좋아지면 그때부터는 다른 사람에게 중독되지 않는다. 이 말은 늘 혼자 있고 싶어 한다는 뜻이 아니다. 사실은 전혀 그렇지 않다. 자신과 연결돼 있고 스스로를 사랑할 때에는 그 사랑이 흘러 넘쳐 자연스레 남들도 사랑하게 되기 때문이다. 내면아이와 연결되어 있는 사람은 뭔가를 얻기 위해 사람을 사귀려 하지 않고 오히려 자신을 사랑하는 것처럼 남들도 사랑한다. "네 이웃을 네 몸같이 사랑하라."는 말은 먼저 자기 자신을 사랑해야 하고 그다음에 비로소 그것과 똑같은 사랑을 남들에게도 베풀 수 있다는 의미다. 남들과 함께하는 것은 좋아하면서 자신과는 함께하고 싶어 하지 않는다면, 자기 자신보다 남들을 더 가치 있게 여기고 그들에게 뭔가를 주기보다는 얻어내기 위해서 함께한다는 뜻이다. 이런 경우에 마음이 황폐해지고 중독에 빠진다. 내면아이와 충분한 시간을 보낸다면 결국 자신이 과연 누구인지를 알 수 있고, 더 나아가 스스로를 사랑할 수 있게 된다. 이것이 바로 높은 자존감이다.

높은 자존감은 선택하는 것이다. 자존감은 우리가 스스로를 어떻게 생각하는지, 또한 자신이 사랑받을 만한가 아닌가 중에서 어느 쪽을 믿기로 선택하는지에 따라 결정된다. 높은 자존감이 타인의 승인보다는 자신의 내면아이에 대한 사랑에서 유래한다는 것을 자각하면 자신을 어떻게 생각할 것인지는 실제로 우리의 선택이라는 것도 알 수 있다. 자신이나 타인에게 수치심을 조장하거나 모욕을 입히지 않고 자신의 내면아이와 타인을 무조건적으로 사랑하게 되면, 상처 받지 않기 위해 쌓았던 단단한 벽이 녹아내려 온화함과 내면의 힘으로 변화할 것이다.

내면에서 우러나오는 부드러운 힘

온화함은 더 높은 자기를 바탕에 둔 사람이 발산하는 따뜻한 에너지이며, 다정함, 사랑, 힘이다. 이러한 순간에 있는 사람은 자신을 잘 알고 사랑하며, 자신이나 남들을 부끄럽게 하거나 모욕하지 않고, 굳이 동의를 구하거나 반대를 두려워하지 않으며, 남의 시선을 의식하지 않고, 남들의 비판, 분노, 거부를 사사로이 받아들이지 않는다. 자기가 누구인지를 알고 자신의 바람, 느낌을 알 때에는 부드러운 에너지가 발산된다. 그런 사람은 자신의 욕구와 감정에 마땅히 그럴 권리가 있다는 것을 알고 남들에게 지배나 통제를 당하지도, 감정적으로 상처 입지도 않는다. 우리가 이처럼 내적인 힘을 지니고 있을 때에는 유약하지도 않고 어떤 종류의 폭력도 행사하지 않는다. 스스로 약하지 않다는 것을 알기에 온화해질 수 있는 여유가 있는 것이다. 이러한 상태의 삶은 이상적이다. 하지만 불행히도 많은 이들이 '온화함'이라는 단어를 보거나 그런 말을 듣기만 해도 희멀건 겁쟁이, 물렁한 인간, 얼간이나 무기력한 사람을 떠올린다. 이는 명백히 온화함과 유약함을 크게 혼동한 결과다.

온화함 대 유약함

자아는 우리에게 온화함과 힘이 서로 배타적이며, 부드러운 것은 약하고 단단한 것은 강하다고 믿게 만든다. 부드러운 동시에 강할 수는 없다는 것이다. 그렇지만 사랑을 주고받기 위해 우리는 부드러워져야만 한다. 사랑은 결코 자아의 강퍅함에서 나오지 않는다.

온화함과 유약함의 차이를 아는 것은 매우 중요하다. 수동적이고 타인을 위해 자신을 포기하며 그들이 우리를 이용하게 내버려 둔다면 유약하다고 말할 수 있다. 타인에게 조종당할까 봐 두려워하고 반대로 타인을 조종함으로써 그 두려움을 은폐하고자 한다면 이는 본질적으로 유약한 짓이다. 타인의 승인과 반대에 권위를 부여할 때 우리는 유약하다. 두려움을 품고 그 두려움이 어떤 식으로든 ―화를 내든, 비판적으로 굴든, 트집을 잡든, 혹은 수동적으로 지나치게 순응하거나 저항함으로—우리를 조종하게 놔 둔다면 우리는 유약하다. 달리 말하자면 내면아이와 분리되어 자신을 책임지지 않고 자아의 두려움과 신념에 따라 행동하는 한 언제나 유약할 수밖에 없다.

부드러운 것이 곧 약한 것은 아니다. 그렇다고 타인에게 영합해야 한다는 뜻도 아니다. 조의 경우를 예로 들겠다. 조는 전형적인 조합 계약 협상자다. 그는 요구, 주장, 위협으로 무장하고 협상 자리에 등장해 항상 가차 없이 완강하게 상대를 제압하려고 한다. 자신이 불러일으키는 모든 비난에 단호하게 "NO!"라고 말한다. 만약 그가 내적으로 연결된 상태에서 "내 말투가 원래 그래서요."라고 꾸밈없이 부드럽게 말하면 어떨까. 그러면 그는 안달복달하지 않고 편히 앉아 내면의 집중을 유지할 수 있고, 긴장되고 경직된 자세로 몸과 마음을 괴롭힐 필요도 없어진다. 상대가 뭐라고 하든 결국 제 풀에 지쳐 나가떨어질 때까지 내버려 둘 수 있다. 내면의 연합을 통해 자신에게 반대하는 사람의 불행도 딱하게 여길 줄 알게 되고, 상대의 발악에도 불구하고 그 사람을 좋아할 수도 있다. 이것이 힘이자 부드러움, 즉 부드러운 힘이다.

어느 날 에리카는 한 친구와 그 친구의 지인 사이에서 다음과 같은 상호작용을 관찰할 기회가 있었다. 그들은 소풍을 나가 다같이 둘러앉아 대화를 나누고 있었는데 에리카의 친구가 담배에 불을 붙였다. 에리카는 그 친구가 담배를 끊고 싶어 하면서도 좀체 끊지 못하고 있다는 것을 잘 알고 있었다. 아니나 다를까, 친구의 지인은 곧장 설교를 늘어놓으면서 어떻게 계속 담배를 피울 수가 있느냐고 물었다. 온화하고 다감한 남자였던 에리카의 친구는 미소를 지으며 이렇게만 말했다. "모두들 저마다 나쁜 습관이 있잖아, 안 그래?" 그는 화를 내거나 방어적으로 굴지 않았고 구구절절 해명하려 하지도 않았다. 그는 온화하게 중심을 지켰으며 상대에게 압도되지도 않았다. 만약 그가 흡연을 나쁘게 여기고 자신을 심판하거나 타인의 비판을 두려워했다면, 그는 아마 상대의 말에 상처를 받고 방어적으로 대응하든가 아무 말 없이 속으로 화내고 언짢아했을 것이다. 스스로를 판단하는 것은 그를 약하게 만들었을 것이다. 하지만 자신을 받아들이고 나아가 상대를 받아들임으로써 그는 온화하면서도 강해질 수 있었다.

온화함과 힘

온화함은 우리가 두려움 없이 연결되어 있을 때의 존재 방식이자 가장 강력한 존재 방식이다. 가짜 힘, 즉 타인을 조종하고 지배하는 힘은 두려움에 근거를 두고 있고, 대개 버림받은 내면아이가 통제를 피하기 위해 타인을 통제하는 방식과 일치한다. 그러한 힘은 사람을 조종하려고만 하지 절대로 기쁨과 자존감을 불러일으키지 못한다. 진정한 힘은 지배하고 빼앗기보다는 길러내고 베푸는 힘이며 아주 온화한 힘이다.

우리를 찾아온 50대 초반의 마르샤는 두 번째 남편과 결혼 생활을 하고 있다. 그녀는 부드러운 힘에 대해 다음과 같은 글을 썼다.

심리학 교실에서 이번 주에는 남녀가 짝을 이루어 다음과 같은 연습을 해보라고 했다. 남자들은 주먹을 꽉 쥐고 절대 펴지 않아야 했다. 여자들은 무슨 수를 쓰든지 남자가 주먹을 풀게 해야만 했다.

내 옆에 앉아 있던 청년을 마주한 순간, 나는 직관적으로 어떻게 해야 할지 알았다. 청년과 나는 교실에서 안면만 조금 있는 사이였다. 나는 청년의 눈을 부드러우면서도 꿰뚫어 보듯이 깊이 들여다보고는 그의 셔츠 소매를 걷어 올렸다. 그러고는 우리 애들이 긴장했을 때 그랬듯이 팔을 위아래로 부드럽게 흔들어주었다. 그다음에는 계속 눈을 지그시 바라보면서 청년의 손가락을 한 번에 하나씩 펼쳤다. 주먹 쥔 손은 별 저항 없이 풀렸다. 청년은 미소를 지었고 순간적으로 사람이 달라 보였다. 그는 정확히 무슨 일이 있었는지 몰랐지만 기분이 아주 좋았다고 말했다. 나도 기분이 참 좋았다. 내가 그의 주먹을 펴는 데 성공했기 때문이 아니라 그 청년과 좀 더 가까워진 것 같았고 따뜻한 느낌을 받았기 때문이다. 그의 주먹 쥔 손을 편 것은 부드러움의 힘이었다.

선생님은 우리의 이야기를 듣고 매우 놀랐다. 선생님이 예상했던 대로 대부분의 여자들이 이를 악물고 힘을 써서 남자의 주먹을 펴려고 했고 남자들의 저항이 만만치 않아 더러 실패하기도 했기 때문이다.

결혼 생활 10년 동안 나는 남편의 마음을 억지로 열려고 아등바등했다. 그 방법은 결코 통하지 않았다. 완고함이나 강제성은 저항, 화, 소외에 부딪칠 뿐이었다. 분노가 우리 사이를 영원히 닫아버린 후, 나는 심리 치료의 도움을 받아 사랑하기를 원하는 내면의 온화한 입장과 만날 수 있었다.

　나는 각별히 주의를 기울여 나 자신이 연결된 상태에서 사랑을 주고자 하는 입장에 있는지 분리 상태에서 강요하는 입장에 있는지를 항상 의식했다. 주는 입장에서 판단하고 요구하는 입장으로, 또한 부드럽게 열린 마음에서 강퍅하고 닫힌 마음으로 변하기가 얼마나 쉬운지도 나는 잘 안다.

　예전에는 남편에 대해 굉장히 비판적이었다. 특히 남편이 결근하는 꼴은 절대 못 봤다. 남편이 몸이 아프다고 말해도 의심했고 남편이 의기소침해 있으면 화를 냈다. 이번 주에 남편은 가벼운 수술을 받느라 일을 나가지 못했다. 나는 온화한 상태를 유지하고 있었기 때문에 쓸데없는 판단을 개입시키거나 돈 걱정, 직장에서의 평판 걱정, 결근 사유에 대한 걱정을 하지 않고 이 상황을 받아들일 수 있었다. 남편은 아무 걱정도 하지 않는 듯했고 나 또한 걱정하지 않기로 결정하자 이런 상황에서 늘 발생하던 긴장은 일어나지 않았다. 나는 아무 얽매임 없이 나의 긍정적인 감정을 유지하고 남편에 대한 사랑을 느낄 수 있었다.

　진정한 부드러움에는 힘이 있다. 어떤 대가도 기대하지 않기 때문이다. 진정한 부드러움은 나에게 힘을 북돋워주기에 이제 나는 내 쪽에서는 어떻게 해줘야 하는가라는 걱정에 얽매이지 않는다. 그러한 걱정은 주는 행위에 한계를 긋고 조건을 달 뿐이다. 놀랍게도 그렇게 조건 없이 주면 매우 긍정적인 효과가 발생한다. 무상으로 주는 행위는 사랑이 서로 오가게 만든다. 그렇게 우리 사이에 사랑의 감정이 흐르게 된다.

이번 주에도 나는 사소한 말이나 작은 행위를 조건 없이 베풀었다. 남편이 보고 있다는 것을 알아준다든가, 스킨십을 좀 더 한다든가, 남편의 건강에 대해 물어본다든가, 애정을 담아 내 의사를 표현한다든가. 그이도 한결 사람이 부드러워지고 마음을 여는 듯하다.

예전에는 남편도 오랜 분노, 염려, 의심을 드러내며 반응했다. 비판적으로 굴지 않고 부드럽게 대하겠다는 의도를 지니고, 그동안 우리 사이에 있었던 일 때문에 남편이 방어적으로 반응한다는 것을 감안하자 나는 온화한 태도를 유지할 수 있었고 기분이 좋았다. 그이도 몇 분 만에 금방 사과를 하고 자기가 너무 방어적으로 굴었다고 시인했다. 물론 나는 내 반응을 무척 의식하게 되었고 금세 남편과 함께 그 반응들을 탐색할 수 있었다.

비록 훨씬 더 많은 작업과 치료가 이루어져야 하지만 우리 두 사람은 이렇게 어려움을 돌파했다. 하지만 일단 부드러운 사람이 되는 것이 어떤 것인지 알게 되고 자신이나 타인들과의 관계에 그것이 얼마나 강력한 효과를 발휘하는지 알고 나면, 그러한 사람이 되기 위해 어떤 대가를 치러야 한대도 마다하지 않을 것이다.

역사적으로 우리는 진실로 온화하고도 강인한 사람들을 사랑해 왔다. 하지만 그들은 대개 큰 불행이나 역경에 부딪혔다. 간디, 마틴 루서 킹, 예수 그리스도 같은 사람들 말이다. 이들은 가혹한 상황에 부딪혀서도 온화함과 순수함으로 대응했다. 자아는 부드러움의 힘을 은

근히 두려워하는 탓에 어떻게든 그러한 부드러움을 파괴하려고 작정한다. 자아는 우리를 통제하지 못하게 위협하는 모든 것을 두려워한다. 그런데 왜 부드러운 사람이 되겠다고 마음먹는 걸까? 강퍅함으로는 그 누구도 기쁨을 얻지 못하기 때문이다. 완고하고 애정 없는 사람이 되든가, 기쁨을 누리는 사람이 되든가 양자택일이다.

자아에 입각해 행동하는 강퍅한 사람들에게 밀릴 위험은 없을까? 지금까지 대부분의 사람들은 강하게 나오는 사람에게는 이쪽에서도 강하게 나가야 자신을 지킬 수 있다고 생각해 왔다. 이것이 자아의 신념이다. 사랑보다 더 위대한 힘은 없다는 말이 진실이라면 온화하게 대응하는 것이야말로 우리의 가장 강력한 대응 방식이 될 것이다. 또 그것이 우리의 자존감을 끌어올리고 기쁨을 안겨줄 수 있는 유일한 방식이기도 하다. 이 시점에서 여러분이 고개를 절레절레 흔들며 "난 안 되겠어, 난 사람들에게 밀리고 싶진 않다고!"라고 외친다면 여러분은 자아의 꼬임에 넘어간 것이다.

자아는 우리가 공격당할 때 반드시 역공을 해야 한다고 믿게 한다. 하지만 그렇게 해서 얻는 것은 전쟁뿐이다. 가정이나 사회, 그리고 전 세계의 전쟁. 과거에는 한 국가나 사회가 공격을 당하고도 맞서 싸우지 않거나 적당한 무기를 보유하고 있지 못하면 더 '강력한'(타자들을 제압할 정도의 힘을 쥐고 있다는 뜻에서) 무기를 보유한 국가나 사회에 괴멸됐던 것이 사실이다. 그러나 여전히 무력을 토대로 움직인다면 멸망하고 말 것이다. 이제는 자아의 완강한 힘에서 더 높은 자기의 부드러운 힘으로 옮겨 갈 때다. 그렇지만 알다시피 자아가 자신의 지배권을 그리 만만하게 포기할 리 없다.

《기적 수업》에 이런 말이 나온다. "자아는 …… 특히 여러분이 사랑으로 대응할 때 공격하려 할 것이다. 자아는 여러분에게 사랑이 없다고 판단했는데 여러분이 그러한 판단을 거스르려 했기 때문이다." 자아는 여러분이 애정 없는 인간이라고 생각하며 여러분도 그렇게 믿는 한 자아의 통제를 벗어날 수 없다는 뜻이다. 그렇지만 여러분이 스스로 사랑받을 만하며 사랑을 줄 수 있다는 사실을 자각한다면 자아는 여러분에 대한 통제력을 상실할까 두려워 공격에 나설 것이다. 강해지려면 가혹한 인간이 되어야 한다는 믿음을 주입하기 위해 자아는 여러분의 평생을 잡아먹었다. 하지만 이제 우리는 사랑과 온화함의 무방비 상태가 가장 강력한 방어라는 것을 배워야 한다.

테드는 마지에게 치료를 받으면서 다음과 같은 이야기를 했다.

그 직장 상사는 오랫동안 나를 들들 볶아 왔습니다. 뭔가 이해할 수 없거나 일이 꼬이기 시작하면 그는 항상 나한테 와서 호통을 쳤지요. 그게 너무 싫어서 나도 고함을 질러 가며 상사에게 맞서곤 했습니다. 다행히도 그 사람에겐 나를 해고할 권한이 없었지요. 하지만 늘 이런 형편이다 보니 뭔가 한 건 터졌다 하면 우리 사이에는 몇 주씩 냉전 상태가 이어졌습니다. 상사에게나 나에게나 이런 상황은 몹시 불편했고 문제도 전혀 해결되지 않았습니다. 지난주에 선생님과 함께 나의 내면아이가 바라보는 내면어른에 대해서 이야기를 나눈 후, 또 상사가 와서 한바탕하고 자기 사무실로 쿵쿵대며 가버렸지요.

하지만 이번엔 그의 사무실로 곧장 찾아가 고래고래 소리를 지르며 난리를 치는 대신, 내 자리에 그냥 조용히 앉아서 나의 내면아이에게 내가 알아서 할 테니 넌 괜찮다고 속으로 말해주었습니다. 나는 화를 내기보다는 이 상황에 호기심을 품고 좀 더 알아보기로 작정했지요. 그래서 상사에게 도대체 무엇 때문에 그렇게 화가 났는지 차분하게 물었습니다. 그는 곧 흥분을 가라앉혔고 우리는 처음으로 대화다운 대화를 나누었지요. 우리는 그를 그토록 화나게 했던 몇 가지 문제들을 풀어나가기 시작했어요. 정말 굉장한 일이었어요! 나는 화나고 실의에 차서 어떻게 해도 안 된다고 체념하는 대신 차분하고 강해지는 기분을 느끼게 되었습니다. 난 항상 세게 나가야 원하는 것을 얻을 수 있으며 주위의 압박에 떠밀려서는 안 된다고 생각했지요. 하지만 그렇게 해봤자 돌아오는 것은 분노와 좌절뿐이라는 것을 알게 된 겁니다. 이젠 대화의 문이 열렸으니 문제가 또 생기더라도 함께 풀 수 있을 거라는 생각이 들어요. 예전엔 너무 마음고생이 심해서 이직까지 생각했지만 지금은 내가 하는 일이 훨씬 더 좋아졌습니다! 버림받은 내면아이의 분노를 쏟아내는 대신 내면어른으로서 호기심을 갖고 차분하게 반응하는 것만으로 이처럼 강력한 효력을 발휘할 수 있다니, 믿기지가 않아요!

이브는 에리카에게 상담 치료를 받으면서 남편 잭과 방학을 맞아 집에 와 있던 열아홉 살의 대학생 아들 브렛에게 있었던 일을 이야기했다.

브렛이 집에 돌아왔을 때 잭은 브렛이 집에 있는 동안 해줬으면 하는 일들을 종이에 적어 내밀었습니다. 하지만 학교로 돌아갈 날이 이틀 후로 다가왔는데도 브렛이 그 일들을 처리하지 않은 게 분명했지요. 저녁 식탁에 둘러앉아 이야기를 나누는데 잭이 그 문제를 꺼내더군요. 브렛이 다소 변명조로 이야기하자 잭은 버럭 소리를 지르며 브렛에게 이기적이고 배은망덕한 녀석이라고, 아들에게 이용당하는 기분이라고 했습니다. 심지어 집안일을 돕지 않을 거라면 성가시게 집에 돌아올 필요도 없다는 말까지 했지요. 브렛도 "정말 잘됐네요. 어쨌든 나도 이 집에 있기 싫어요."라며 큰 소리로 말대꾸를 했고요. 그때 나는 나의 내면어른을 개입시켜 지금 상황을 이해해보기로 했어요. 그래서 브렛에게 차분하게 말했습니다. "얘야, 네가 집안일을 돕기 싫었던 이유가 분명히 있겠지. 난 네가 베풀 줄 아는 아이라고 생각하는데, 집에서는 그러기 싫은가 보구나. 넌 왜 그렇다고 생각하니?" 브렛이 대답하더군요. "사실은 저도 그 문제를 많이 생각해봤어요. 이유를 확실히 알지는 못해요. 하지만 뭔가 통제당하는 기분이 들어서 그런가 봐요. 다른 사람들의 부탁을 받고 도와줄 때는 저도 기분이 좋아요. 하지만 그 사람들에겐 제가 거절할 수도 있고, 또 그런다고 해서 그들이 저에게 노발대발하지도 않잖아요. 하지만 부모님이 시키는 일은 사실상 부탁이 아니라 요구라고요. 저는 그게 싫은 거예요."

이 말을 듣고 우리 세 사람은 한 시간 동안 대화를 나누었습니다. 우리 가족이 나눈 최고의 대화 중 하나였어요! 브렛은 항상 내성적인 아이였죠. 그애 입에서 이야기를 끌어내기란 늘 쉽지 않았습니다. 하지만 내가 온화하고 애정 어린 자세로 자초지종을 묻자 브렛은 순순히 입을 열었어요. 그런 식으로 아들과 이야기하는 게 너무 좋았습니다! 브렛이 학교로 돌아간 후에도 우리는 계속해서 원활하게 대화를 나누고 있습니다.

이브는 분노, 비판, 위협으로부터 자신을 보호하기보다는 사랑하고 배우려는 의도를 품을 때 부드러움이 힘을 발휘하고 만족스러운 상호작용이 가능하다는 것을 발견한 것이다.

《내 뜻을 펴기 위해 받아들여라》의 저자 테리 돕슨(Terry Dobson)은 자신의 감동적 사연을 다음과 같이 말한다.

어느 나른한 봄날의 오후, 열차가 덜컹거리며 도쿄의 교외를 지나고 있었다. 우리가 탄 객차는 비교적 한산했다. 애들을 데리고 탄 주부 몇 명, 물건을 사러 나가는 노인 몇 사람이 다였다. 나는 층층한 갈색 집들과 먼지투성이 가로수를 멍하니 바라보았다.
어느 역에서 문이 열리더니, 한 남자가 알아들을 수 없는 과격한 욕설로 오후의 정적을 깨뜨리며 객차에 올라탔다. 막노동꾼 복장의 남자는 체구가 크고 술에 잔뜩 취해 있었으며 몹시 더러웠다. 남자는 고함을 지르며 아기를 안고 있던 여자에게 팔을 휘둘렀다. 아기 엄마는 얼른 몸을 피하다가 어느 노부부의 무릎에 쓰러졌다. 다행히 아기는 아무도 다치지 않았다.

노부부는 겁에 질려 벌떡 일어나 객차 반대쪽 끝으로 달려갔다. 술 취한 남자가 도망치는 노부인의 등에 발길질을 하려고 했지만 다행히 노부인은 발길질을 피해 안전하게 도망칠 수 있었다. 그러자 술 취한 남자는 약이 올라서 객차 한가운데 있던 금속 막대를 잡고 받침 기둥에서 빼려고 했다. 남자의 한쪽 손이 베여서 피가 흐르기 시작했다. 객차는 앞으로 기울어지며 출발했고 승객들은 공포로 얼어붙었다. 나는 일어섰다.

족히 20년은 지난 일인데, 그때는 나도 젊었고 체격도 건장했다. 게다가 3년간 거의 하루도 거르지 않고 하루 8시간씩 합기도를 연마하고 있었다. 그러나 무술 실력을 실전에서 시험해본 적은 없었다. 합기도를 수련하는 학생은 사사로이 싸움을 해서는 안 되기 때문이다.

스승님은 몇 번이나 이런 말을 했는지 모른다. "합기도는 화해의 기술이다. 싸우려는 마음을 내는 자는 이미 우주와의 조화를 깬 것이다. 다른 사람을 지배하고자 하는 자는 이미 싸움에서 패배한 것이다. 우리는 싸움을 해결하는 법을 배우는 것이지, 싸움을 시작하는 법을 배우는 것이 아니다."

나는 스승의 말을 귀담아들었다. 또한 부단히 노력하기도 했다. 역주위에서 어슬렁거리는 깡패들을 상대하지 않으려고 일부러 길을 건너갈 정도였다. 인내심이 나를 고양시켜서 나는 나 자신이 강하면서도 고결하게 느껴졌다. 그렇지만 내심으로는 악을 쳐부수고 죄 없는 사람들을 구해낼 정당한 기회가 오기를 은근히 바라고 있었는지도 모른다.

'지금이 바로 그 기회다!' 나는 스스로에게 그렇게 말하면서 당당히 일어섰다. '사람들이 위험에 처해 있어. 내가 신속히 행동하지 않으면 누군가가 다칠지도 몰라.'

내가 일어서는 것을 보고 술주정꾼은 분노의 표적을 발견한 듯 회심의 미소를 지으며 으르렁거렸다. "아하! 외국 놈이 덤비겠다고! 일본인의 예절을 단단히 가르쳐줘야겠군!"

나는 머리 위에 있는 가죽 손잡이를 가볍게 잡으면서 그에게 혐오와 경멸의 시선을 던졌다. 그 비열한 인간을 한주먹에 박살낼 생각이었다. 하지만 그가 먼저 덤벼들도록 해야 했다. 나는 그의 화를 돋우려고 일부러 입술을 내밀어 무례하게 키스하는 시늉을 했다.

"좋다! 내가 본때를 보여주지!" 그자가 소리를 질렀다. 그러고는 나를 덮치려고 자세를 가다듬었다.

그가 몸을 날리려는 찰나, 누군가 "어이!" 하고 그를 불렀다. 귀청을 울리는 소리였다. 난 아직도 이상하리만치 경쾌하고 쾌활한 그 목소리의 음색을 기억한다. 마치 애타게 찾던 어떤 것과 우연히 맞닥뜨린 사람이 내지르는 탄성과도 비슷한 소리였다. "어이!"

난 왼쪽으로 몸을 돌렸고, 술주정꾼은 오른쪽을 돌아보았다. 그리하여 우리 두 사람은 바로 앞에 앉아 있는 키 작은 일본 노인을 내려다보게 되었다. 적어도 일흔 살은 넘어 보이는 왜소한 신사가 기모노 차림으로 단정하게 앉아 있었다. 노인은 나에게는 아무런 관심도 보이지 않고, 마치 중요하고 신나는 비밀이라도 들려주려는 듯 유쾌한 얼굴로 술주정꾼을 쳐다보았다.

"이리 오게." 노인은 사투리가 섞인 허물없는 말투로 술주정꾼을 불렀다. "이리 와서 나랑 이야기 좀 하자고!" 노인은 가볍게 손짓까지 했다.

덩치 큰 술주정꾼은 끈에 묶이기라도 한 듯 노인에게 다가갔다. 그는 노인 앞에 우뚝 서서 기차 소리가 무색하게 고함을 질렀다. "왜 내가 당신하고 이야기를 해야 하는데?" 술꾼은 나에게 등을 돌리고 있었다. 만약 그자의 팔목이 1밀리미터라도 더 움직였다면 나는 그자를 쓰러뜨렸을 것이다.

노인은 여전히 밝게 미소 짓고 있었다. "무슨 술을 마셨나?" 노인은 흥미와 호기심으로 눈을 빛내며 물었다. "청주를 마셨소. 내가 뭘 마셨건 무슨 상관이야!" 남자가 소리를 질렀다. 침이 노인에게까지 튀었다.

"아, 그거 좋지. 좋고말고! 자네 아나, 나도 청주를 무척 좋아한다네. 매일 저녁 일흔여섯 먹은 우리 할멈과 청주 작은 병 하나를 데워서 정원으로 들고 나가지. 거기 오래된 나무 의자에 앉아서 해 지는 풍경도 바라보고 감나무가 잘 자라는지도 보면서 말이야. 우리 증조할머니가 심으신 그 나무가 겨울의 모진 칼바람을 잘 이겨내고 계속 살 수 있을지 걱정이야. 그래도 우리 감나무는 언제나 내 기대보다 훨씬 잘 자라주거든. 토양도 보잘것없는데 얼마나 대단한지. 청주를 마시며 그 나무를 바라보면 기특한 마음이 들지. 비 오는 날에도 운치가 있다네!" 노인은 빛나는 눈으로 주정뱅이를 쳐다보았다.

술주정꾼도 노인의 이야기에 귀를 기울이는 동안 어느덧 얼굴 표정이 부드러워졌다. 주먹에 들어간 힘도 서서히 풀렸다. "그래요. 나도 감나무를 좋아하는데……" 그의 말꼬리가 흐려졌다.

"그렇겠지. 자네도 좋은 마누라가 있을 테고." 노인이 미소 지으며 말했다.

"아닙니다. 우리 마누라는 죽었어요." 전차가 흔들리면서 덩치 큰 사내가 나지막하게 흐느끼기 시작했다. "난 마누라도 없고, 가정도 없고, 일자리도 없습니다. 부끄러워 살 수가 없어요." 눈물이 그의 뺨을 타고 흘러내렸다. 그의 몸은 깊은 절망으로 부들부들 떨렸다.

이젠 내 차례였다. 젊은 날의 치기와 이 세상의 서민들을 안전하게 지켜야 한다는 독선적 믿음으로 무장해 있던 나는 문득 나 자신이 그 주정뱅이보다 더 추하게 느껴졌다.

내가 내릴 역에 도착해서 승강구 문이 열리는 순간, 나는 동정심으로 가득 찬 노인의 목소리를 들었다. "자, 자, 울지 말게. 정말로 어려운 일을 당했구먼. 여기 앉아 사연을 말해보게나."

난 마지막으로 고개를 돌려 그들을 바라보았다. 술주정꾼은 노인의 옆자리에 주저앉아 노인의 무릎에 얼굴을 묻은 채 흐느끼고 있었다. 노인은 지저분하고 헝클어진 그의 머리카락을 부드럽게 어루만져주었다.

열차가 떠난 후 나는 잠시 역 벤치에 앉았다. 내가 완력으로 해결하려 했던 일은 애정으로도 충분히 해결할 수 있었던 것이다.

내면아이가 하고 싶어 하는 일을 하라

　행복한 삶의 비결 중 하나는 좋아하는 일을 발견하는 것이다. 이는 곧 자신이 온전히 빠져들어 표현하고 놀고 배우고 싶어지는, 그런 경험을 뜻한다. 좋아하는 일은 신체적, 정서적, 지적, 정신적으로 무엇인가를 배우고 창조하고 싶게 한다. 여러분이 좋아하고 여러분에게 "와우!"라는 탄성을 자아내게 하는 것이 바로 그것이다. 좋아하는 일을 찾으면 스스로 가치 있다는 기분을 느끼고 중독에서 벗어날 수 있다. 어떤 것도 여러분에게서 그 일을 빼앗아가지 못한다. 이러한 경험을 추구하는 것은 절대로 사치가 아니며 반드시 필요한 일이다. 삶에 의미를 부여하는 이런 특별한 경험이 없다면 우리는 내면의 공허를 채워줄 어떤 물질, 사물, 사람을 찾아 목적 없이 방황하게 되기 때문이다. 여러분에게 위로와 힘을 주는 이런 경험을 하지 못하게 하기 위해 자아는 어떤 일이라도 할 것이다. 돈이 없다, 시간이 없다, 너에겐 그럴 능력이 없다, 정말로 너의 관심을 끌 만한 것이 있을 리 없잖아, 찾아볼 것도 없어, 라고 자아는 속삭일 것이다.

　어떤 사람들은 신체 활동이나 스포츠에서 자신의 취미를 발견한다. 또 어떤 사람들은 예술이나 그밖의 창조적 활동에 재미를 붙인다. 어떤 이들은 이런 활동을 하기는 하지만 열정을 불사르지는 못한다. 자신의 삶을 창조적으로 표현하기보다는 공허함을 채우기 위한 중독의 일환으로 이러한 활동을 전락시키기 때문이다. 또 어떤 이들은 무엇부터 시작해야 할지를 모른다. 시작은 내면아이와 함께하면 된다.

내면아이는 여러분 자신의 열정적인 면이다. 당신의 진정한 관심이 어디에 있는가는 당신 안의 그 아이가 말해줄 것이다. 내면아이와 함께 배우기 위해 시간을 많이 할애할수록 자연스럽게 자신이 좋아하는 일을 알게 된다. "하루만 그 일을 해봤으면 좋겠어."라든가 "언젠가는 꼭 그 일을 할 거야."라는 말을 우리는 얼마나 자주 하는가. 정작 실행에 옮기는 일은 드물다. 좋아하는 일을 찾는 유일한 방법은 다양한 길들을 계속 모색하면서 자신의 내면아이에게 마음을 열어 두는 것뿐이다. 아이들은 자연스럽게 이런저런 일들에 재미를 붙인다. 무용, 미술, 음악, 독서, 조형 놀이, 돌멩이 줍기, 우표 수집, 연극, 운동, 창조적 놀이를 신나게 즐긴다. 아이들은 자라면서 종종 자기가 좋아하는 일에 열심히 매달리든가 아니면 아예 관심을 잃는다. 여러분에게도 무척 좋아했지만 오래 전에 포기해버린 일이 있는가?

좋아하는 일이 직업의 일부가 될 수도 있고 그렇지 않을 수도 있다. 좋아하는 일을 직업으로 삼고 즐긴다면 얼마나 좋겠는가. 이런 방향으로 진로를 선택할 수도 있다. 하지만 그렇게 될 때까지 우리가 좋아하는 일을 유지하기 위해 돈을 벌 수도 있다. 그렇게 생각하면 돈을 벌기 위해 하는 일이 더욱 의미를 띠게 되고 삶이 즐거워질 것이다.

우리가 치료하는 많은 사람들은 자기가 좋아하는 것이 무엇인지 찾기 위해 분투한다. 비벌리라는 한 여성은 다음과 같은 경험을 우리에게 들려주었다.

어릴 때부터 만들기를 좋아해서 늘 뭔가를 뚝딱뚝딱 만들곤 했지요. 나도 모르게 자꾸만 뭘 만들고 있었고 그게 참 재미있었어요. 하지만 최근에 내면아이와 이야기하는 과정에서 그 아이가 정말로 배우고 싶어 하는 건 그림이라는 걸 알았죠. 나의 어른스러운 부분은 그림을 그릴 수는 없으며, 계속 공예 쪽에 매달려야 한다고 오래 전에 결정을 내렸지요. 하지만 난 일단 해보고 어떻게 되나 지켜보기로 결심했어요. 나는 '우뇌로 그림 그리기' 수업에 등록했지요. 어찌나 재미가 있는지 믿을 수가 없더군요! 처음엔 어려워 보였어요. 누가 그림을 그려도 너보단 나을 거라고, 괜한 곤경을 자초하지 말라고 나의 자아가 자꾸 속삭였거든요. 그러나 결국 나의 사랑하는 내면어른이 기세를 잡고 내면아이에게 이렇게 말해주었어요. "다른 사람들 생각은 중요하지 않아. 우린 그냥 재미있는 경험을 위해 여기 온 거고, 어떤 그림을 그리든 나는 너를 변함없이 사랑할 거야." 자! 내가 정말로 그림을 그릴 수 있다는 걸 알았을 때 얼마나 놀랐을지 생각해보세요! 나의 내면아이가 너무나 기뻐했기 때문에 위험을 무릅쓰고 그 아이에게 실패할 자유를 줄 수 있었지요. 이렇게 내가 절대 할 수 없을 거라 생각했던 일들이 얼마나 많을지 의문입니다.

비벌리는 의식적으로 내면아이에게 마음을 열기로 선택했다. 그리고 같은 방식으로 여러 가지 활동들을 시도해보았다. 그러한 경험들은 각기 배움과 기쁨으로 충만했고 하나의 경험은 새로운 경험에 도전할 수 있도록 용기를 북돋아주었다. 이런 경험을 통해 비벌리는 결국 열정을 불사를 수 있는 일을 찾게 될 것이다.

우리는 그토록 많은 십대 청소년들이 약물을 찾는 이유 중 하나가 권태로부터 벗어나기 위해서라고 생각한다. 흥미진진하고 창의적이고 배울 게 많은 활동을 하면서 살아가는 청소년들은 술이나 약물에 빠질 틈이 없다. 마찬가지로 어른들도 내면아이의 기쁨과 활기에 연결되어 인생에서 흥미와 열정을 맛보고, 자신의 권태와 고통, 기쁨을 회피하기보다는 배우고 창조하겠다는 의도를 지니고 살면 약물이나 도피가 필요하지 않다.

일단 내면아이가 좋아하는 일을 알게 되었다면, 사랑하는 내면어른이 그것에 따라 행동하느냐 아니면 실패를 두려워하느냐는 그다음부터 여러분에게 달려 있다. 여러분의 내면아이가 그림을 그리고 싶어 한다면 설령 해낼 수 없을 것 같아 두렵다 해도 그림물감을 사고 시간과 장소를 마련하는 것은 여러분의 몫이다. 내면아이를 사랑하고 지지하고자 한다면 반드시 두려움을 무릅쓰고 그 아이를 위해 행동해야만 한다. 내면아이가 피아노를 배우고 싶어 한다면 피아노를 사거나 임대하고 피아노 선생님을 구하는 것은 어른이 할 일이다. 내면아이가 목공 작업을 하고 싶어 한다면 시간과 장소를 마련하고 공구와 재료를 구하는 것은 어른이 해야 할 일이다. 내면아이가 요트 조종을 배우고 싶어 한다면 어른은 전화를 걸어 교습 시간을 잡아야 하고, 내면아이가 돌 수집을 하고 싶어 하면 실제로 돌을 수집해야 하는 것은 내면어른이다. 또 내면아이가 좋아하는 일을 판단하지 않고 어떤 식으로든 그 일을 할 수 있게 지원해주는 것도 어른의 몫이다. 조지프 캠

벨(Joseph Campbell)은 "당신의 희열을 좇으라."고 했다. 희열, 즉 내면아이가 정말로 좋아하는 것을 따라가면 기쁨을 얻게 될 것이다.

여러분에게는 지금도 내면아이가 있고 앞으로도 항상 있을 것이다. 내면아이를 부정하고 마음의 벽장에 가둔 채 인생을 살아갈 수도 있고, 기쁨과 슬픔, 창조성, 열정, 온화함이라는 당신 자신의 그 부분과 손을 맞잡고 인생을 헤쳐 나갈 수도 있다. 내면이 치유되면 그것의 자연스러운 결과로 열정을 발전시킬 수 있게 된다. 만약 아직도 진정으로 좋아하는 일을 찾지 못했다면 인내심을 잃지 말라. 사랑받지 못한 내면아이의 상처가 사랑의 재양육으로 치유되면 여러분이 좋아하는 것도 바로 드러날 것이다.

사랑하려거든 먼저
나를 받아들여라

자신과 타인들을 사랑하는 방향으로 나아가기만 하면 원하는 것―높은 자존감, 내적인 힘, 활기와 열정, 서로 사랑하는 관계―을 얻을 수 있다. 내면아이에 대한 사랑은 다른 사람들에 대한 사랑으로 나아가고, 이는 결국 애정 어린 인간 관계로 귀착된다. 다음 도식은 그 점을 잘 보여준다.

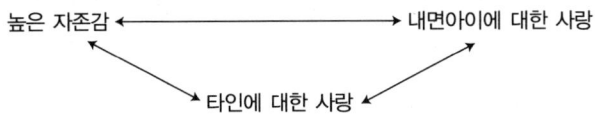

다른 사람을 사랑하려면 먼저 자기 자신을 사랑해야 한다. 자신을 사랑하고 받아들이는 바로 그 순간, 사람은 자신의 더 높은 자기 상태에 존재하며 다른 사람을 사랑할 수 있다. 타인에 대한 사랑은 자기를 사랑하는 행위다. 타인을 사랑함으로써 자기가 행복해지고 자신의 자존감이 고양되기 때문이다.

다른 사람을 사랑하려면 내면어른과 내면아이 모두의 필요를 자각하고 그것을 위해 행동하여 스스로 행복해지고자 해야 한다. 자신의 행복을 남의 책임으로 돌리면 자기가 불행한 이유를 그 사람에게 따지게 된다. 자기가 불행하다고 남들을 탓하면서 그들에게 사랑을 주는 존재가 될 수는 없다. 일단 자신의 행복을 책임지기로 마음먹고 스스로에게 애정을 갖고 행동한다면 충분히 다른 사람들도 사랑할 수 있게 된다.

사랑은 순전히 더 높은 자기의 기능이다. 더 높은 자기는 사랑으로서 '존재'하며 사랑하기를 원하지만, 자아는 사랑을 얻고 고통을 피하는 데에만 관심이 있다. 우리는 두려워하거나 고통스러운 와중에도 여전히 사랑을 줄 수 있지만, 두려움과 고통에 대한 감정을 책임지려 하지 않은 채 자신을 '보호'하려고만 한다면 사랑을 줄 수 없다. 자식을 사랑하는 어머니는 침입자에게서 아이를 보호하거나 화재가 일어난 건물에서 아이를 구해낸다. 어머니는 자기도 두렵지만 그래도 사랑을 표현하는 것이다. 그러나 같은 어머니라도 아이가 형편없는 성적을 받아왔을 때 나쁜 어머니가 될까 봐 자신을 보호하기 위해 아이를 꾸짖거나 벌줄 수 있다. 어머니가 아이를 사랑하기는 하지만 두려움이 앞서기 때문에 자신의 내면아이에게서 분리되어 자식에게 애정 없는 행동을 할 수도 있는 것이다. 사랑할 것인가 말 것인가, 자아에게 휘둘릴 것인가 더 높은 자기와 연결될 것인가는 살아가는 매순간 모두 우리 선택에 달려 있다. 두려움을 느끼면 분리를 통해 자신을 지키는 쪽을 선택할지도 모른다. 그러나 두렵고 상처 입은 와중에도 얼마든지 사랑하는 쪽을 선택할 수도 있다. 내면아이를 배우고 탐색하며 자아의 잘못된 신념들과 싸우기로 결정하는 것이 우리의 목표다. 우리가 어느 순간에나 사랑을 줄 수 있게 된다면 진정으로 명철한 존재가 될 것이다. 그러나 실제로 우리는 그렇지 않다. 우리는 그저 사랑의 가능성을 품은 인간일 뿐이다.

인생은 다양한 상황을 제시하며 사랑할 수 있는 능력을 시험해보기도 한다. 친구가 약속 시간에 늦을 수도 있고, 섹스를 하고 싶은데 애인이 싫다고 할 수도 있다. 배우자가 낭비벽이 있거나, 하찮은 것에 연연하거나, 불륜을 저지를지도 모른다. 자식이 공부를 못해서 성적이 나쁘거나, 약물에 중독될 수도 있다. 그러나 여러분이 내면 치료 작업을 수행하고 마음속의 아이를 사랑하는 법을 배운다면 무슨 문제가 있든지 다른 사람들을 사랑으로 대하게 되고 그럼으로써 삶 속에서 사랑의 관계를 만들어 나갈 수 있다.

우리의 환자 데이브는 다음과 같은 글을 쓰고 '자기 인식과 내면아이'라는 제목을 붙였다.

나의 자기 인식 치료 작업은 1975년 8월, 처음으로 에스트(EST)* 훈련을 받으면서 시작되었다. 직장 문제 때문에 중단했을 뿐, 그때부터 최근까지 줄곧 그러한 형태의 성장을 추구해 왔다. 잠깐이지만 나 자신과 하나로 이어질 때의 그 기쁨 때문에 나는 여러 가지 경고를 받았지만 에스트에 집착하게 되었다.

에스트에 참여한 사람들은 대부분 서로 어떻게 '존재'하는가에 대해 이야기를 나눌 수 있었다. 우리는 깨달은 사람들이었으니까! 그러나 결국 '깨달음'이라는 말이 남발되는 데에도, 성장할 생각이 없는 사람들을 상대하는 데에도 염증을 느끼게 되었다. 나 자신의 성장도 냉정한 눈으로 바라보게 되었다. 나는 깨달음의 경험을 공유했던 사람들의 이야기를 들으면서 내가 진퇴양난에 빠졌음을 깨달았다. 겉으로는 정답을 모두 쥐고 있는 것 같아도 여전히 몇 가지 중요한 개인적 갈등을 해결하지 못했다는 생각을 떨칠 수 없었다.

그러한 문제들을 해결하기로 다짐한 후, 더 규모가 크고 비용이 많이 드는 프로그램에 한동안 열성적으로 참여했다. 이따금 짜릿한 기분도 들었다. 물론 내가 소화해야 하는 정보도 점점 늘어났다. 그렇지만 나의 개인적 삶에서 중요한 문제들을 해결한다는 차원에서는 진척이 별로 없었다. 결국 나는 위기에 봉착했다.

훈련을 받는 동안에는 나 자신과 연결되어 현재에 존재할 수 있었

---

* 베르너 에르하르트가 개발한 심신 통일 훈련의 하나. EST는 Erhard Seminar Training 의 약어이자, 라틴어로 '존재하다'라는 동사에 해당한다.

다. 그러나 인간 관계 문제에 맞닥뜨리면 나 자신과 유리되고 말았다. 나에겐 아무런 길잡이가 없었다. 내가 뭘 원하는지조차 몰랐다. 마지 폴 박사와 여러 시간 치료 작업을 수행한 후에야 비로소 나는 내면아이와 내면어른 사이에 엄청난 갈등이 있음을 깨달았다. 대부분의 자기 인식 프로그램들은 바로 이 부분이 취약한 것 같다.

내면아이에 대해 배우려는 뜻을 품고 그 아이의 목소리를 경청하고 내면아이와 내면어른 모두를 위해 행동하는 치료 작업을 통해 나는 참으로 뿌리 깊었던 개인적인 문제들을 대부분 해결했다. 이 작업이야말로 잃어버린 한 조각이었고, 이 한 조각이 없었기 때문에 더 일찍 만족을 얻지 못했던 것이다. 내면아이 치료 작업은 진정한 변화를 불러오고 행동 패턴을 바꿀 수 있는 근본적인 과정이다. 지금까지 대부분의 자기계발 프로그램은 깨달음과 책임을 가르치며 내면어른이 어떻게든 계속 감당해야 할 행동 패턴을 받아들이라고 호소했다. 그래서 내면아이에게는 소통의 수단이 없었고 나는 그 아이에게서 무엇을 배울 수도 없었다. 이제는 좋은 기분이 지속될 수 있다. 그건 어디까지나 당신, 다른 누구도 아닌 바로 당신 하기 나름이다.

7장
나는 어떤 내면어른인가

우리 문화는 사랑하는 내면어른에 대해 적절한 역할 모델을 제시하기 어렵다는 점에서 근본적인 문제를 안고 있다. 대중매체도 그러한 역할 모델을 제공하지 못하고, 우리 부모 가운데 사랑하는 내면어른으로서 자신의 내면아이와 연결되어 있는 사람들이 극히 드물기 때문에 그들 역시 바람직한 역할 모델이 되지 못한다. 부모들은 자신을 사랑으로 대하지 않으며 바로 그렇기 때문에 자식들도 사랑으로 대할 수 없었다. 따라서 우리 자신의 내면어른도 이같이 사랑 없는 역할 모델들을 본받게 되었다.

그렇지만 우리 모두에게는 자신의 욕구를 정확히 알고 사랑받는 느낌을 필요로 하는 내면아이가 있다. 우리는 모두 사랑이 무엇인지, 사랑이 얼마나 기분 좋고 바람직한 것인지 알게끔 태어났고 자신의 내면 깊은 곳에 사랑이 있는지 없는지 알 수 있다. 하지만 그러한 것을 믿으면 안 된다고 철저하게 교육받았기 때문에 내면아이의 메시지를 무시하게 된 것이다. 우리가 사랑에 대해 배우기로 선택한다면 그것에 문을 활짝 열어야 한다.

문제는, 내면아이가 우리를 믿지 못한다면 올바르게 사랑하는 법을 가르쳐주지 않을 수도 있다는 것이다. 내면아이는 사랑받는다는 기분을 별로 느끼지 못하더라도 너무 약해 보일까 봐 "나는 이러이러한 식으로 사랑받고 싶어요."라고는 말하지 못한다. 내면아이는 충분히 사랑받는다는 기분이 들 때까지 여러분에게 별 말을 하지 않을지도 모른다. 그러므로 내면아이를 진심으로 사랑하는 법을 찾는 것은 여러분의 내면어른이 담당할 일이다.

대부분의 사람들은 애정 어린 행동보다 애정 없는 행동을 더 많이 배웠다. 우리는 어렸을 때 부모, 선생님, 친척, 형제자매, 책이나 영화나 텔레비전에 등장하는 캐릭터를 통해 이 세상에서 살아가는 법을 배웠다. 그들의 태도, 철학, 행동을 따라했다. 우리가 선택한 존재 방식이 옳다고 그들이 규정했다.

어린아이들이 계발하는 내면어른은 주위에 있는 어른들을 보면서 어른이 된다는 것이 어떤 의미인가를 배운다. 만약 어른들이 자기 자신과 남을 학대한다면 아이들도 자신과 타인들에 대한 학대를 배우며 자란다. 어른들이 자신을 사랑하고 아이들을 사랑할 때에만, 그리고 그들이 자신의 내면아이와 타인들에게서 배우고자 노력할 때에만, 아이는 애정 어린 행동의 역할 모델을 가질 수 있다.

우리는 여기서 여러분이 어렸을 때 흔히 보았을 애정 없는 역할 모델들의 예를 제시하고자 한다. 어쩌면 이 역할 모델 중 어느 하나나 여러 모델들의 조합에서 여러분 자신과 다른 사람들의 모습을 찾아볼 수 있을지도 모른다. 그리고 아마 이 모델 모두를 합한 모습을 자신에게서 발견할 가능성이 크다. 이러한 역할 모델들은 사랑받지 못한 채 버려진 내면아이가 자신을 보호하려고 취하는 주요한 방법들과도 일치한다.

순응형 내면어른,
갈등을 피하는 피스메이커

이런 사람들은 피스메이커다('어떤 대가를 치르더라도' 평화만 추구하는). 또한 자신이 다른 사람의 행복과 불행을 책임져야 한다고 믿는 돌보미 유형이다. 이 사람들은 오로지 타인을 기쁘게 하는 데에서만 자신의 가치를 느낀다. 남들을 기쁘게 하는 법만 제대로 찾아낼 수 있다면 타인에게 순응하는 것이 사랑과 승인을 불러올 것이라고 믿는다. 남들의 비위를 맞추며 사람들을 기쁘게 하려는 사람들은 자기 욕구를 포기하고 타인의 욕구에 순응하는 것이 사랑하는 방식이라고 믿는다. 또 자기는 행복을 좇을 '권리'가 없으며 자기 행복을 추구하면 이기적인 사람이라고 생각한다. 따라서 자기가 하고 싶은 일을 하는 데에도 다른 사람의 승인, 주로 배우자나 자식의 승인이 있어야 한다. 아예 자기가 하고 싶은 일이 뭔지, 무엇이 자신을 행복하게 하는지 모르는 경우도 허다하다. 자신의 모든 행복은 남들을 기쁘게 하고 승인을 얻는 데서 비롯된다고 믿기 때문이다. 모든 갈등을 자신의 허물 탓으로 돌리고 문제를 해결하기 위한 수단으로 자신의 뜻을 꺾고 만다.

이러한 역할을 맡은 여성들은 자신에게는 이처럼 남의 뜻만 좇는 입장이 어울린다고 생각한다. 보조자의 역할에 머무는 것이 순리에도 맞다는 것이다. 이러한 여성들은 남성이 여성보다 강하고 현명하니까 남성을 잘 보필하는 것이 여성의 소임이라고 믿기도 한다. 또 이들은 마음속으로는 응당 받아야 할 칭찬을 받지 못한 것에 분개하면서도 자신이 모든 것을 베풀고 사랑한다고 믿는 순교자 타입이다. 이들은 자신을 위해 시간을 할애하는 방법을 알지 못하고 다른 사람들의 요구를 거절하는 법도 달리 모르기 때문에 병이 나 드러눕기 일쑤다.

순응형 여성은 남성을 통해 자신을 정의하려 한다. 이러한 여성들을 강제적으로 휘두르는 데에서만 행복을 느끼는 남성들도 꽤 많다. 순응형 모델을 따르는 여성은 대개 자기 남자가 원하는 대로 살게 된다. 남자가 섹시하고 매혹적인 여자를 원하면 그것이 곧 그녀의 모습이 된다. 만약 남자가 조용하고 새침한 여성상을 원하면 그런 여자가 되고, 남자가 어린 소녀 같은 여성상을 원하면 또 그런 여자가 된다. 만약 남자가 자기보다 똑똑한 여자를 부담스러워하면 여자는 똑똑해 보이지 않도록 행동한다. 이런 여자는 자신의 여성성을 충분히 느끼지 못하면 남자를 잘못 만났기 때문이라고 단정 짓는다. 궁극적으로 그녀는 자신의 온전한 정체성과 자신감을 상실하고 만다. 이런 여성에게 자아의 힘 따위는 없다. 그녀는 자신의 내면아이를 완전히 저버리고 그 버림받은 내면아이는 남편이나 연인의 버림받은 내면아이를 보살피고 돌보아줌으로써 사랑과 승인을 얻으려 애쓴다. 이 버림받은 내면아이는 주인과의 계약에 묶인 종처럼 자기 시간이나 자신만의 선택 없이 노역에 시달린다.

레이철은 항상 '좋은 여자'였다. 어려서부터 부모님의 요구를 고분고분 따랐고 그 보상으로 이런저런 조건이 붙는 승인을 받는 데 익숙했다. 레이철은 그러한 승인을 사랑으로 해석했다. 그녀는 론과 결혼하고서도 늘 자연스럽게 그의 비위를 맞춰주려고 노력했다. 원래는 법률사무소 비서로 일했지만 남편이 여자는 일을 하면 안 된다고 생각했기 때문에 직장도 그만두었다. 심지어 자기는 정말로 좋아하지 않으면서도 사람들을 초대하고 접대하는 데 달인이 되었다. 자기 친구들과는 대부분 연락을 끊었다. 남편이 모든 일을 자기와 함께 해야 한다고 주장했기 때문이다. 게다가 남편은 레이철의 미혼 친구들이 그녀에게 나쁜 영향을 줄 것 같다며 그리 좋게 보지 않았다. 남편이 직장에서 돌아왔을 때 레이철은 (그녀가 원하든 원하지 않든) 언제나 꼭 집에 붙어 있어야만 했다. 남편이 집에 왔을 때 아무도 없는 것을 몹시 싫어했기 때문이다. 레이철은 내키지 않아도 남편이 원하면 의무적으로 부부 관계에 응했다. 시간이 갈수록 그녀는 섹스에 흥미를 잃었다. 아이들이 태어난 다음에는 전적으로 아이들에게 매달렸으며 뭐든지 아이들이 하자는 대로 했다.

레이철은 좋은 여자, 좋은 아내, 좋은 엄마였다. 그녀의 엄마도 꼭 그랬다. 레이철은 한 번도 자신에게 행복하냐고 물어본 적이 없다. 다른 활동이나 사람들이 흥미로울 수 있다는 생각도 해보지 않았다. 그저 자기가 '해야 한다고 생각하는 일'만 했다. 레이철의 내면어른은 하고 싶은 일을 하는 것은 이기적이고 잘못된 짓이라고 으름장 놓는 권위적 어른이었다.

순응형 남자들은 전형적인 '친절남'이며 있는 듯 없는 듯한 수동적 남성이다. 이러한 남자들은 대체로 무척 조용하다. 이들은 직장에 나갔다 ―워커홀릭이 되는 경우도 많은데― 집에 돌아오면 텔레비전을 보거나 술을 마신다. 그리고 육아와 중요한 의사 결정은 아내에게 다 맡기기도 한다. 이런 남자들의 자녀들은 대개 자기 아버지에 대한 기억이 없다. 이 남자들은 매우 다정다감한 아버지가 될 수도 있지만 자식들의 눈에는 항상 아내의 기에 눌려 사는 유약한 남편으로 비치곤 한다.

순응형인 사람을 역할 모델로 채택한다면 여러분의 사랑 없는 내면 어른은 기본적으로 권위적이고 내면아이의 욕구와 필요를 간과하는 경향이 있을 것이다. 이 경우의 내면대화는 다음과 같은 식으로 흘러간다.

"넌 중요하지 않아."

"넌 네가 원하는 걸 할 자격이 없어."

"네가 뭘 원하는지는 중요하지 않아. 네 남편/아내/자녀가 원하는 게 더 중요하지."

"말썽 일으키지 마. 사자 코털을 왜 건드려. 그냥 넘어가자고."

"정말 중요한 것도 아니잖아. 어쨌든 별일 아냐."

"그 사람에게 상처 주지 마. 그 사람은 감당 못해."

"그냥 져줘. 따지고 들들 볶는 것보단 낫잖아."

"넌 원하는 걸 가질 수 없어. 그러니 그냥 넘어가자."
"네가 져주지 않으면 결국 혼자가 될 거야."
"널 잃는 건 괜찮아. 하지만 그 사람을 잃으면 안 돼."
"그냥 사람들이 너에게 기대하는 걸 하라고."
"그 사람이 원하는 걸 해줘야 해. 아니면 골치 아파져!"
"또 제대로 해내지 못했구나."
"넌 부끄러워해야 마땅해."
"넌 이기적이야."
"도대체 네가 뭐라도 된다고 생각하는 거야?"
"놀기 전에 일부터 해."
"넌 ~를 해야만 해." "넌 ~하지 말았어야지." "넌 ~나 하는 게 나아."

통제형 내면어른,
가차 없는 지배자

통제하는 성향이 있는 사람들은 자신이 올바른 존재 방식과 행동 방식을 잘 알고 있고 그러한 방식을 다른 사람들에게 강요할 권리가 있다고 믿는다.

통제하는 여성은 전형적인 '악녀'에, 냉혹하고 지배적이며 성마르고 비판적인 주부이자 어머니다. 이런 여성은 가정을 가차 없이 다스리며 모두의 두려움을 산다. 그녀는 보통 여자 비위를 맞춰주기도 하고 무관심으로 저항하기도 하는 남성과 결혼한다. 그러한 남성은 몇 가지는 아내에게 항복하고 일임하지만 술, 일, 텔레비전 등을 통해 아내를 차단한다. 이러한 여성은 사랑과 연합은 요구해서 얻는 것이라고 믿는다. 타인들의 행동이 잘못됐다고 확신하며 자신이 다른 사람들의 흠을 들추어내고 비판함으로써 그러한 행동을 바로잡을 수 있다고 믿는다. 또한 처벌을 통해 다른 사람들이 자기 방식을 따르게 할 수 있다고 생각한다. 그래서 냉혹하고 비판적으로 굴며 때로는—특히 자녀들에게—신체적 폭력도 사용한다. 이러한 여성은 대개 매우 독선적이다. 자신의 일처리 방식만이 올바르다고 생각한다. 그녀는 늘 남편(혹은 남자친구나 자녀)이 귀찮게 굴어서 죽겠다, 나를 무시한다, 나의 감정에 신경을 써주지 않는다, 라고 불평한다. 이런 여성도 순응형 역할 모델이 그렇듯이 자신의 행복이나 불행을 남의 책임으로 돌린다. 하지만 순응형 모델이 남의 비위를 맞추거나 매력을 발휘하여 사랑을 얻으려고 노력하는 것과 달리, 이 통제형 모델은 위협을 구사하여 통제하려 든다. 정작 자신이 주위 사람들에게 두려움과 죄의식을 불러일으키면서도 자기 불행이 온통 주위 사람들 탓이라고 믿는다.

헬렌은 인생이 허무하다는 느낌 때문에 여성 그룹 치료를 찾았던 사람이다. 그녀는 어린아이 둘을 키우는 주부였다. 헬렌은 항상 원하던 그대로의 인생을 살고 있었지만 상황은 그녀가 기대한 방식과 다르게 돌아갔다. 남편은 더는 그녀에게 관심이 없는 듯했고 아예 집에 들어오지 않는 날도 많았다. 집에 있을 때에도 남편은 헬렌과 이야기를 거의 하지 않았다. 헬렌이 입을 열면 따발총이 따로 없었다. 그녀는 숨도 안 쉬고 다다다다 말을 쏟아내곤 했다. 쉴 새 없이 자기를 설명하고, 남편이 얼마나 끔찍한 인간인지 별별 이야기를 늘어놓으며 자기 행동을 정당화했다. 어쨌든 그녀가 선택한 결과가 아니냐고 누가 지적이라도 할라 치면 방어적인 태도로 일관하며 이런저런 변명을 늘어놓고 어떻게 이게 자기 잘못이냐고 따지고 나섰다. 헬렌은 시시 때때로 남편이 한 일에 대해 징징거리며 짜증을 내고 푸념했다. 우리 모두가 그 남편이 헬렌과 같이 있기 싫어하는 마음을 이해하기까지 그리 오랜 시간이 걸리진 않았다.

헬렌은 타인과의 교류를 간절히 원했지만 자신이 부족하고 사랑받을 자격이 없다고 생각했고, 또한 자신의 감정이 다른 사람 탓이라고 생각했기 때문에 타인을 통제함으로써만 타인과 이어질 수 있었다. 게다가 단정 짓고 변명하고 방어하고 징징대는, 그 따발총 같은 목소리로 다른 사람들을 통제할 수 있다고 믿었다.

통제하는 남성은 아내와 자녀들조차 다가갈 수 없는 사람으로 인식된다. 가족들조차 그를 두려워하는 것이다. 자기가 원하는 대로 일이 풀리지 않으면 단순히 화를 내는 정도에 그치지 않고 분노로 폭발하기 쉽다. 이런 남성은 욱하는 성질의 어린아이와 흡사하다. 게다가 어린아이와 달리 신체적 폭력까지 휘두를 수 있다. 또 이런 남성은 냉담하고 비판적인 태도로 다른 사람들을 통제하기도 한다. 차가운 모습을 보이는 것만으로도 자기 뜻을 관철하기에 충분하다. 이런 남성은 대개 자기가 시키는 대로 고분고분 따르는 여성과 결혼한다.

마이크는 전형적인 통제형 남성이다. 겉으로는 인물도 좋고 사회성도 있고 대화를 나누기 편한, 진짜 괜찮은 남자처럼 보인다. 하지만 그것은 표면적 이미지일 뿐, 가족과 있을 때는 아주 딴사람이 된다. 집 안으로 들어오는 순간부터 친절함은 온데간데없어진다. 자기 마음대로 안 되면 그 자리에서 벌컥 화를 낸다. 고함을 지를 뿐 아니라 폭력을 쓸 때도 있다. 하지만 보통 그의 분노는 차가운 눈빛과 냉담하고 몰인정한 태도로 표현된다. 마이크의 화가 폭발할 때에는 도저히 걷잡을 수 없는 듯 보인다.

여러분이 통제형 인간을 기본적인 역할 모델로 채택했다면 여러분의 내면대화는 비판하고 흠잡기 좋아하는 권위적 내면어른의 말들로 이루어질 것이다.

"그렇게 바보같이 굴지 좀 마라."
"넌 왜 그리 맹하니."
"넌 절대로 웬만큼 해낼 수 없어. 결코 제대로 해내지 못할 거야."
"넌 그럴 만한 실력이 없어."
"뭐가 문제야? 뭣 때문에 우는 소리를 해? 제대로 한번 울게 해줄까?"
"넌 못생겼어."
"입 다물어. 네가 뭔 소리를 하는지 알고나 떠드는 거야?"
"제정신이 아니군."
"넌 안 돼. 네가 어떻게 하겠어."

한편, 여러분이 자신을 통제형 부모와 동일시한다면 여러분의 내면어른은 내면아이가 다른 사람들에게 폭언을 하며 미쳐 날뛰도록 방임할 수도 있다. 여러분의 부모가 그랬듯이 한계를 정해 두지 않는 것이다. 이러한 입장에 놓인 내면아이는 일반적으로 타인의 경계를 존중할 줄 모르고 소리 지르고, 때리고, 방해하고, 훔친다. 또한 타인에게 시간과 관심과 애정과 섹스를 요구한다. 여러분이 내면대화를 전혀 자각하지 못할 수도 있다. 이 경우에는 내면어른이 책임을 회피하고 아예 사라진 것처럼 느껴지기 때문이다.

여러분이 통제형 부모에게 반항하는 입장에 있다면 다음과 같은 내면대화를 듣게 될 것이다.

"무엇을 해야 한다는 말 따윈 하지 마."
"내가 왜 해야 하는데."
"하라는 대로 할 줄 알아?"
"네가 직접 해."
"난 못해."

이러한 반응은 다른 사람이 여러분에게 무엇인가를 해 달라고 할 때 일어날 수 있다. 혹은 내면아이가 여러분이 무엇을 해주기 바랄 때에도 이런 식으로 반응할 수 있다. 이 경우, 내면어른은 내면아이의 욕구와 필요를 무시하며 방임하는 태도로 나올지도 모른다.

저항형 내면어른,
책임지지 않는 애어른

저항형 인간들은 태만, 무능, 무관심, 망각 등을 통해 책임을 회피한다. 그리고 자신들의 저항에 목적이 있다는 사실을 부정한다. 이들은 융통성이 없고 자기도 노력하는데 안 되는 것이라고 항의하며 방어적으로 나온다. 게으르고 정신이 딴 데 가 있는 것처럼 보일 때가 많다. 또한 술, 약물, 텔레비전 등으로 도피하기도 하는데 정작 자기들에게 문제가 있다는 것은 부정한다.

해럴드는 전형적인 저항형 남성이다. 그의 아버지는 집 여기저기를 고치는 솜씨가 뛰어났고 어머니는 아들이 아버지와 함께하기를 강요하는 통제형 부모였다. 그래서 해럴드는 집에 관한 한 극도로 무능하게 처신하는 법을 익혔다. 그는 어른이 되어서도 아내와 아이들에게 매사를 처리하게 했다. 가끔은 꽤 열심히 노력하는 것처럼 보여도 실제로는 생계를 꾸리기 힘든 시간을 보내고 있다. 그에겐 항상 자신이 성공하지 못하는 이유와 자신을 돌보아 달라고 아내에게 의지해야 할 이유가 있다. 그러다 아내가 해럴드의 게으름에 진저리를 내면 그는 상처 받고 아내가 자신을 믿어주지 않는다고 화를 낸다. 아내가 집안일을 해 달라고 부탁하면 그는 나중에 하겠다고 말만 해놓고 절대 손을 대지 않는다. 아내가 빨리 해 달라고 재촉이라도 했다가는 제발 들들 볶지 말라고 버럭 성질을 낸다. 해럴드는 마리화나를 많이 피우고 종종 취하도록 술을 마시지만 이런 생활 습관이 문제라고 생각하지 않는다. 그는 자신에게 관대하고 자기 중심적이며 다른 사람들이 당연히 자기를 돌봐주어야 한다고 생각한다. 그의 아내는 기본적으로 돌보미 유형이지만 실의에 빠져 통제형으로 변했다.

저항형 인간을 역할 모델로 삼는 사람은 마음이 말라 죽은 것처럼 내면대화를 거의 감지할 수 없게 될 것이다. 그가 내면아이의 욕구, 필요, 감정에 저항하기 때문이다. 내면아이를 상대하면서 방임, 무감각, 무시로 일관하는 셈이다. 또한 태만에 빠지거나 할 때에는 내면대화가 다음과 같은 양상을 띨 수 있다.

"왜 귀찮게 해?"

"누가 신경 쓴대?"

"네가 좀 미적대면 다른 사람이 대신 해줄 거야."

"일하러 가기 싫어. 그냥 잠이나 더 잘래."

한편, 무책임하고 자기 자신에게만 관대한 부모 밑에서 자란 사람은 그에 대한 반작용으로 책임감으로 똘똘 뭉친 사람이 될 수도 있다. 이 경우에 그 사람의 내면대화는 순응형 인간의 내면대화처럼 자기를 꾸짖고 다잡는 어조를 취하게 될 것이다.

지금까지 기술한 역할 모델 가운데 어떤 것도 실제 아이들에게 진정으로 사랑하는 것이 어떤 것인지 적절한 행동 방식을 제시하지 못한다. 그 이유는 이 역할 모델들이 자신을 사랑하는 법을 모르기 때문이다. 이 모델들은 모두 자신을 보호하기로 선택했고 사랑 없는 내면어른과 버림받은 내면아이로 작용하기 때문에 실제 자녀들에게도 똑같은 행동을 하게끔 가르치는 셈이다.

내면아이가 진짜로 원하는 것

내면아이가 여러분에게 원하는 바를 허심탄회하게 말할 수 있다면 아마 이런 말도 할 것이다.

"나에게 신경 좀 써주고 더 많은 시간을 함께 보내주세요. 내가 무슨 말을 하려고 하면 귀를 기울이고 제대로 들어줘요. 나를 알아줬으면 좋겠어요. 당신이 생각하는 내가 아니라 진짜 나라는 존재를 알아달라고요. 의무와 규칙으로 나를 통제하지 않았으면 좋겠어요. 그렇지만 날 너무 응석받이로 만드는 것도 싫어요. 나를 쏙 빼놓고 결정을 내리지 말고 내가 원하는 것도 고려해주면 좋겠어요. 나의 본능과 직관을 믿어주었으면 해요.

언제나 진실만을 말해주세요. 내가 못됐다, 타인을 조종할 수 있다, 다른 사람의 감정이 내 책임이다, 나 자신을 돌보는 것은 이기적인 짓이다, 라는 당신의 거짓말은 싫어요. 그럴 때면 혼란스러운 기분이 들어요. 나한테 말할 때는 훈계조로 꾸짖거나 일방적으로 말하지 마세요. 나는 제대로 된 대화를 원해요. 다른 사람들이 자아를 근거로 행동하고 나에게 화를 낼 때 당신이 날 보호해주었으면 좋겠어요. 나의 욕구나 감정에는 항상 그럴 만한 이유가 있다는 걸 알아주세요. 나를 헐뜯거나 창피를 주기보다는 그런 이유들을 잘 알아주었으면 해요.

놀 시간을 충분히 주세요. 당신이 우리를 위해 열심히 돈을 벌어야만 내가 안전하게 보살핌을 받고 있다는 기분이 들어요. 건강을 해치지만 않는다면 내가 먹고 싶은 것을 마음껏 먹게 해주세요. 나한테 안 좋은 것을 섭취하거나 몸에 주입하지 말고 우리 몸을 보호할 수 있게 도와주세요. 내가 속상하고 상처 입고 화나거나 외로울 때는 언제나 함께 있어주었으면 좋겠어요. 내 감정이 어떤지, 왜 그런 감정을 느끼게 됐는지 알아 달라고요. 내가 정말로 재미있어하는 일을 하게 해주세요. 살아 있다는 느낌을 갖게 해주세요. 내가 불편해하는 사람들과 함께할 계획은 세우지 말고 나를 위해 사랑이 넘치는 친구들을 찾아주세요.

내가 어떤 식으로든 이용당하거나 학대받지 않도록 지켜주었으면 좋겠어요. 내가 안전을 보장받고 욕구와 필요를 충족할 수 있도록 나를 생각해서 행동해주세요. 나에게 애정이 넘치는 선생님이 되어주세요. 나를 잘 키우고 내 감정에 공감하고 온화하고 친절하게 대해주고 내 존재를 온전히 알아주기 바랍니다. 당신 머리에서 나오는 말이 아니라 당신 마음에서 우러나는 사랑을 느끼고 싶어요. 내 마음이 결코 외롭지 않게 당신이 항상 내 곁에 있다는 것을 알고 싶어요."

여러분의 내면아이는 무조건적인 사랑을 요구하고 있다. 그러한 사랑이야말로 우리 대부분이 전혀 모르고 있는 것이다.

판단하지 않고
조건 없이 사랑하기

무조건적으로 내면아이를 사랑하는 어른이 된다는 것은 '아무런 조건도 걸지 않고' 사랑을 준다는 뜻이다. 이것은 다시 말해 우리의 사랑이 내면아이가 느끼고 행동하는 바와 상관없이, 혹은 내면아이의 욕구와 필요를 따지지 않고 언제나 '기댈 만하고 일관되어' 있다는 뜻이다. 내면아이가 기분이 상하고 화가 나거나 깊은 고통을 느낄 때조차, 또한 내면어른의 욕구와 상반된 어떤 것을 원할 때조차 우리가 열린 자세로 그 아이를 위해 행동한다면 내면아이는 우리에게 의지할 수 있다. 만약 실제 아이들에게 일 주일에 한두 번밖에 먹을 것을 주지 않고 애들이 아프다고 해도 어쩌다 한 번 신경을 써줄까 말까 하고, 애들과 재미있게 놀아주는 일도 거의 없다고 치자. 그 아이들은 사랑받고 있다고 잘 느끼지 못할 것이다. 마찬가지로 우리의 내면아이도 우리가 '언제나' 곁에 있어줄 거라고 믿지 못한다면 사랑받는다는 기분을 느낄 수 없다.

무조건적인 사랑을 생각하면 부드럽게 흐르는 이미지가 떠오른다. 자신을 온전히 사랑에 바칠 수 있는 힘, 특히 두려움을 직시하면서도 그렇게 할 수 있는 힘은 아름답고 강인하게 느껴진다. 어떤 이들은 무조건적인 사랑 따위는 없다고 생각한다. 완전한 사랑은 결코 성취할 수 없다는 것이다. 그러한 사랑은 대개 하나의 소망으로 여겨지는 일종의 목표처럼 보인다.

동물, 특히 개를 길러본 사람은 누구나 무조건적인 사랑을 경험해 보았을 것이다. 무조건적인 사랑은 인간보다 동물에게 더 쉽다. 동물에게는 규정된 자아가 없기 때문이다. 뭔가 하지 말라는 것을 어기고 주인에게 꾸지람을 듣는 개는 대개 슬픈 눈으로 한없이 약한 모습을 보인다. 자신의 괴로움을 드러낸 채 온전히 열려 있다. 그들의 눈빛과 기운은 이렇게 말하는 듯하다. "화난 거 알아요. 그래도 사랑해요. 속상하게 해서 미안해요." 이러한 행동은 몹시 사랑스럽다. 동물들이 그처럼 우리를 깊이 사랑해줄 수 있기에 우리도 그들을 사랑하게 되는 것이다. 개들은 지독한 학대를 받았거나 극도의 두려움에 빠지지 않는 이상 주인을 덥석 물거나 자기 자신을 보호하려 드는 경우가 거의 없다.

엄마는 갓 태어난 아기의 눈을 처음으로 들여다보고 작은 몸뚱이를 껴안고 부드러운 온기를 느끼면서 새로운 애정의 깊이를 경험한다. 한 번도 아기를 안아본 적이 없다 해도 작은 강아지를 품에 안았던 순간이나 갓 구운 빵 냄새가 물씬 풍기던 순간, 봄비가 내리고 난 직후 말끔하고 아름다운 풍광을 보았던 때를 떠올릴 수 있을 것이다. 바로 그 느낌이 내면아이가 무조건적인 사랑을 받을 때의 느낌이다.

우리에게는 언제든지 원하기만 하면 내면아이를 사랑하기로 선택할 수 있는 힘이 있다. 애정 어린 행동을 하려면 사랑을 주는 기분을 알아야 한다. 내면아이를 판단하지 않고 창피를 주지 않아야 한다는 뜻이다. 우리는 자신의 내면아이를 사랑한다고 믿으면서도 그 아이를 애정으로 대하지 않을 때가 너무 많다. 내면아이를 사랑한다고 말하는 것만으로는 충분치 않다. 사랑을 느끼고 사랑에 따라 행동해야 한다. 내면아이를 무조건 사랑한다는 것은 그 아이에게 '헌신'한다는 뜻이다. 내면아이를 사랑한다면서 아이의 요구에 따라 행동하지 않는다면 그 사람은 내면아이에게 헌신하는 것이 아니다. 여전히 사랑을 주지 못하는 것이다. 자기가 아닌 '다른' 누군가가 그 아이에게 헌신하기를 바라는 것이다. 내면아이에게 헌신하기 전까지는 절대로 무조건적인 사랑을 할 수가 없다. 내면아이에게 헌신하는 사람은 그 아이가 괴로워하게 내버려 두지 않는다. 내면아이가 불행해하면 얼른 그 이유를 알아보고 어떻게 하면 아이가 행복해질 수 있을지 손을 쓴다. 예를 들어 내면아이가 지진 때문에 놀라고 겁을 먹었다고 말했을 때(로스앤젤레스에서는 지진이 자주 일어난다), 당신이 "걱정하지 마. 내가 알아서 할게."라고 말한다고 해서 내면아이가 안전하고 사랑받고 있다고 느낄 리 없다. 구체적으로 무엇이 필요한지 내면아이에게 물어보고 그에 따라 행동해야 한다. 강도가 높은 지진이 일어날 때를 대비해서 긴급 구호 장비를 마련해 두는 등 내면아이를 위해서 예방책도 세워야 할 것이다. 실제로 부모들이 자식에게 하듯이 말이다. 사랑한다는 말로는 부족하다. 우리는 내면아이를 보호하고 아이의 필요를 충족시킬 수 있는 방향으로 '행동'할 책임이 있다.

그 아이의 손을 꼭 잡고 함께 인생을 걸어간다고 상상하면 도움이 될지도 모르겠다. 실제로 존재하는 아이처럼 바로 내 옆에서 뛰어놀거나 내 품안에 안겨 있다고 상상해보라. 아이가 골을 내면 어떻게 하겠는가? 그냥 무시하고 말겠는가? 다른 사람이 나 대신 문제를 해결해주기 바라겠는가? 고함을 지르면서 당장 울음을 그치지 않으면 실컷 울 일을 만들어주겠다고 윽박지르겠는가? 나쁘고 못된 아이라고 꾸짖고 부끄러운 줄 알라고 혼내겠는가? 소란을 그칠 때까지 다른 방에 밀어 넣겠는가? 만약 부모가 실제 아이를 이런 식으로 대한다면 그 아이는 사랑받는다고 느끼지 못할 것이다. 내면아이도 그런 점에서는 똑같다. 내면아이는 당신이 아이의 문제를 이해하여 고통을 덜어주려고 할 때 비로소 사랑받는다고 느낄 것이다.

판단을 하면서 사랑하기란 불가능하다. 실제로 판단하는 것보다는 사랑하는 게 더 쉽고 덜 고통스럽다. 그러나 우리가 살아가는 좌뇌형 사회에서는 모든 것을 옳고 그름으로 나누어 판단하려는 경향이 있다. 우리는 세상에 태어난 그날부터 모든 것을 판단하도록 교육받는다. 사물은 단순히 존재하는 것이 아니라 좋거나 나쁜 것으로, 혹은 옳거나 그른 것으로 갈린다. 일단 나쁘다고 판단한 것에 대해서는 마음을 열고 배우게 되지 않는다. 이것이 바로 문제다. 우리의 판단은 내면아이의 감정과 믿음을 깨닫지 못하게 방해한다. 나쁘거나 옳지 않다고 판단한 것을 스스로 용납할 수 없기 때문이다. 자신의 생각, 느낌, 신념을 부끄러워하게 되면 자신이 정말로 어떤 사람인가를 발견할 기회를 스스로 박탈하는 셈이다. 자아는 이미 우리가 기본적으로 악한 존재들이라고 믿기 때문에 우리의 생각과 감정도 나쁘다고 판단한다. 그러나 더 높은 자기는 우리가 배우고 성장하는 존재이며 때로는 두려움에 빠질 수도 있고, 재치도 있지만 따분한 인간일 수도 있고, 열정적이면서도 냉담할 수 있으며, 수용적이면서도 오만하고,

또한 그밖의 어떤 모습도 될 수 있다는 것을 안다. 나는 내가 느끼는 모든 것이며 내가 느끼는 모든 것은 '받아들일 만하다'. 내면아이의 존재를 '있는 그대로' 받아들이는 것, 그것이 바로 무조건적인 사랑이다. 내면아이가 상처 받거나 화를 낼 때도 있을 것이다. 그래도 그 아이를 사랑할 수 있는가? 그러한 감정을 배우고자 한다면 그럴 수 있다. 여러분에게 자아가 있다고 해서 부끄러워하거나 스스로 비난할 필요는 없다. 또한 자아를 없애기 위해 애쓸 필요도 없다. 그래 봤자 내면의 갈등만 더 심해질 뿐이다. 내면아이를 무조건 사랑한다는 것, 그것은 자신의 자아, 즉 사랑 없는 내면어른과 사랑받지 못한 내면아이까지도 받아들인다는 의미다. 수치심을 느끼게 하는 것은 자아뿐이다. 더 높은 자기는 결코 수치심을 자극하지 않는다.

두려움을 알지 못하게 차단하는 것도 내면아이를 사랑하는 길에 놓인 걸림돌 중 하나다. 문제는 두려움 자체가 아니라 그러한 두려움으로부터 자신을 보호하려 하는 것이다. '지금 이 순간의' 두려움을 직시하고 다스리기 위해 노력할수록 어떤 관계에서든지 사랑을 베풀기가 쉬워진다. 예를 들어 여러분이 활발한 토론에 참여했다고 하자. 여러분은 다른 사람들과 마음도 잘 맞았고 애정 어린 기분을 느낄 수 있었다. 그런데 바로 다음 순간, 어떤 사람이 여러분의 내면아이를 괴롭게 하거나 겁나게 하는 발언을 했다. 이제 여러분은 선택의 기로에 놓인다. 내면아이와 분리되어버릴까? 아니면 그 아이의 감정을 지키고 거기에서 배우겠다는 선택을 할 것인가? 우리가 내면아이를 무조건적인 사랑으로 대하는 시간이 많을수록 자신에 대해 만족스러워지고 더 많이 사랑할 수 있다. 사랑하면 할수록 더욱 행복해진다.

내면아이를 무조건 사랑한다는 것은 그 아이를 진심으로 키우는 법을 배운다는 뜻이다. 사랑하는 내면어른이 내면아이를 잘 키우는 비결은 언제나 진실만을 말하는 것이다. 심지어 그 진실이 듣기 괴로울 때라도 그래야 한다. 어린 시절 학대받은 내면아이에게 부모의 애정 없는 행동을 거짓으로 감싸고 변명하는 것보다는 솔직하게 그 아이가 사랑받지 못했다고 말하는 것이 오히려 애정 어린 처사다. 그다음에는 지난 일을 가슴 아파할 시간을 허락해주는 것이 바람직한 양육이다. 내면아이가 오랜 아픔과 슬픔을 극복하기까지 시간이 아주 많이 필요할 것이다. 사랑으로 양육하는 내면어른은 내면아이에게 이 시간을 충분히 준다.

앞에서도 말했지만 혼자 남겨졌다는 감정만큼 참기 어려운 것도 없다. 정도의 차이가 있을 뿐 우리는 모두 다 어렸을 때 그러한 감정을 느꼈다. 자신을 보호하기 위해 가장 강력하게 차단하는 감정이 바로 이것이다. 혼자라는 감정은 매우 두렵다. 어린아이는 혼자 오래 방치되면 죽을 수도 있기 때문이다. 따라서 혼자라고 느끼면 죽을 것 같은 기분이 든다. 이럴 때는 자신의 삶을 통제할 수 없으며, 나에게 필요한 지원을 해줄 타인들에 대해서도 어찌할 수 없다는 무력감이 자극을 받는다. 하지만 우리가 이런 감정을 두려워하는 동안엔 자신을 보호하기 위해 감정을 차단하게 될 것이다. 사랑하는 내면어른이 내면아이에게 이러한 감정이 있다는 것을 인식할 때 치료가 가능하다. 내면아이의 감정을 제대로 지켜보고 그 이유를 파악해서 내면아이가 안전하게 감정을 경험하고 극복할 수 있게 하는 것이 내면어른의 소임이다. 이 말은 내면아이가 고통을 헤치고 나아가는 동안 내면아이에게 내적 사랑과 외적 사랑, 즉 친구나 심리 치료사의 애정을 모두 제공해야 한다는 뜻이다. 내면아이의 고통을 없애주려고 노력하는 것이 아니라 내면아이의 외로움을 지켜보면서 배움과 치유의 장을 마련해주는 일은 사랑하는 내면어른의 기본적 소임이다.

사랑하는 내면어른은 내면아이에게 그 아이의 진정한 정체성을 보여준다. 그리하여 아이는 자신의 잘못된 신념을 진실로 대체할 수 있다. 다음은 우리 내담자 중 한 사람이 내면아이에게 자신이 누구인가를 말한 내용이다.

너는 뛰어놀기를 좋아하지. 펄쩍 뛰어올랐다 내려오고, 공을 던지고, 웃고, 소리치고, 고함 지르고, 소란을 피우고, 계단 난간에서 미끄럼을 타고, 옷장 위에서 침대로 뛰어내리기 좋아해. 퍼즐 맞추기도 하고, 고양이랑 놀고, 개를 예뻐하고, 자전거를 타기도 하지. 너는 신나서 웃고, 농담하고, 장난도 잘 치는 개구쟁이야.

하지만 너는 아주 마음 씀씀이가 깊고 감수성이 남다른 소녀이기도 해. 눈치도 빠르지. 누가 슬픈지 누가 기쁜지 금방 알아차릴 수 있어. 게다가 그들의 감정에 함께 어울릴 줄도 알고 말이야. 너는 붙임성이 있는 아이야.

내가 네 곁에 있으면, 너는 정말 매사에 보조를 잘 맞추고 직감이 뛰어나지. 아주 빠르고도 분명하게 사태를 감지하는 힘이 있는 것 같

아. 때로는 다른 사람들이 보지 못하는 것도 너는 볼 수 있어. 그리고 너는 곧잘 진실을 말하고 싶어해. 너는 너 자신에게나 다른 사람들에게나 정직하고 싶어 하지. 네가 정말로 그렇게 하려고 노력하는 걸 나는 잘 알아.

너는 열정이 넘쳐. 매사에 깊이 파고들어 푹 빠져버리기 때문에 시간이 어떻게 가는 줄도 모르지. 게다가 너는 무엇을 배우는 데에도 익숙해. 너에게 중요한 일이 뭔지 잘 알아서 중요하지도 않은 나머지 일들을 기억하느라 괜히 끙끙대지도 않고. 이런 생각을 자주 해보진 않았지만 이제 보니 넌 참 똑똑하고 영리해. 학교에 가서도 자기에게 맡겨진 일을 빠짐없이 해내고 좋은 평가를 받았지. 그리고 넌 글을 참 잘 써. 알아, 가끔은 글쓰기가 쉽지 않지. 하지만 네가 쓴 글은 참 괜찮았어. 특히 네가 쓴 시는 정말 좋았지.

너는 음악에도 소질이 있어서, 악기를 골라 주법을 배우는 데 재주가 있어. 기타, 플루트, 색소폰, 키보드를 다 다룰 수 있잖아. 어느 하나를 골라서 한동안 붙잡고 늘어지기만 하면 결국은 해내고 마는 것 같아. 너에겐 악기를 다루는 요령이 있다니까.

너는 바깥바람을 쐬러 나가 암벽 등반을 하거나 스키를 타거나 자전거를 타곤 하지. 너는 저글링도 할 줄 알아. 기어이 바다에 나가 요트 모는 법도 배우고 말았지. 1인 조종에, 경주용 요트, 그것도 야간 항해였는데 순전히 너 혼자 그 작은 레이저요트를 모는 데 성공했어. 그리고 스쿠버다이빙도 배웠지. 너는 정말 재주가 있어. 할 줄 아는 게 많지. 야외에서 자연과 더불어 많은 것들을 할 수 있어.

너처럼 고집 센 아이는 달리 찾아볼 수 없다고 생각하곤 했어. 정말 못 말리는 아이라고 생각했지. 네가 버릇없이 소리 지르고 악쓰고 허구한 날 발길질에 주먹질을 하기 때문에 네가 성질이 나쁘고 심술궂다고 생각했어. 하지만 지금은 알아. 네가 그만큼 많은 상처를 받았기 때문에 그랬다는 걸. 하지만 그 모든 두려움과 분노와 고통 밑에는 너무나 감수성이 풍부하고 상냥하고 친절하면서도 따뜻하고 동정심이 넘치는 네가 있어. 능력 있고 생기발랄하며 열광적인 네가. 누구든 그런 너를 좋아하지 않기란 힘들 거야. 너는 정말 여러 가지 일들을 할 수 있고 아는 것도 참 많잖아.

그런 놀라운 자질들을 항상 갖고 있으면서도 지금까지 바깥으로 드러내지 못했다고 생각하니 슬프구나. 그런 자질들이 분노와 공격성에 가려져 있었다는 것도 가슴 아픈 일이야. 사실 그 너머에는 너무나 온화하고 부드럽고 애정 넘치는 네가 있는데 말이야. 그거야말로 참다운 진실이지. 진정한 네 모습이기도 하고. 네가 그런 사람이라는 걸 깨닫고 나서 나는 네가 정말 특별하다는 것을 알게 됐어.

다음은 여러분의 내면아이를 사랑으로 재양육하는 데 기본적으로 필요한 행동들을 요약한 것이다.

1. 내면아이의 감정을 배우고 그 아이의 두려움과 고통을 치유하고 아이에게 기쁨을 안겨주겠다는 책임감을 갖는다.
2. 괴롭고 부정적인 감정을 모두 찾아내고 고통 이면에 있는 잘못된 신

념을 파악해서 진실을 가르치라.

3. 내면아이의 분노, 두려움, 고통, 흥분, 열정, 성취를 판단하거나 부끄럽게 여기지 말라. 그 아이에게 "잘해야 한다"고 강요하지도 말라. 내면아이의 감정과 행동에는 항상 그럴 만한 이유가 있다는 것을 받아들여라.

4. 내면아이를 위해 현재의 고통스러운 상황을 해결하고 기쁨을 안겨줄 수 있게끔 행동하라. 설령 잘못된 행동이라도 아무 행동도 하지 않는 것보다는 발전한 것이고 의미가 있다.

5. 내면아이의 일상에 맞추어 일관되게 의지할 만한 존재가 되라. 그 아이의 필요, 욕구, 욕망을 위해 '행동'하되 그것을 지나치게 떠받들지도, 가볍게 여기지도 말라. 내면어른과 내면아이가 필요, 욕구, 욕망에 대해서 '동일한 크기의 목소리'를 갖게 하라.

6. 내면아이가 혼자라고 느끼며 몹시 외로워할 때, 그 감정을 용감하게 인정하고 지켜보라. 내면아이가 과거와 현재로 인해 고통스러운 감정을 맛볼 때 사랑과 공감으로 함께하라. 아이가 그러한 감정을 헤치고 빠져나올 수 있도록 애정을 가진 사람들의 도움을 구하라.

7. 내면아이에게 그 아이가 정말로 어떤 존재인가를 그대로 보여라.

내면아이를 사랑한다는 것이 어떤 의미인지 이해하기 위해 우리가 할 수 있는 일들은 아주 많다. 그중에서도 가장 좋은 것은 양질의 육아서를 많이 읽고 실제 아이가 아니라 자기 자신에게 그 내용을 적용하는 것이다. 또 다른 방법은 주변 사람들이 자기 자신과 자녀, 그리고 당신을 어떻게 대하는지 관찰하고 바람직한 역할 모델을 찾는 것이다. 에리카는 마지가 무조건적인 사랑의 역할 모델을 어떻게 만들어주었는가에 대해 다음과 같이 기술한다.

하루는 마지가 함께 작업하는 책 때문에 우리 집에 왔다. 그 주에 나는 끔찍한 시간을 보냈다. 그래서 마지가 우리 집에 도착했을 때 이미 나는 애정이라고는 눈곱만큼도 없는 상태였다. 나 자신이 피해자라는 감정에 휩싸여, 마지가 우리 집에 들어오자마자 그녀에게, 나를 불행하게 만드는 것처럼 느껴지는 모든 것에 비난을 퍼부었다! 나는 완전히 나의 자아, 그 자체가 되어 있었다. 마지의 눈을 보며 내가 얼마나 그녀를 아프게 했는지 깨달았지만 나는 내 선택을 철회할 수 없을 것 같았고 물러날 마음도 없었다. 내가 그 당시에 느끼던 외로움을 차단하려면 어쩔 수가 없었다. 내가 신물 나는 독백을 늘어놓는 동안, 마지는 방에서 서성거렸다. 그러고는 다정한 목소리로 이렇게 말하는 것이었다. "에리카, 네가 지금 화를 낼 수밖에 없다는 거 알아. 괜찮아. 내가 여기 있잖아." 나는 마지의 무조건적인 사랑을 느꼈다. 자기도 비난에 시달리며 괴로울 텐데 그래도 사랑을 보여주기로 결심했던 것이다. 나는 크게 감동을 받았고 마지에게만큼은 나의 진짜 고통을 드러내도 된다는 생각이 들었기에 그렇게 했다. 불과 몇 분 만에 나의 진짜 고통으로 초점이 옮겨 갔다. 그녀는 엉엉 우는 나를 꼭 안아주며 나를 아프게 한 것들과 나의 행동을 책임져주었다.

처음부터 마지는 나의 공격을 그녀 자신에 대한 공격으로 받아들이는 대신 나를 고통에 빠져 있는 한 인간으로 보아주기로 결심했던 것이다. 마지는 자신의 괴로움을 똑똑히 자각하고 마음 깊이 느끼면서도 어쨌든 나를 사랑할 것을 선택했기에 더 높은 자기에 머물러 온화하고 개방적인 태도를 유지할 수 있었다. 지금도 누군가 괴로움에 빠져 나를 개인적으로 공격할 때에는 마지의 온화함과 내가 선택에 대해 배웠던 교훈을 떠올리게 된다. 때로는 나도 무조건적인 사랑으로 반응하지만 어떨 때는 그러지 못한다. 그러지 못할 때는 자아가 그 순간에 어떻게 개입했는지 파악한다. 그러면 다음번에는 내 목표에 맞게 행동할 수 있을 것이다. 마지가 나를 사랑으로 대해준 것이 내가 나 자신의 내면아이를 사랑하는 데 큰 도움이 되었다.

다음은 우리 환자 중 한 사람인 로지가 내면아이를 양육하는 내면어른을 어떻게 각성시켰는가에 대해 쓴 글이다.

애정 넘치는 내면부모에게 도움을 받지 못한 나의 내면아이가 겁에 질린 채 어른들의 세상에서 제 노릇을 하려고 애쓰고 있다는 것을 깨닫기까지 오랜 시간이 걸렸다. 누군가를 양육하고 돌보아주는 능력을 계발하고, 나 자신의 행복과 내가 세상에서 하는 경험에 대해 스스로 책임지겠다고 결정을 내리는 데에는 더 오랜 시간이 걸렸다. 서른세 살이 될 때까지 그러한 태도를 갖고 싶어 하지 않았던 것이다.

나는 아둔하거나 느려 터진 편은 아니다. 오히려 그 반대라고 할 수 있다. 나는 스스로 책임감 있고 성숙한 어른이라고 생각해 왔다. 그렇지만 내가 아는 다른 사람들과 나 자신이 좀 다르다는 것은 어느 정도 알고 있었다. 스스로에 대해서 알게 된 그 차이는 너무 어린 나이에 나 자신을 완전히 저버렸기 때문에 내면어른이 어떤 역할을 시도해보지도 못했다는 것이다. 부모님은 내면어른이 있는 척하는 법을 나에게 보여주었고 나는 그것을 그대로 본받았지만, 내면아이와 마음으로 이어지는 법은 결코 배우지 못했다. 그 방법을 배우고 나자 최근 몇 년간 공허했던 삶이 충만한 만족감으로 변화했다.

개인적 책임이라는 장에서 평생 다른 사람들이 나 대신 감당해주었던 모든 일들이 사실은 내가 할 일이었다는 것을 그동안 나는 알고 싶지 않았다. 나 자신을 행복하게 만들거나 비참하게 만들 수 있는 사람은 오직 나 한 사람뿐이라는 것도 알고 싶지 않았다. 내가 내면아이를 감정적으로 저버리고 신체적으로 학대했다는 것도 알고 싶지 않았다.

마침내 때가 되어 사태를 진실 그대로 보게 되자, 나 자신을 사랑하고 보살피고 양육하는 어른이 되어야겠다고 결심하는 것은 아주 간단했다. 그때부터 매일매일, 순간순간, 나의 도전을 의식했기 때문에 자신을 사랑할 것인지 미워할 것인지 선택할 수 있었다. 어떤 식으로든 자신을 정말로 사랑할 수 없다면 나는 나를 무시하고 학대하는 셈이다. 정말로 그렇게 간단한 일이다. 어떤 면에서 나 자신을 충분히 사랑하면 무의식적으로 그러한 사랑의 메시지를 내면화하므로 자신을 무시하는 측면에도 초점을 맞출 수 있게 된다고 생각한다. 이렇게 한 부분 한 부분 나 자신을 재양육할 수 있으며 나아가 차츰차츰 스스로를 알아 갈 수 있을 거라고 믿는다.

내면의 자신과 이어져 있는 사람들은 일상생활에서 남다른 이점을 누린다. 일단 그들은 자기 확신을 느낀다. 온화하되 유약하지 않고, 강인하나 공격적이지 않으며, 힘이 있지만 강제적이지 않다. 그들은 자신을 존중하고 자각한다. 자기 자신을 정말로 아는 것이다. 그들은 확고한 시각과 의견을 갖되 다른 사람들 앞에서 굳이 그러한 시각과 의견을 변호할 필요를 느끼지 않는다. 다른 사람의 적절하지 않은 공격을 개인적으로 받아들이지 않는다. 스스로 사랑과 애정을 받을 자격이 있다고 느끼며 사랑과 애정을 주고받는 것 양쪽 모두 잘한다. 그들은 기쁨과 행복은 물론, 인생의 진지함에도 닿아 있다. 호기심이 많고 외향적이며 새로운 것을 배우기를 두려워하지 않는다. 그들은 창조적이며 자발적이다. 다른 사람이나 외부 사건에 휘둘려 살기보다는 자기 삶을 스스로 만들어 나가는 쪽이다. 자기 자신을 돌보는 법을 배워 왔기에 스스로 책임지며 살아가기를 두려워하지 않는다. 그들에게는 내면의 유대가 너무나 자연스러운 것이기 때문에 그들 중 상당수는 그것을 의식조차 못하며 살아간다. 그들은 결코 자기 자신을 버려본 적이 없으니까.

사랑하는 내면어른과 사랑하는 내면아이가 탄탄하게 연결될수록 삶은 점점 풍요로워질 것이다. 이러한 내면의 사랑과 유대는 우리에게 가장 고질적인 문제의 해답으로 나아가는 문의 열쇠다. 바로 이러한 토대 위에 사랑할 줄 아는 인간으로서 우리 삶을 만들어 가는 것이다. 자신을 사랑할 때 타인도 사랑할 수 있다. 자신을 미워하는 사람은 궁극적으로 다른 사람들도 미워하게 된다.

내면아이를 사랑하는 법을 배우면 버림받은 내면아이의 두려움, 고통, 외로움이 차츰 치유되면서 사랑받는 아이의 기쁨, 열정, 생기를 경험할 수 있으며 더 높은 자기의 사랑, 힘, 공감을 창조할 수 있다. 사랑으로 내면아이를 재양육하는 법을 배우는 것이야말로 이 모든 변화의 핵심이다.

내면아이를 무조건 사랑하게 되는 최고의 방법은 실천이다. 새로운 기술을 익힐 때와 마찬가지로 사랑에도 실제 연습이 필요하다. 우리는 평생 내면아이를 사랑하지 않은 채 살아왔기 때문에 사랑을 주지 않는 데 더 익숙하다. 내면아이를 사랑하는 일은 머릿속으로 끙끙대서 할 수 있는 일이 아니다. 여러분이 실제로 '행해야' 하는 일인 것이다.

8장

내면아이를 깨우는 몇 가지 방법

내면아이와 연결되는 법을 처음 배우는 중이라면 글쓰기나 다른 사람 앞에서 큰 소리로 발표하는 형태로 연습해야 한다. 머릿속으로만 연습하려고 하면 자기 자신을 잃어버리고 내면의 여러 목소리들을 구분할 수 없게 될 것이다.

여러분은 서로 다른 네 가지 내면의 목소리를 구분하는 법을 배울 필요가 있다. 사랑하는 내면어른, 사랑 없는 내면어른, 사랑받는 내면아이, 버림받은 내면아이가 서로 다른 목소리를 내기 때문이다. 인생을 사는 동안 대체로 머릿속에서 가장 많이 울리는 목소리는 사랑 없는 내면어른과 버림받은 내면아이의 목소리, 즉 자아의 두 목소리다. 우리는 너무 오랫동안 이 자아의 목소리대로 실행하며 살아왔기 때문에 사랑하는 내면어른과 사랑받는 내면아이의 조용한 대화는 대개 우리가 알아채지도 못한 채 산산이 흩어지고 만다. 그래서 자기가 크게 말하는 소리를 듣거나 내면대화를 글로 써보아야만 그 차이를 분별하는 법을 배울 수 있다.

어떤 기술을 익히고 싶다면 먼저 일정 기간 그 기술을 연습할 시간을 따로 가져야 한다. 일, 식사, 수면, 다른 사람들과의 친교에 시간을 할애하고 일정을 짜듯 이러한 연습 시간도 마련해 두어야 한다. 우리가 시행착오를 거쳐 확인한 결과, 아침에 15분, 저녁에 15분 정도면 충분하다. 낮 동안에도 내면아이가 긴장이나 불안을 느끼고 겁먹거나 슬퍼하고 화를 낸다고 느낄 때에는 아이와 대화할 시간을 마련해야 한다. 여러분이 내면에 '초점을 맞추는(focusing)* 습관이 되어 있지 않다면, 이러한 감정을 자각하지 못할 수도 있다. 따라서 자신의 감정에 주의를 기울이는 법을 배우는 것도 이 연습의 일부다. 자기가 무엇을 느끼는지도 모르는 상황에서 그 감정으로부터 무엇을 배운다는 것은 불가능하다.

내면아이와 대화하려면 훈련이 필요하다

내면아이와 대화를 처음 시작할 때에는 자기도 모르는 사이에 사랑 없는 내면어른의 태도를 갖기 쉽다. 상처를 치유하고 내면의 유대를 창조하는 과정에서 첫 번째 도전은 자신의 내면아이에게 사랑하는 내

---

* 미국의 심리학자 유진 젠들린(Eugene Gendlin)이 1960년대에 창안한 '포커싱' 기법은 특정한 체험에 나타나는 '의미를 띤 신체 감각'에 집중하는 것이다. 젠들린은 인간이 외부에서 받아들이는 수많은 정보들이 정신이 아니라 '몸'에 저장된다고 보았다. 따라서 심리 치료에서 몸의 상태에 집중함으로써 자신이 의식하지 못하는 감정이나 욕구를 분명히 알 수 있다.

면어른이 되어주는 법을 배우는 것이다. 여러분이 내면아이를 사랑하는 법을 알기 전까지 아이는 결코 치유되지 못한다.

처음에는 내면아이가 들려주는 이야기가 대부분 버림받고 상처 받은 아이의 목소리로 다가올 것이다. 그것이 바로 너무나 외로워서 고통스러워하는 당신의 한 부분이다. 하지만 그것이 내면아이의 진정한 모습은 아니라는 것을 깨닫는 것이 매우 중요하다. 그렇게 느껴지는 이유는 내면아이에게 고통스러운 경험과 잘못된 신념이 많기 때문이고, 바로 그것으로부터 두려움, 분노, 수치심, 죄의식, 슬픔이 나오기 때문이다. 여러분이 배움의 과정을 좀 더 밀고 나가 사랑받는 내면아이와 연결된다면 여러분의 의문은 지혜로운 답변을 자주 얻게 될 것이다. 하지만 처음에는 내면아이에게서 주로 그 아이의 두려움, 분노, 슬픔, 고통을 발견한다. 내면의 고통이 치유되고 유년기 양육자에 대한 분노가(그리고 내면아이를 저버린 당신 자신에 대한 분노도) 차츰 녹아 없어지려면 버림받은 내면아이 곁을 아주 오랜 시간 지켜주어야 할지도 모른다. 여러분의 내면아이는 거절당하고, 버림받고, 조종당하고, 부모와 타인들에게 집어삼켜졌다는 분노와 고통을 아주 많이 쌓아 두고 있을 것이다. 내면아이가 어떤 감정이나 기억을 들이밀더라도 애정을 갖고 귀 기울이고 경험할 필요가 있다. 내면아이가 정말로 여러분을 신뢰하게 되면 어린 시절의 기억이 선명하게 떠오르기 시작할 것이다. 우리 환자 중에는 오랫동안 어릴 때의 일을 전혀 기억하지 못하다가 내면아이 치료를 시작하고 나서 몇 달 뒤에 갑자기 기억을 되찾은 사람이 여러 명 있다. 물론 이러한 결과는 내면아이와 애정 어린

대화를 꾸준히 지속했을 때에만 나타난다.

　여러분의 내면아이는 여러분에게 의지할 수 있다는 것을 배워야 한다. 여러분이 매일매일 내면아이와 대화하겠다고 다짐하고서도 약속을 지키지 못한다면 그 아이는 실망하고 상처 받을 것이다. 이런 일이 자주 일어난다면 내면아이는 또다시 버림받지 않을 거라는 확신이 들 때까지 당분간 아무 말도 하지 않을 수도 있다. 여러분의 내면아이는 여러분이 매일 모습을 보일 때까지 입도 뻥긋하지 않을지도 모른다. 우리 환자 숀은 3주간 하루도 빼놓지 않고 내면아이에게 글을 쓰고 나서야 겨우 아이의 대답을 들을 수 있었다. 숀은 자신에게도 내면아이가 있다는 말을 별로 믿지 않았지만 어쨌든 시키는 대로 해보겠다고 결심했던 터였다. 그의 내면아이가 일단 입을 열기 시작하자 책 몇 권 분량의 글이 나왔는데 숀이 며칠간 글을 쓰지 못할 때는 언제나 내면아이도 속에 틀어박혀 하루 이틀 정도 침묵으로 일관하곤 했다.

　내면어른의 입장에서 어떤 말을 하거나 질문을 던질 때에는 머리와 가슴에 주의를 집중해서 내면아이를 보살피려는 마음을 여러분의 생각과 잘 조화시켜야 한다. 반면에 내면아이의 입장에서 말을 할 때에는 배꼽 위에서 흉곽 아래에 해당하는 부분에 집중하며 감정을 읽는다. 이 부분이 복강신경총, 곧 제3의 차크라이기 때문이다. 자신에게 여러분의 내면아이가 몇 살인지 물어보라. 대부분 자신의 내면아이는 다섯 살이나 여섯 살이라고 대답하지만 그보다 더 어릴 수도 있고 좀 더 나이가 많을 수도 있다. 그 나이 때 찍은 옛날 사진을 찾아놓고 자주 시간을 들여 그 아이가 정말로 어떤 아이인지 바라보라.

내면아이에게서 배우려면 두 가지 조건이 필요하다. 우선 그 아이의 감정과 행동에는 반드시 타당하고 중요한 이유가 있다고 믿어야 한다. 내면아이의 감정과 행동을 좋고 나쁨, 옳고 그름으로 판단하면 아이는 당신과의 대화를 두려워하게 될지도 모른다. 그 아이는 당신이 자기의 감정을 판단할지도 모른다는 생각에 두려워하게 되는 것이다. 내면아이가 무엇을 원하고 요구하든, 어떻게 느끼든, 그럴 만한 이유가 있을 거라고 당신이 받아주어야만 비로소 그 아이도 사랑받는다는 안정감을 느낄 것이다. 둘째로, 기꺼이 자신을 열고 내면아이의 고통을 경험해야 한다. 고통을 두려워하고 그러한 경험을 회피하려 든다면 결국 아이의 고통을 책임지지 않고 자기 자신만 보호하는 셈이 될 것이다.

내면어른이 내면아이에게 질문을 던지거나 아이의 욕구, 필요, 감정을 이해하고 배우겠다는 뜻을 분명히 밝히면 대화의 물꼬가 트인다. 그러한 내면어른은 개방적이고, 호기심이 풍부하며, 잘 보살필 줄 알고, 판단을 내세우지 않는다. 내면아이의 감정에 지극히 타당한 이유가 있다는 것을 알고 부정적이거나 고통스러운 감정 이면의 잘못된 신념을 파악하고 싶어 한다. 배우려는 의도가 없다면 내면아이는 어른이 그저 자신을 심문하거나 조종하는 것처럼 느낄 것이다. 진정으로 배우겠다는 뜻이 없다면 진정한 유대는 불가능하다. 배우려는 의도는 거짓으로 꾸며낼 수 없다. 내면아이는 여러분이 정말로 열린 자세로 살뜰하게 보살피고 관심을 기울이는지, 아니면 그냥 연습하라는 대로 시늉만 하는지 다 안다.

사랑하는 내면어른은 다음과 같이 질문하거나 자신의 뜻을 밝힐 수 있다.

"기분이 어때?"

"지금 당장 원하거나 필요한 게 뭐야?"

"네가 화났다는 거 알아. 왜 화났는지 네 이야기를 듣고 싶어."

"나한테 화난 거야? 그럼 나한테 막 소리 질러도 괜찮아."

"너 지금 힘드니? 왜 그런지 나한테 이야기해줄래?"

"울어도 괜찮아. 내가 여기 있잖아."

"네가 불안해하는 거 알아. 무엇 때문에 불안한 거야?"

"_____에 대한 느낌이 어때?" (특정인의 이름)

"우리가 하는 일에 대해서 어떻게 생각해?"

"네가 왜 _____를 겁내는지 알고 싶어."

"네가 왜 _____를 좋아하지 않는지 알고 싶어."

"그 일에 대해 좀 더 이야기해봐."

불안, 우울, 공포, 긴장, 분노, 마비, 불편함, 상처, 슬픔을 느낄 때면 언제라도 하루 종일 내면아이에게 이렇게 물어볼 수 있다.

"무엇 때문에 이런 기분이 들까?"

"이런 감정에 대해서 내가 어떻게 도와줄까?"

"나한테 어떤 걸 바라니?"

"내가 너를 우울하게 하거나 어떤 식으로든 배려가 부족했니? 어떤 점에서?"

"내가 널 무시했니? 널 깎아내렸어? 조종하거나 판단했어?"

때로는 현재의 상황이—사람과 사건이—과거의 경험을 자극하고 불안, 분노, 고통, 두려움 같은 감정을 낳을 수 있다. 이러한 감정을 깨달으면 다음과 같이 내면아이에게 물어볼 수 있다.

"지금 뭔가 우리가 어렸을 때 있었던 일을 생각나게 한 게 있지?"

"이 사람을 보면 엄마(아빠, 오빠, 동생, 할아버지, 할머니 등)가 생각나니?"

"지금 이 상황이 우리가 어렸을 때 겪은 잊을 수 없는 어떤 충격적인 사건을 떠올리게 해?"

"네가 기억하는 옛날 일을 모두 다 알고 싶어. 네 기억은 나에게 무척 소중하거든. 네가 오래된 두려움과 괴로움을 치료할 수 있도록 도와주고 싶어."

"내가 이 일을 도와줄 사람을 구해볼까? 이 고통을 뚫고 나갈 때까지 누군가가 널 지탱해주어야겠지?"

때로는 내면대화를 진행하는 중에 사랑하는 내면어른이 내면아이에 대해 어떻게 느끼는지 분명히 말해줄 필요도 있다.

"너를 위해 내가 여기 있어. 어디로 사라지거나 하지 않는다고."

"난 널 사랑해. 나에게는 네 행복이 세상에서 제일 중요해."

"넌 참 영리해. 그 놀라운 지혜에 감사해."

"네 창의력은 놀라워."

"그렇게 화내도 얼마든지 괜찮아. 나한테 화난 거라고 해도 말이야. 네가 아무리 화를 내도 난 계속 널 사랑할 거야."

"울고 싶으면 얼마든지 울어도 돼. 넌 혼자가 아니란다. 내가 여기 있잖아."

"실수해도 괜찮아. 그래도 너는 사랑받을 자격이 있어."

"꼭 잘할 필요는 없어. 네가 무슨 말을 하든, 아니 아무 말을 안 해도 난 항상 널 사랑할 거니까."

내면대화 과정은 여러분이 평소에 뭘 원하는지 깨닫는 데에도 도움을 줄 수 있다. 내면아이에게 다음과 같은 질문을 던져보면 자신이 원하는 것을 좀 더 쉽게 파악할 수 있기 때문이다.

"네가 제일 좋아하는 음식은 뭐야?"

"오늘 저녁으로는 뭘 먹고 싶어?"

"오늘 뭣 때문에 그렇게 지쳐 있어?"

"제일 좋아하는 색깔이 뭐니?"

"이번 주 일요일에 뭐하고 싶어?"

"어렸을 때 뭐 하면서 노는 걸 제일 좋아했지?"

"어떤 책을 읽고 싶어?"

"어떤 음악을 좋아해?"

"어떤 영화가 좋아?"

"휴가를 어떻게 보냈으면 좋겠어?"

"어떤 운동을 좋아해?"

"어떤 종류의 창조적인 일을 하고 싶어? 미술? 공예? 음악? 글쓰기?"

"늘 하고 싶은 마음은 있는데 하지 못했던 일들은 어떤 게 있지? 비행을 배우고 싶어? 요트 조종은? 태권도를 배울래?"

때때로 내면어른과 내면아이는 영화, 음악, 독서, 휴가에 대해 서로 다른 취향을 보인다. 이런 경우에는 여러분의 인격을 구성하는 두 부분 모두의 욕구를 충족할 수 있는 방법을 찾는 것이 중요하다.

내면아이가 이러한 질문에 대답하면 내면어른은 적극적으로 들어주고, 좀 더 명확하게 하기 위해 또 다른 질문을 하고, 애정 어린 말을 해주거나 진실을 가르쳐주어야 한다. 적극적으로 듣는 것은 연습을 통해 닦아야 하는 기술이다. '적극적으로 듣기(active listening)'는 토머스 고든(Thomas Gordon)이 《부모 역할 훈련》에서 쓰기 시작한 용어인데, 진심을 다해 들어주고 피드백을 통해 당신이 정말로 이해하고 있다는 것을 내면아이가 알게 해야 한다는 의미로 쓰였다. 예를 들어 여러분의 내면아이가 "넌 날 사랑하지 않잖아. 내 이야기를 듣지도 않고 나와 시간을 보내거나 내가 원하는 일을 해주지도 않잖아."라고 말한다 치자. 여러분이 "응, 앞으로 노력할게."라고 대응해봤자 내면아이는 여러분이 자기 말을 잘 듣고 있다는 느낌이 들지 않을 것이다. 여러분이 적극적으로 귀를 기울이고 "내가 널 잘 돌보지 않아서 화가 많이 나고 슬픈 것 같구나."라고 반응한다면 내면아이도 우리가 자기 말을 잘 들어주고 이해해주었다고 느낄 수 있다.

내면대화를 큰 소리로 하거나 글로 쓰면서 연습하는 것이 중요한 이유는 애정 없는 습관적 내면대화에서 사랑의 내면대화로 옮겨 가려면 엄청나게 훈련을 해야 하기 때문이다. 사람들은 대부분 자신이 내면아이를 얼마나 많이 판단하고 조종하고 무시하고 깎아내리는지 깨닫지 못한다. 그들은 그저 무의식적으로 그렇게 하는 것이다. 이것을 고치려면 훈련이 필요하다. 목표는 언제나 일관되게 사랑의 내면대화를 수행하는 것이다. 글쓰기나 음성 대화를 통해서만이 아니라 하루 종일 이어지는 내면대화에서도 상냥하지 않은 어조가 애정이 넘치는 어조로 바뀌어야 한다는 뜻이다. 예를 들어 여러분이 화가이고 오늘 특별히 좋아하는 그림을 그리려고 하는데 애정 없는 내면대화가 이런 식으로 시작될 수도 있다. "어이, 괜찮은데. 소 뒷걸음질 치다 쥐를 잡았나 봐." 하지만 애정 어린 내면대화는 이렇게 시작될 것이다. "너의 창조성에 감사해. 정말 놀라운 아이디어야." 우리는 어떤 행동, 기술, 재능을 지니고도 자신을 부끄럽게 여길 수도 있고("그럭저럭 괜찮지만 완벽하진 않네.") 스스로 높게 평가할 수도 있다("이야! 대단한데! 정말로 잘 해냈어!", "괜찮아, 넌 아직 배우는 중이잖아. 이 정도면 잘했어. 완벽하지 않아도 괜찮아. 너의 노력과 도전하려는 자세가 훌륭해.").

우리 중 상당수는 어렸을 때 부모나 양육자에게 인격을 모욕당하거나, 무시당하고, 웃음거리가 되고, 심판당하고, 놀림을 받았다. 그래서 우리도 우리 자신을 그렇게 대하도록 배웠다. 이런 태도로 애정 없는 내면양육을 통해 자존감을 계속 떨어뜨리고 있다. 자기 자신을 재양육한다는 것은 타인에게서 결코 얻을 수 없었던 사랑과 동의를 자기 자신에게 베푼다는 의미다.

내면아이와 사랑의 대화를 연습하면 할수록 무엇을 물어보아야 하고 어떻게 반응해야 할지를 쉽게 알게 된다. 내면아이의 입장에서 대답할 때는 정말로 자신이 어린아이인 양 느껴도 좋다. 본능에 주의를 집중하고 머리에서 빠져나와 감정으로 옮겨 가서 무엇이든 마음에서 솟아나는 대로 대답하라. 내면아이가 느끼는 바를 '머리를 써서 알아낼' 수는 없다. 여러분의 감정이 스스로 떠오르게 놔 두어야 한다.

글쓰기, 가장 강력한 내면대화

글쓰기는 내면아이와 연결될 수 있는 강력한 방법이다. 내면대화가 종이 위에 기록되면 언제고 다시 돌아보기가 쉬워지고 그 대화에 참여한 여러 목소리들을 구분하기도 한결 수월하기 때문이다. 어떤 사람들은 내면어른의 질문은 주로 사용하는 손으로 쓰고 내면아이의 대답은 잘 사용하지 않는 손으로 쓴다. 오른손잡이라면 내면아이의 대답을 왼손으로 기록하는 식이다.

이러한 대화를 시도한 적이 없다면 자신이 내면아이에 대해 어떻게 생각하는지(그것이 부정적일지라도), 그리고 이 대화 과정이 어떤 것인지 설명하는 간단한 편지를 내면아이에게 쓰는 것으로 첫걸음을 떼고 싶어 할지도 모른다. 이를테면 이렇게 쓸 수도 있다. "난 네가 정말로 있다는 확신도 없지만 그래도 한번 노력해보고 싶어." "난 정말 네가 두려워. 네가 나를 항상 골치 아픈 일에 말려들게 하는 화근이라고 생각하거든." 또한 내면아이가 당신에게 보내는 편지를 쓰게 하는 것도 도움이 될 수 있다. 아래 편지는 우리 환자 수의 내면아이가 워크숍을 진행하는 동안 그녀에게 쓴 것이다. 수가 평소에 잘 쓰지 않는 손으로 쓴 이 편지는 그녀가 자신의 내면아이와 나눈 첫 번째 대화였다. 이로써 그녀는 자신의 내면아이가 실제로 존재한다는 것을 똑똑히 알게 되었다.

> 사랑하는 엄마,
> 엄마가 필요해요. 보고 싶어요. 엄마가 집에 왔으면 좋겠어요. 난 너무 외로워요. 하나도 즐겁지 않아요. 친구도 없고 말할 상대도 없단 말이에요. 나도 엄마 곁에 있고 싶어요. 엄마 품에 꼭 안겨서 엄마 사랑을 느끼고 싶어요. 제발 부탁이에요, 엄마, 나를 사랑해주세요. 나를 버리지 마세요.
> 엄마의 사랑, 수지.

다음은 우리 환자였던 검은 머리에 키가 큰 30대 중반 여성 재닛과 그녀의 내면아이가 나눈 대화를 글로 옮긴 것이다. 재닛이 처음으로 글을 쓰기 시작했을 때에는 내면아이가 아무 말도 하지 않으려 했다.

하지만 그 후에 재닛은 자신이 내면아이의 분노를 들어줄 준비가 되어 있지 않다는 말을 무의식적으로 그 아이에게 하고 있었다는 것을 깨달았다. 일단 재닛이 내면아이의 분노에 귀 기울이기로 마음먹자 아이도 자신을 열어 보였다.

내면어른 : 아빠에 대한 느낌은 어때?

내면아이 : 나쁜 자식이지. 아빠의 뻔뻔함에는 치가 떨려. 내게 가까이 오지 못하게 해. 제발 꺼져버리고 날 그냥 놔 두라고 해. 가서 똥이나 싸라고. 난 아빠가 미워. 이 정도 말했으면 충분하지 않아? 이제 너도 그런 멍청한 질문은 집어치우고 멀리 꺼져버려. 멍청하고 못된 년, 너도 진짜 머저리 같은 년이야. 세상에서 제일 잘난 아가씨, 뭐든지 다 할 수 있는 아가씨. 네가 뭐라도 되는 줄 알아? 네가 뭐 그리 특별해서? 꺼지라고. 나한테 다가오지 마. 말도 붙이지 말고. 내 근처에서 얼씬거리지 말란 말이야.

내면어른 : 정말로 강력하고 분명한 메시지구나. 네가 분노하고 미워하는 마음은 잘 들었어. 하지만 그 마음이 무엇 때문인지는 잘 모르겠어. 나한테 말해줄 수 있니? (적극적으로 듣고 난 후에 분명한 이해를 위해 부연 설명을 요구함)

내면아이 : 정말 멍청해 빠진 거야, 뭐야? 내가 분명히 말하지 않았어? 네가 내 주위에서 맴도는 게 싫어. 내 근처에서 어슬렁대지 말란 말이야. 나한테 말 시키지 마. 뭣 때문에 네가 이러는 건데? 꺼져.

내면어른 : 아니, 난 가지 않을 거야. 넌 아주 어렸을 때부터 항상 이

래 왔지. 상처를 입을 때면 언제나 다른 사람들을 밀어내곤 했어. 아무도 가까이 다가오지 못하게 했기 때문에 너를 사랑하고 돌봐줄 사람이 없었어. 이젠 그런 일이 또다시 반복되게 하지 않을 거야. 네가 밀어낸다고 곱게 물러나지 않을 거라고. 네가 참을 수 없이 고통 받았다는 거 알아. 그래서 나에게나 다른 사람에게 그 고통을 분노와 화로 위장하는 거지. 네가 속으로는 몹시 아파한다는 거 알아. 이제 절대로 너 혼자 괴로워하게 내버려 두지 않을 거야. 우리 둘이 함께 해결해야 해. 내가 여기에 계속 있을게. 다른 사람들을 밀어내고 고래고래 소리 지르기 바쁠 때, 그럴 때 네가 진짜로 원하는 게 뭐야? 넌 정말로 그들이 어떻게 해주기를 바라는 거니? (애정을 분명히 표시하면서 또 다른 물음으로 넘어감.)

내면아이 : 내가 너무 아프니까 그들이 내 기분을 좀 나아지게 해줬으면 하지. 하지만 그들이 그럴 수 없다는 건 나도 잘 알아. 도리어 더 엿 같은 기분이 든다고. 그러니까 나 혼자 알아서 하는 게 나아. 내가 사실은 얼마나 상처 받았는지 아무도 몰랐으면 좋겠어. 그들이 내가 혼자 해결 못한다고 생각하는 게 싫어. 약해 빠진 무방비 인간으로 보이기는 싫다고. 나는 강해. 내가 알아서 할 수 있어. 그러면 아무도 날 상처 입히지 못할 거야. 그들이 내게 상처 입히게 내버려 두지 않을 거니까. 상처를 입힐 수 있을 만큼 가까이 다가오게도 하지 않을 거니까. 내가 고함치고 발길질하고 고래고래 비명을 지르고 밀어내는데 어떻게 다가오겠어. 그러니까 모두에게 말해. 나한테 가까이 가지 말라고. 난 아무도 받아들이지 않을 거야. 아무도 내게 상처를 줄 만큼

접근하지 못해.

　내면어른 : 너는 정말로 가족 안에서 너를 아프게 하는 사람들을 두려워하지. 그건 나도 잘 알고 그 이유도 이해해. 그들은 너를 돌보는 법도 모르고 실제로 그들의 행동은 너에게 자주 상처가 됐어(적극적 듣기). 그렇지만 이제 상황이 바뀌었잖아. 더는 그 집에서 그들과 함께 살지도 않는걸. (재닛의 내면아이가 어린 시절에서 비롯된 잘못된 신념을 갖고 있기 때문에 내면어른이 진실을 말해준 것이다.) 지금 네 주위 사람들은 널 그런 식으로 대하지 않을 거야. 설령 그들이 그렇게 나온다 해도 이제부터는 내가 네 옆을 지키며 보호해줄게. 게다가 나는 네가 도움을 구할 수 있는 유일한 사람이야. 전에는 내가 없었지만 이젠 내가 있어. 전에는 네가 나에게 도움을 청할 수 없었지만 이젠 그래도 돼. 내가 여기서 널 돌봐주고 도와줄게. 너를 사랑하고 보호해줄게. 겉으로 화를 내고 난폭하게 굴지 말고 이제 나에게 손을 내밀렴. (재닛이 애정을 표현함.)

　내면아이 : 그래, 맞아. 넌 내 옆에 없었어. 한 번도 날 위해 있어준 적 없잖아. 넌 나를 버렸고 그때부터 나는 줄곧 바보가 된 기분이었어. 네가 있어야 할 때 있어주지 않았기 때문에 나 스스로 바보가 된 것 같았다고. 머저리처럼 말이야. 내가 어떤 식으로 발버둥 치며 살아왔는지 네가 알아? 네 도움은 눈곱만큼도 없는 상태에서, 나 혼자 모든 것을 감당해야 했지. 네가 미워. 넌 정말 구제불능 멍청이에 게으름뱅이야. 너에 대한 내 마음을 바꿀 수 있을 거라고는 꿈도 꾸지 마. 넌 날 바보 취급하거나 농락할 수 없어. 네가 그런 식으로 까불도록

용납하지 않을 테니까. 넌 그냥 지금 네 자리에나 있으라고. 네가 뭔가 계획을 세워서 해볼 수 있을 거라고 생각하나 본데, 내가 너에게 이걸 알려주지. 너는 내 도움 없이 아무것도 못해. 네가 그렇게 쉽게 빠져나가게 둘 것 같아. 너는 뭐든지 내 뜻에 맞춰야 해. 전에는 나 혼자 고군분투하게 방치했잖아. 이제 내가 그대로 되갚아줄 거야. 넌 그냥 두고 보기나 해. 내가 준비될 때까지 기다리라고. 안 그러면 우린 아무것도 못할 거야. 난 너를 벌할 거야. 너를 증오하니까.

이날의 대화는 여기서 끝났다. 다음날 재닛과 그녀의 내면아이는 새로운 대화에 들어갔다. 재닛은 자신의 내면아이가 수많은 고통에 시달려 왔음을 깨달았다.

내면어른 : 네가 지금 몹시 괴로워하고 있다는 걸 보고 듣고 느낄 수 있어. 너를 완전히 압도하는 극심한 고통일 거야. 네가 그렇게까지 슬퍼하고 괴로워하는 게 마음 아파. 그래도 네가 나를 받아들여주고 그 고통을 함께 나눈다고 생각하면 기쁘기도 해. 과거에는 이럴 때마다 더 혼자서 힘겹게 발버둥 쳤다는 걸 알아. 때로는 도저히 참을 수 없게 느껴졌겠지. 네가 얼마나 깊이 상처받았는지 알아. 너에게 정말로 마음이 많이 쓰여. 불행하고 참을 수 없이 외로운 작은 아이, 누가 다가오는 것도 두렵고 다른 사람의 도움을 받아들이기도 두려운 아이가 보여. 자기 본모습대로 살기가 두려운 아이가. 단단해 보이는 겉모습 속에 얼마나 많은 상처가 숨어 있는지. 철저하게 혼자인 가녀린 아이

가 태산 같은 고통, 분노, 상처, 실망의 무게와 싸우고 있지. 괴로워해도 괜찮아. 지금은 아파해도 괜찮아.

내면아이 : 너에게 실망했고 그 마음을 영원히 돌이킬 수 없을 것 같았어. 지금은 네가 내 옆에 있어줬으면 좋겠고, 넌 그래야 해. 나에게 전적으로 몰두하고 헌신해야 해. 정말로 그래야만 해. 나도 계속 싸우고 소리 지르고 고함치고 싶지는 않단 말이야. 자연스럽고 온화하게, 부드럽고 진실하고 온전하게 지내면서 안정감을 느끼고 싶어.

내면어른 : 지금의 네가 얼마나 좋은데. 더 싸울 필요 없어. 누구든 널 공격하게 내버려 두지 않을 거야. 너에게 상처주는 사람은 내가 용납 못해. 이제 널 아프게 하지 않을게.

다음날에도 재닛은 아래와 같은 내면대화를 진행했다.

내면어른 : 아마 어제 오늘 전까지는 네 감정이 얼마나 골이 깊고 강렬한지 내가 미처 깨닫지 못했던 것 같아. 일단 다른 건 둘째 치고 네가 조지(재닛의 남동생)와 아빠를 죽이고 싶은 심정이라는 걸 깨달았지. 그건 아주 강력한 증오와 분노인데, 그 감정이 네 안의 많은 상처를 위장하고 있다는 걸 알고 있어.

내면아이 : 그래, 조지를 죽이고 싶어. 그 바보 같은 자식. 조지는 나를 이용했고 내 것을 빼앗아 갔어. 그래서 난 조지가 미워. 그 자식이 내 인생에서 사라졌으면 좋겠어. 그리고 내게서 가져간 돈도 돌려받고 싶어. 정말 죽여버리고 싶다구. 아빠는 거지 같은 인간이야. 아빠

가 언제 날 돌봐주기나 했어? 지금까지 내게 신경이나 썼냐고. 아빠는 나에게 관심도 없어. 나를 돌볼 필요도 없고 나를 위해 뭘 해주지 않아도 되니까 홀가분해진 거지. 둘 다 거지 같은 인간들이야. 꼴도 보기 싫어.

내면어른 : 그들을 미워해도 괜찮아. 주체할 수 없이 화가 나고 죽여버리고 싶은 마음이 들어도 괜찮아. 그렇게 힘들었을 때 내가 옆에 있어주지 못해서 미안해. 조지에게 그 돈을 전부 다 줘버렸던 것도, 너를 버렸던 일도 미안해. 네가 그렇게 상처 받았다니 너무 가슴 아프구나. 세상 짐을 모두 네 어깨에 짊어질 생각이 아니라면 언제든 내려놔. 아무 때나, 네가 그러고 싶을 때는 그럴 수 있어. 네가 새로운 길을 찾을 수 있도록 내가 항상 네 곁에서 도와줄게. 네가 기분이 좋아질 수 있는 길을 찾아보자고. 난 가버리거나 하지 않아. 항상 네 옆에 있을게. 네가 이 고통을 극복하고 인생을 좀 더 즐겼으면 해. 내가 네 손을 잡고 함께 갈게. 고통과 분노와 실망을 함께 헤쳐 나갈게. 그 길이 너에게 좀 더 편안했으면 해. 네가 너무 극단적인 감정에 짓눌려 살아서 감정을 아예 차단해버렸다는 건 알아. 이제 그럴 필요 없어. 처음에는 자잘한 감정부터 시작해서 가장 강렬한 감정까지 단계적으로 나아가면 돼. 일단 시도하면 그다음부터는 그리 오래 걸리지 않을 거야.

나에게 화가 날 때는 바로 그렇다고 말해도 돼. 내가 얼마나 여러 번 너를 실망시키고 또 실망시켰는지 나도 아니까. 정말 미안해. 상처 주고 외면하고 도와주지 않았던 것도 미안해. 넌 나에게 더 나은 대접을 받을 자격이 있었지. 언제 어느 때나, 넌 나의 사랑과 관심과 보살 핌을 받을 자격이 있어. 내가 진작 그랬다면 얼마나 좋았을까. 좀 더 일찍 내 책임을 인정할 마음을 먹었더라면 말이야. 그토록 오랫동안 학대해서 미안해. 너에게 함부로 굴었던 것도 미안해. 한 순간도 너를 혼자 두지 않았더라면 얼마나 좋았을까. 항상 네 옆을 지키며 너와 이어져 있었더라면 좋았을 텐데. 난 알아. 내가 너를 버리고 학대했기 때문에 네가 힘들어했다는 것을. 정말 미안해.

내면아이 : 난 정말로 슬프고 아파. 내가 너에게 부족했기 때문에, 네가 내 옆에 있고 싶어 하지 않았기 때문에 말이야. 네가 도와주기를 바랐단 말이야. 친구가 되어주고 동반자가 되어주기를, 보살펴주고 지지해주기를 바랐어. 하지만 그럴 수 없었지. 넌 항상 날 외면했어. 난 너에게 미움 받는 기분이 들었어. 내가 못되고 쓸모없는 아이라서 싫어하는구나 생각했다고. 내가 뭘 어떻게 했다고 날 그렇게 싫어하고 몇 년 동안 말도 붙이지 않았던 거야? 단 한 번이라도 날 사랑한다는 말을 해준 적 있어? 내가 뭘 그렇게 끔찍하게 굴었다고 오랜 세월 사사건건 나를 무시하고 비판하고 소리를 질렀던 거야? 왜 사랑한다고 말해주고 돌봐주지 않았는데? 왜 제대로 나를 길러주지 않았어? 왜 떠났던 거야? 도대체 어디 갔었어? 도대체 얼마나 중요한 일이 있었기에 나에 대해 알려고 하지도 않았지?

내면어른 : 넌 내가 널 미워하거나 싫어하게 할 만한 일은 아무것도 하지 않았어. 다만 내가 너를 책임질 결심을 하지 않았던 거야. 그러니까 넌 아무 잘못이 없고 지금까지 항상 그랬어(다시 한 번 내면아이에

게 진실을 일러줌). 전에는 내가 그냥 나타나지 않았던 것뿐이야. 난 아주 일찍부터 겁을 먹었고 나중에는 너무 두려워서 얼굴을 내밀 수 없었어. 너에겐 아무 문제도 없어. 넌 아주 훌륭하고 그런 너를 나는 좋아해. 구태여 네 존재를 알리고 애쓴 적이 없었지. 널 무시한 것은 나의 선택이었어. 내가 상처준 것 잘 알고 있고, 정말로 미안해. 지금부터 내가 바로잡을 수 있으면 좋겠어. 넌 무엇보다 나의 사랑과 보살핌을 받을 자격이 있으니까. 넌 나에게 최고의 것을 받아야 하고 이제 내가 아는 한 너에게 가장 좋은 것만을 줄 거야. 너에게 배우고 너와 함께 있고 싶어. 여기 네 곁에 있을 거야.

이제 피곤하다. 잠자리에 들 시간이야. 잘 자렴. 사랑해. 넌 나에게 몹시 특별한 아이야. 다시는 널 버리지 않을 거야. 이제 네가 있다는 걸 아는 한, 언제까지나 네 곁을 떠나지 않아. (재닛은 이 대화 끝에 내면아이에게 보내는 작은 하트를 그렸다.)

다음은 우리 환자 멜리사가 기록한 내면대화다. 멜리사는 오랫동안 남편 마빈을 돌보는 역할을 했지만 이제 결혼 생활을 청산하려고 생각하는 중이었다. 그녀는 남편이 뭔가를 배우는 데 상당히 폐쇄적이라는 것을 잘 알면서도 계속 남편에게 마음을 열라고 가르치는 경향이 있었다. 멜리사는 자신이 옳은 말을 하면 남편도 바뀔 거라고 생각했다. 멜리사는 내면아이 치료를 시작한 지 몇 달 만에 내면아이에게 크나큰 지혜를 얻는 순간에 이르렀다.

화요일, 오전 10시.

내면어른 : 왜 우리가 병이 났을까?

내면아이 : 수면 부족 때문이지. 그리고 넌 내게 마빈을 돌보게 했잖아.

내면어른 : 내가 어떻게 도와줄까?

내면아이 : 내가 하기 싫은 일이 있을 때에는 싫다고 말할 기회를 줘!

금요일, 새벽 3시.

내면어른 : 기분이 어때?

내면아이 : 피곤해. 잠이 안 와.

내면어른 : 왜?

내면아이 : 머릿속에 생각이 너무 많아서.

내면어른 : 어떻게 해야 그 생각을 멈출 수 있을까?

내면아이 : 내 생각에 우린 분리되어 있는 것 같아. 나와 하나로 이어져 있으면 안 돼?

내면어른 : 지금 당장 필요한 게 뭐야?

내면아이 : 행복해도 괜찮아, 라고 말해줬으면 좋겠어.

내면어른 : 당연히 괜찮지. 그건 정말 좋은 일이야. 괴로워하며 끙끙 앓는 건 하나도 좋지 않아.

내면아이 : 하지만 내가 행복할 때마다 마빈이 내 기분을 망쳐버려.

내면어른 : 알아. 하지만 마빈이 또 그러면 이제 내가 네 편이 되어

줄게.

내면아이 : 뭘 어떻게 할 건데?

내면어른 : 네가 "기분 나빠요."라고 말하고 당당하게 가버릴 수 있도록 할 거야.

내면아이 : 전에는 그런 적 없잖아. 넌 항상 마빈에게 왜 그렇게 행동하느냐고 꼬치꼬치 따지곤 했지. 너 나름대로는 알아보고 배우겠다는 의도라지만 실상은 그렇지 않았어. 정말 배우려면 나한테 맞춰주고 나를 위해 행동해야 하잖아. 마빈에게 이유를 따지고 그 사람을 온화하고 개방적인 성격으로 바꿔보겠다는 건 일종의 조종이야. 사람이 마음을 닫고 있는데 억지로 가르치려는 것밖에 안 되지. 일단 그 사람이 마음을 열고 난 후에라야 비로소 왜 그러는지 물어볼 수 있는 거야.

내면어른 : 맞아, 내가 그런 잘못을 참 많이도 저질렀지. 그러니까 마빈을 폐쇄적인 사람 그 자체로 받아들이고 그냥 그 자리를 피하는 게 좋겠지?

내면아이 : 아무렴. 그게 간단한 일이라는 걸 알았으면 해. 그냥 내가 신경이 날카로워지면 일단 나한테 맞춰주고 마빈은 내버려 두란 말이야. 그럼 우린 이런 이야기를 할 필요도 없을걸. 굳이 고민하고 떠들 일이 뭐가 있겠어.

내면아이가 나타날 때까지만 시간이 많이 걸리는 게 아니라 사랑하는 내면어른이 되는 법을 배우려고 연습하는 데에도 상당한 시간이 걸린다. 다음 사례에서 로베르토는 이제 막 내면대화를 써보는 연습을 시작했기 때문에 매우 어려워하고 있었다. 그는 평생 버림받은 아이 역할로 살아왔고 그의 내면어른은 직장에서나 인간 관계에서 좀체 모습을 드러내지 않았다. 로베르토는 알코올 중독과 약물 중독에서 회복되는 중이었고 이미 알코올 중독자 모임에서 숱한 치료 작업을 거쳤다. 그의 직업은 물리치료사인데 최근에 자동차 사고로 한쪽 팔이 부러져서 일을 거의 하지 못하고 있었다.

내면어른 : 무엇을 원하니?

내면아이 : 사랑과 보살핌을 원해. 네가 우리를 돌보아주었으면 좋겠어.

내면어른 : 나도 우리를 돌보고 싶어! (로베르토는 '이것을 하고 싶어, 저것을 하고 싶어'라는 말을 자주 하지만 실제로 행동에 옮기지는 않는 경향이 있다. 그는 여전히 '~을 하겠어'라는 표현은 쓰지 않았다.)

내면아이 : 그럼 '하란' 말이야, 이런 망할! 너 말고 누가 하겠어! (로베르토가 말만 앞세우고 실천을 하지 않는 습관에 대해 내면아이가 반응한 것이다.)

내면어른 : 네가 아파하니까 나도 노력하는 중이야. (로베르토는 여전히 무엇을 하겠다고 말하지 않고 '노력 중'이라고만 한다.)

내면아이 : 빌어먹을, 넌 항상 너만 안됐고 너만 혼자 죽는 소리를 하지. (내면아이는 '노력 중'이라는 말을 받아들이지 않고 있다.)

내면어른 : 그만 좀 해! 난 우리를 생각하고 사랑해. 이 대화도 우리 치료에 도움이 되려고 하는 거란 말이야. (로베르토는 내면아이에게 왜

욕을 하는지 물어보고 배우려 하기보다는 내면아이를 납득시키려 하고 있다.)

내면아이 : 이 대화도 엿 같아! 무섭단 말이야.

내면어른 : 이 대화가 우리 삶을 구하는 데 도움이 된다니까. (여전히 내면아이의 두려움을 파악하려는 의도는 보이지 않고 설득에만 연연한다.)

내면아이 : 난 좀 자야겠어.

내면어른 : 좋아.

로베르토는 다음날인 일요일에 내면대화 기록 연습을 빼먹었다. 그러나 월요일에는 다시 글을 썼다.

내면어른 : 널 사랑해. 너를 잘 돌보고 너에 대해서 네가 가르쳐주는 대로 잘 배우겠다고 약속해. 기분이 어때?

내면아이 : 좀 나아졌어. 하지만 네가 어제는 글을 쓰지 않았기 때문에 화났어.

내면어른 : 교회에 다녀와서 기분이 좋았어. 그렇지만 사과할게! (로베르토는 내면아이가 화난 것에 대해 알아보기보다는 자기 행동을 변명하고 해명하는 데 우선순위를 둔다.)

내면아이 : 그래도 늘 핑계는 있는 것 같네. (내면아이는 로베르토의 해명을 받아들이지 않는다.) 너무 피곤하든가, 몸이 몹시 안 좋든가, 늘 그런 식이지. 우리 둘은 정말 많은 시간이 필요하겠어! 난 여전히 걱정돼. 네가 이것저것 신경 쓸 줄을 모르잖아.

내면어른 : 내가 할 말을 네가 하고 있는 것 같다. 뭐가 두려운지 한

번 말해봐. (이제야 내면아이에게서 배워보겠다는 의도로 나아가고 있다.)

내면아이 : 우리 마음이 완전히 꽁꽁 닫혀서 거리로 뛰쳐나갔다가 다시는 돌아오지 못할까 봐 두려워. 난 너무 외롭고 뭔가 재미있는 일이 필요해.

내면어른 : 좋아, 그럼 산책이나 하자! (로베르토가 배움의 의도에서 벗어나 내면아이가 원하는 것을 물어보지도 않고 그 아이를 꼼짝 못하게 하려고 한다.)

내면아이 : 우선 이 말부터 하고 싶어. 내가 패티를 얼마나 그리워하는지 알아? 그땐 우리도 참 즐거웠지! 네가 다른 사람들에게 그랬듯이 패티와의 관계까지 끝내버려서 정말 화가 난단 말이야.

내면어른 : 패티는 너무 어렸고 자기 회복을 위해 노력하지 않았어. 내가 좋은 여자를 고르지 못한 건 유감이야. (로베르토는 이번에도 내면아이의 감정을 이해하기보다는 해명에 치중하고 있다.)

내면아이 : 일 걱정도 태산이야. 우리를 어떻게 먹여 살릴 거야?

내면어른 : 나도 열심히 노력하고 있거든. 지금은 몸을 다쳤으니 치료를 받아야 할 것 아냐. (로베르토에게서 내면아이의 감정을 파악하고 이해하려는 시도는 전혀 보이지 않는다.)

다음날, 로베르토와 그의 내면아이는 이러한 대화를 나누었다.

내면어른 : 오늘은 어때?

내면아이 : 안 좋아! 괴롭고 두려워! 왜 좀 더 일하지 않는 거야?

내면어른 : 이봐, 우리는 지금 최선을 다해 일하고 있는 거야. 여기서 더 무리하면 다친 팔 상태가 악화될 거야. 척추 지압 받으러 자전거 타고 갈 때는 재미있지 않았어?

내면아이 : 응, 그건 재미있었어. 고마워. 그런데 지금은 좀 슬퍼. 앞으로 얼마나 더 통증에 시달리고 일을 못하는 스트레스에 괴로워해야 하는지 생각하면 말이야.

내면어른 : 오늘 그렇게 기분이 침울하다니 마음이 안됐구나. 우리가 느끼는 고통의 대부분은 하느님이 베푸시는 치유의 기적이야. (이런 식의 형이상학적 설명은 내면아이에게 도움이 되지 않는다. 내면아이의 슬픔을 파악하려는 의도는 여기서도 보이지 않는다.)

내면아이 : 하느님 같은 소리 하고 자빠졌네. 난 지금 아프고 진저리가 난다고!

로베르토는 내면아이가 분노하고 슬퍼하는 감정을 알아보려고 하지 않았고 내면대화는 여기서 끝나버렸다. 로베르토가 자신을 보호하려는 의도를 유지하는 한, 어떠한 배움이나 치유도 있을 수 없다. 그의 내면아이는 이 대화에서 자신이 사랑받고 있다고 느낄 수 없었다.

내면아이를 깨우는
큰 소리로 말하기

내면아이와 큰 소리로 말하는 것도 그 아이와 접속할 수 있는 또 다른 강력한 방법이다. 이 방법은 글쓰기보다 훨씬 즉각적이기 때문에 어떤 사람들에게는 내면대화 기록법보다 더 잘 맞는다. 생각이 떠오를 때마다 곧바로 종이에 기록할 수 있을 만큼 글을 빠르게 쓰지는 못하지만 말은 생각만큼 신속하게 할 수 있다. 더욱이 화가 나고 괴로울 때에는 큰 소리로 뱉어버리는 편이 후련하다. 큰 소리로 말할 때, 자신의 내면아이에게 접근하는 것이 더 수월한 사람들이 있다. 글쓰기를 너무 지적인 일로 생각하는 사람들이 특히 그렇다.

음성 대화법을 쓸 때에는 자신의 어릴 적 사진과 현재 사진을 활용하는 것도 도움이 된다. 의자 두 개를 준비해서 한쪽에는 어릴 때 사진을, 다른 쪽에는 현재 사진을 올려놓는다. 내면어른의 입장에서 말할 때에는 어릴 때 사진을 보고 말하고, 내면아이로서 말할 때에는 현재 사진을 보면서 말한다. 양쪽을 번갈아 오가면 입장을 혼동하기 쉽기 때문에 자리를 바꿀 때마다 목소리도 바꿔 낼 필요가 있을지도 모른다. 글쓰기 연습을 할 때에도 동일한 방식을 따를 수 있다. 먼저 내면어른이 내면아이에게 질문을 던진다. 내면아이 입장에서 말할 때에는 자기가 정말 아이가 된 것 같은 기분으로 아이 목소리를 내본다. 감정이 북받치면 내면아이가 울거나 마구 소리를 지를 수도 있다. 그러나 어른 입장에서 말할 때에는 여러분이 정말로 알고 싶어 하는 다섯 살짜리 어린애를 마주하고 있는 것처럼 차분하면서도 열린 자세를 취해야 한다.

아이 자리에 부드럽고 큼지막한 인형을 두고 연습하면 도움이 된다는 사람들도 많다. 어른 입장에서 말할 때에는 인형을 마주보고, 아이 입장에서 말할 때에는 인형을 뒤에서 안고 함께 어른의 자리를 바라보는 자세를 취한다. 인형을 좋아하지 않는다면 몸집이 크고 털이 복슬복슬한 애완동물을 이용해도 좋다.

내면아이 입장에 설 때 함께할 인형이나 애완동물을 아예 구입해도 좋다. 스트레스가 쌓일 때 인형이나 동물을 꼭 껴안으면 실제로 여러분의 내면아이가 좀 더 편안한 기분을 느낄 수 있다. 자신에게 내면아이가 있다는 것을 기억하는 데 문제가 있던 환자들이 이처럼 인형이나 동물의 도움을 받아 자신의 감정을 깨닫고 내면아이에 대한 책임감을 찾게 된 경우도 더러 있었다.

내면아이가 마음껏 말하도록 하라

앞에서 이야기했듯이 목표는 내면어른과 내면아이 사이에, 즉 생각과 감정 사이에 항상 사랑이 흘러넘칠 수 있게 하는 것이다. 이 균형을 이루면 온전함에 이를 수 있다. 매일매일 글쓰기나 큰 소리로 말하기를 통해 내면아이와 대화를 연습한다면 점점 더 많은 시간 동안 내면어른과 내면아이의 유대를 경험하게 될 것이다. 내면대화를 냉랭하기보다는 사랑이 넘치는 방향으로 바꿀 수 있는 방법은 매일매일 연습하는 것뿐이다. 생각과 감정에 애정이 깃든 경우와 그렇지 않은 경우를 구별하는 데 능숙해질수록 한 시간 뒤나 하루 뒤로 행동을 미루는 대신 그때그때 상황에 맞게 반응하는 자신을 발견할 것이다. 사태가 종결된 후에, 그때 이렇게 말했어야 했는데, 이렇게 행동했어야 했는데, 라고 깨달은 적이 얼마나 많았던가? 그 이유는 여러분이 그때 그 순간에 접속되어 호응하지 못했기 때문이다. 이것은 곧 사랑하는 내면어른이 내면아이의 경험에 주의를 기울이지 못했다는 뜻이다.

내면아이의 감정을 의식할수록 내면아이가 기분이 상했을 때 즉각 알아차리게 된다. 위장의 경련이나 통증, 혹은 다리나 어깨 같은 신체 다른 부분의 불편함을 알아차리는 것과 같다. 이러한 불편함은 뭔가 이상이 있다는 신호다. 내면아이가 일단 여러분을 신뢰하는 법을 배우면 여러분은 그 아이에게 뭐가 잘못됐는지 물어보고 즉시 답변을 들을 수 있다. 내면아이는 이렇게 말할지도 모른다. "이 사람이 나에게 거짓말을 하고 있어. 난 느낄 수 있단 말이야." "이 사람이 지금 나를 조종하려고 해." "이 사람은 꽉 막혔어. 제대로 알아보겠다는 마음이 전혀 없어." "기분이 좋지 않아. 딴 데로 데려가줘." "이런 상황은 위험해. 조심해야 해."

그러면 여러분은 그 순간에 자신이 원하는 것을 좀 더 명확히 깨닫게 될 것이다. 언제 배가 고픈지, 무엇이 먹고 싶은지, 언제 배가 부른지, 언제 잠을 자러 가고 싶은지, 여가 시간에 진짜로 하고 싶은 것은 무엇인지, 누구와 함께 있고 싶은지, 정말로 좋아하는 색깔이 무엇인지, 어떤 종류의 옷을 입고 싶은지 등등. 그렇게 해서 '~을 해야 한다'는 의무보다는 좀 더 자신의 필요와 욕구가 이끄는 대로 나아가게 될 것이다.

내면아이가 고집하는
잘못된 신념들

우리의 두려움과 그러한 두려움을 낳는 잘못된 신념은 대부분 어린 시절의 경험에서 비롯된다. 나 자신의 고통을 어떻게 할 수 없다는 믿음이나, 내가 가치 있는지, 그럭저럭 괜찮은지, 사랑받을 자격이 있는지에 대한 잘못된 신념이 그렇다. 다른 사람들이 나에 대해 생각하고 나를 대하는 방식을 통제할 수 있다는 신념, 남을 조종할 수 있다는 신념(내가 마음을 열고 잘해주면 저쪽도 마음을 열 것이다), 스스로 행복해질 수 없다는 신념, 타인의 감정을 자신이 책임져야 한다는 신념은 모두 어린 시절의 경험에서 나온다. 이런 신념들이 모두 잘못된 것도 아니고 우리도 나름대로 타당한 이유가 있어서 그러한 신념을 채택했지만, 어디서 그런 신념을 얻었고 그 신념을 어떤 목적으로 이용했는지 이해하기 전까지는 신념에서 나온 행동 방식은 절대 고칠 수 없다. 사랑 없는 내면어른과 사랑받지 못한 내면아이의 잘못된 신념, 곧 자아의 신념을 파악하는 것은 사랑하는 내면어른이 할 일이다. 여러분은 자기 자신에게 다음과 같은 질문들을 던질 수 있다.

"나는 고통을 다루는 나의 능력(사랑받을 자격, 타인을 조종하는 능력, 다른 사람들에 대한 책임감, 나에 대한 다른 사람들의 책임감 등)에 대해 어떻게 생각하는가?"

"어쩌다 그렇게 믿게 됐지? 어렸을 때 어떤 경험이 이런 믿음을 낳았을까?"

"이 믿음이 사실이라고 생각하고 행동해서 내가 얻는 건 뭐지?"

"난 무엇을 두려워하는 걸까? 내가 이제 이 믿음대로 행동하지 않는다면 어떻게 될까?"

우리의 환자 샘은 몇 가지 잘못된 신념들을 직시하고 돌파하는 과정을 다음과 같이 기술했다.

나는 평생 돌보미 역할을 하며 살았다. 어렸을 때는 어머니의 감정을 책임져야 했고 어른이 되어서는 아내의 감정에 신경 쓰기 바빴다. 나의 '돌봄'은 두 가지 형태를 취했다. 다른 사람 앞에서 내 뜻을 꺾되 꼭 훈계를 하려 들었다. 아내가 화내는 꼴을 보기 싫어서 아내가 원하는 것은 뭐든지 들어주는 한편, 아내가 알아 두어야 할 것이나 처리해야 할 일에 대해서는 사사건건 잔소리를 했다. 치료를 받으면서 나 자신의 행동을 깨닫고 차츰 내 뜻을 굽히지만은 않게 되었다. 하지만 잔소리하는 버릇은 고칠 수 없을 것 같았다. 잔소리는 강박관념이 되어 있었다. 내 지적이 옳기만 하다면 아내도 자기 잘못을 깨닫고 나에게 등을 돌리거나 화를 내는 일은 없을 것이라고 생각했다. 하지만 일이 그런 식으로 풀리지는 않았다. 오히려 내가 하는 말마다 아내는 반감을 품었다. 그런데도 잔소리를 그만두지 못했다. 잔소리에 중독되어 있었던 것이다.

그다음 치료에서 나는 나의 내면아이의 뿌리 깊은 외로움을 깨달았다. 마음속 깊이 괴로운 감정을 피하고 싶어서 평생 남들을 돌봐주고 훈계하며 살아왔던 것이다. 나는 혼자 남겨졌다는 외로움을 스스로 제어하지 못한다고 믿고 있었으며, 그 괴로운 감정을 다시 느끼고 싶지 않아서 아내를 전적으로 돌봐주고 잔소리를 하며 아내와 분리되지 않으려고 애써 왔다는 것을 깨달았다. 나는 일단 아내와 불화를 겪을 때마다 내면아이가 느끼는 외로움에 마음을 열었다. 그러자 내가 이 감정을 다스릴 수 있다는 것을 깨닫게 되었고 잔소리 중독은 깨끗하게 사라졌다. 아내를 항상 붙잡아 둘 수 있다는 믿음이 잘못되었다는 것을 알게 되었다. 외로움을 느끼지 않으려고 그동안 계속 잘못된 신념에 매달렸던 것이다.

샘은 자기 자신에게나 아내에게 몰인정했던 행동 뒤에 숨은 진짜 이유들—두려움과 잘못된 신념—을 깨닫고 난 후에야 그것을 고칠 수 있었다. 여러분의 내면어른이 내면아이와 함께 배울 때 자아의 잘못된 신념의 본색이 드러난다. 그때 비로소 진실 속에서 사는 삶으로 나아갈 수 있다.

내면아이와 내면어른의 상호 신뢰

내면어른이 애정을 갖고 자기와 함께할 것이라고 믿는 법을 내면아이가 배워야 하듯이 내면어른도 내면아이를 믿는 법을 배워야 한다.

내면아이를 알아 가는 과정에 처음 입문해서야 자신이 그동안 내면아이를 미워해 왔다는 것을 깨닫는 사람들이 꽤 많다. 그들은 내면아이를 도와줄 방법도 없는 무력한 피해자로 생각하거나 못되고 성마르며 앙심을 품은 존재로 생각할지도 모른다. 어쩌면 어리석고 하찮으며 지루하다고 생각할 수도 있다. 문제는 그들이 내면아이에 대해 아는 모든 것은 어디까지나 버림받은 내면아이의 모습일 뿐이라는 것이다. 그런데도 그들은 이 모습을 자기 내면아이의 참모습이라고 믿는다. 그들은 어렸을 때 다른 아이들을 때리거나, 학교에서 열등생이었거나, 생각 없이 부주의하게 굴거나, 남의 물건을 훔치거나, 불장난을 하거나, 거짓말을 일삼던 자기 모습을 기억하고 있을지도 모른다. 자기들이 기억하는 그 아이는 버림받은 내면아이일 뿐이라는 것을 깨닫지 못하기 때문에, 그 아이가 사랑받을 때에는 어떤 모습일지 아예 알 수가 없는 것이다. 따라서 그들은 내면아이를 신뢰하지 않을 뿐만 아니라 그 아이를 알게 되는 것조차 두려워한다.

　이러한 불신을 극복하는 유일한 방법은 과감하게 그 아이를 만나는 것뿐이다. 처음에는 다섯 살짜리 아이를 입양했다고 상상하면 꽤 도움이 된다. 그 아이는 부모에게 버림을 받았고 어쩌면 학대를 받았을 수도 있다. 그래서 굉장히 거칠고 화를 잘 내거나, 늘 멍하니 무슨 생각을 하는지 알 수 없거나, 성격이 침울하고 수동적이다. 그 아이는 당신에게 자신의 본래 모습을 좀체 보여주려 하지 않는다. 자, 어떻게 하겠는가? 그 아이를 버릇없는 망나니 취급하겠는가? 아니면 천천히 시간을 두고 그 아이가 안정감을 느끼도록 친절하고 온화한 태도를 보이겠는가? 그 어린것의 눈을 바라보면 두려움이 보인다. 하지만 그 두려움 이면에서는 온화함과 사랑을 간절히 바라는 눈빛도 볼 수 있을 것이다. 바로 그 아이가 당신의 내면아이다. 어쩌면 거칠고 성마르고 우악스럽고 폐쇄적인 아이로 보이겠지만 속으로는 그저 당신에게 사랑받고 싶은 마음밖에 없는 아이다. 당신이 충분히 오래 사랑을 주면 그 아이는 마음을 열고 호기심, 창조성, 열정, 생명력, 쾌활함, 지혜, 애정, 나아가 당신의 진정한 존재라는 경이로움으로 이끌어줄 것이다.

9장

왜 내면아이 만나기를 두려워할까

    그동안 심리 치료를 하면서 알게 된 사실은 어떤 사람들은 내면아이와 유대를 맺고 사랑하는 법을 배우는 것이 얼마나 의미 있고 인생을 바꾸어놓을 수 있는 일인지를 이해하자마자 바로 본격적인 치료가 이루어진다는 것이다. 그런 사람들은 관련된 책을 읽고, 매일매일 내면대화를 연습하며, 내면아이가 보내는 메시지에 주의를 기울인다. 그러면서 내면아이를 위하는 방향으로 행동하기 시작하고 급속도로 진전을 보인다. 그들은 스스로 내면아이를 사랑하는 내면어른이 되는 법을 배우겠다고 다짐하고 약속을 철저하게 실행한다. 이러한 환자들과 치료 작업을 하는 것은 진심으로 대단한 특전이자 기쁨이다.

    그렇지만 다짐을 하고 실천에 옮기기를 유독 힘들어하는 사람들도 있다. 그들은 매주 진료실을 찾지만 늘 답보 상태에 머물며 전과 똑같이 불행해한다. 혹은 그저 심리 치료사에게 잘 보이려고 상태가 많이 좋아졌다고 주장하지만 머지않아 실제로는 어떤 변화도 일어나지 않았음이 드러난다. 실질적인 치료는 전혀 이루어지지 않은 것이다. 그들은 내면대화를 실천하더라도 진정한 공감이나 배움을 향한 진실한 의지 없이 그러한 대화를 하나의 연습으로 여길지도 모른다.

왜 어떤 사람들은 배움과 자신에 대한 책임에 열려 있는데 다른 사람들은 그러지 못하는 걸까?

본래 인간은 몰두할 수 있다. 한 인간이 답보 상태에 갇혀 있다면 그 사람은 자기 삶의 어떤 부분에 도사린 두려움과 고통을 피하는 데 몰두해 왔다고 할 수 있다. 그러한 두려움과 고통을 파악하는 일은 매우 까다로울 수 있다. 오랜 세월 감추고 덮는 데에만 급급했기 때문에 고통, 두려움, 신념이 깊이 파묻혀 있는 데다가 결코 드러나지 않거나 의식되지 않게끔 제동 장치가 걸려 있을 것이다. 마치 우리의 모든 에너지를 쏟아부어 고통, 두려움, 수치심에 근거를 둔 신념들을 모든 이에게(우리 자신도 포함해서) 감추기 위해 보이지 않는 차단막을 만든 것처럼 말이다. 따라서 감춰진 고통과 슬픔을 파헤치고 받아들이고 경험하는 쪽으로 그만큼 막대한 에너지를 다시 쏟을 때에만 우리의 혼란을 깔끔하게 정리하고 재미있고 즐거운 삶을 만들어 나갈 수 있을 것이다. 답보 상태를 타개하는 힘은 바로 거기에 있다. 다만 그 힘이 지금은 방향을 잘못 잡았을 뿐이다. 답보 상태를 돌파하려면 아픔과 기쁨에 대한 책임을 회피하려고 쏟았던 에너지를 자기 감정을 책임지기 위한 에너지로 바꿔야 한다. 자신의 고통, 두려움, 신념에 대해서, 나를 기쁘게 하는 것에 대해서 확실히 배우겠다는 의지가 필요하다. 이 같은 다짐은 여러분의 내면어른으로부터 나와야 한다. 의도에 관한 선택은 어디까지나 내면어른의 몫이기 때문이다.

버림받은 내면아이는 아마 이러한 선택을 두려워하며 여러분을 돕지 않을 것이다. 병원에 가서 수술 받기를 좋아하는 아이가 어디 있겠는가. 하지만 아이가 건강하게 잘 자라기 위해 맹장 수술이 꼭 필요하다면 아이의 보호자는 수술을 결심해야만 한다. 아이를 사랑하는 어른이라면 누구나 그렇듯이 여러분도 극도로 겁에 질리고 분노에 사로잡힌 아이를 붙들고 꽤 오래 대화를 나누어야 할 것이다. 진실을 밝히는 동시에 내면아이가 잘못된 정보와 두려움에 짓눌리지 않도록 옆에서 꼭 지켜주겠다는 새로운 다짐을 끌고 나가는 것은 여러분이 할 일이다.

배움과 자신에 대한 책임으로 나아가려는 사람에게 걸림돌이 될 만한 두려움과 잘못된 신념은 매우 많다. 만약 여러분이 답보 상태에 빠져 있다면 그 걸림돌을 자각하고 돌파하는 데 도움이 되기를 바라는 마음에서 여기에 그중 주요한 것들을 정리해보았다.

분노에 대한 두려움, 분노를 제대로 표출하는 법

우리 중 상당수는 어렸을 때 부모, 조부모, 형제자매, 친척, 교사, 또래 친구 때문에 아픔을 겪어보았다. 신체적으로, 성적으로, 혹은(그리고) 감정적으로 학대를 당했을 수도 있다. 우리는 어렸기 때문에 스스로 보호할 힘이 없었을 뿐 아니라 대개의 경우 분노를 표현해서는 안 되었다. 심하게는 화를 내고 징징거렸다는 이유로 학대를 받아야 했다. 그래서 우리는 대개 표출하지 못한 분노와 노여움을 버림받은 내면아이 안에 담아놓고 있다. 어린 우리를 저버린 다른 사람들에 대한 분노와 내면아이가 혼자 쩔쩔매도록 나 몰라라 저버린 우리 자신에 대한 분노가 그렇게 고여 있는 것이다. 내면아이와 함께 배우기로 마음을 열 때에는 반드시 이러한 분노와 노여움을 경험하고 표현할 준비가 되어 있어야 한다.

많은 이들이 화내기를 두려워한다. 그들은 자신의 분노를 심판하며 이런 식으로 감정을 품는 건 잘못되고 나쁜 일이라고 내면아이를 설득하려 들고 다른 사람들에게 심판을 당할까 봐 두려워한다. 어렸을 때 화를 냈다가 더 안 좋은 일만 당했던 것처럼 화를 내면 더 골치 아픈 일이 생길까 봐 두려워하는 것일 수도 있다. 그들은 화가 더 큰 화를 부를 뿐이라고 믿는지도 모른다. 자기들이 근본적으로 화가 나 있고 그 분노가 바닥이 보이지 않을 정도로 깊어서 아무리 노력해도 완전히 화를 풀 수 없을까 봐 두려운지도 모른다. 일단 화를 내면 주체할 수 없을 것 같고, 그래서 자기 자신이나 다른 사람에게 상처를 줄 것 같아서, 어쩌면 누구 한 사람이 죽어 나갈 것 같아서 두려울 것이다. 이러한 두려움은 자기에게 한계를 정해주는 어른이 없이 버림받았던 아이의 경험에서 나온다. 경험으로 미루어보면 그러한 분노는 적절히 다스리지 못한 채 억압할 때 걷잡을 수 없이 커진다. 그런 사람들도 일단 사랑하는 내면어른과 접촉하면 해롭지 않은 방법으로 분노를 푸는 법을 배울 수 있다. 그러나 다른 사람들이 자기를 판단할 것이며, 화를 드러내면 골치 아픈 일이 생길 것이고, 일단 분통을 터뜨리면 걷잡을 수 없을 거라고 철석같이 믿으면서 그러한 믿음이 타당한지 아닌지 시험해볼 마음조차 없다면, 그 사람은 답보 상태에서 빠져나오지 못할 것이다.

대부분 사람들이 내면대화를 시작하면 내면어른에게 버림받은 내면아이의 분노부터 마주한다. 내면아이의 분노는 몇 주나 계속될 수도 있다. 내면아이에게 분노를 표출할 여지를 주지 않는다면 치료 작업 역시 진전되지 않을 것이다. 우리와 함께 그룹 치료를 했던 키 작은 금발 여성 줄리도 이러한 답보 상태에 빠져 있었다. 하지만 줄리가 마침내 내면아이의 분노를 받아들이자 그 아이와 함께 놀라운 경험을 할 수 있었다.

줄리 : 그냥 여러분과 나누고 싶은 이야기가 있어요. 요즘 얼마나 흥미진진한 기분인지 몰라요. 하루도 거르지 않고 내면대화를 하고 있거든요.

그룹 : 와! 대단해요, 줄리! (몇몇은 박수를 쳤다.)

줄리 : 대화가 좋아요. 정말로 좋아졌어요. 끔찍한 저항과 장애물, 온갖 쓰레기를 헤치고 나아가야 했지만요. 그래도 결국 해냈네요. 지금은 매일매일 내면대화를 하고 있어요. 이제 하루라도 거르면 못 살 것 같아요.

마지 : 그렇잖아도 뭔가 변한 게 없는지 물어보려고 했어요. 오늘 줄리는 유난히 활기차 보이더군요.

그룹 : 맞아요, 훨씬 홀가분하고 기운차 보여요.

줄리 : 어제 믿을 수 없는 경험을 했어요. 지난주 그룹 치료 후에 뭔

가가 변했어요. 내면대화를 시작했을 무렵만 해도 내면아이가 내면어른에게 몹시 화가 나 있다는 사실밖에 얻은 게 없었지요. 선생님은 말씀하셨지요. "당연하지요. 아주 오랜 세월 한 아이를 버리고 살아왔다면 그애는 당연히 당신에게 화가 나 있지 않겠어요?" 그렇게 다른 시각으로 바라보면서 깨달았어요. 그래, 좋다. 그다음에는 그냥 내면대화를 계속하면서 뭐가 나타나든 돌파하자고 생각했어요. 그래서 실제로 그렇게 했지요. 그러자 더 많은 분노가 보이더군요. 그런데 그때부터 뭔가가 달라졌어요! 그냥 뭔가 변했어요. 그리고 갑자기 나의 내면어른이 지금처럼 애정을 품고 아이 옆을 지킬 수 있게 된 것 같았지요. 그래서 어제 내면아이에게 정말로 원하는 게 뭔지 물어봤어요. 아이는 개들을 데리고 풀이 무성한 경사진 언덕에 올라가 하루 종일 놀고 싶다고 했어요. 처음엔 당장 어디서 그런 풍경을 볼 수 있을지 몰랐고 그럴 만한 시간도 없었어요. 그래서 생각했지요, 음, 모든 감각을 동원해서 눈앞에 그리듯 상상을 하면 우리의 마음은 실제로 체험했을 때와 똑같은 경험을 할 수 있다는 말을 들었거든요. 그래서 결심했지요. 좋아, 그럼 나도 그 상황을 생생하게 머릿속으로 그려보자, 라고요. 일단 방에 들어가서 아름다운 음악을 틀고 개들을 데리고 산에 올라가는 모습을 그려보았어요. 정말 믿을 수 없는 경험이었어요. 그 상상에 완전히 몰입했고 나중에는 이 모든 슬픔과 아쉬움에 빠져들었지요. 나의 작은 아이가 얻지 못했던 것, 그로 인해 느껴야 했던 슬픔과 모두 만날 수 있었으니까요. 하지만 그런 슬픔조차 믿을 수 없을 정도로 놀라웠어요. 그처럼 자유로운 흐름과 소통을 느끼다니요.

그게 어제 일이에요.

    분노에 두 종류가 있다는 점을 아는 것도 중요하다. 닫힌 분노가 있는가 하면 열린 분노도 있다. 자신을 지키려는 의도에서 표출되는 분노가 있고 배우겠다는 의도에서 표출되는 분노가 있다. 닫힌 분노는 버림받은 아이가 표출하는 유해한 분노나 통제하겠다는 목적을 띤 분노다. 이러한 분노는 사랑하는 내면어른이 나타나지 않아 내면아이가 절망과 무력감을 느낄 때 나타난다. 또한 닫힌 분노는 사랑 없는 내면어른이 버림받은 내면아이에게 표출하는 분노가 될 수도 있다. 사람을 겁나게 하는 통제 불능의 분노, 자기 자신과 다른 사람들에게 해를 끼치는 분노이기도 하다. 열린 분노는 사랑하는 내면어른이 내면아이의 과거와 현재의 경험을 파악하고 이해하려는 상황에서 (한때 버림받았던) 내면아이가 표출하는 분노다. 이때에는 내면어른이 어느 선까지 행동해도 좋다는 한계를 정해줌으로써 화를 내더라도 자기 자신과 남에게 해를 끼치지는 않는다. 사랑하는 내면어른은 내면아이의 분한 감정에 귀를 기울이고 위로와 지지를 아끼지 않는다. 따라서 이러한 분노는 오히려 마음을 열어주고 가르침을 주며 오래 묵은 상처가 낫도록 도와준다.

고통에 대한 두려움,
피하지 않고 고통에 맞서는 법

분노 밑에는 언제나 고통이 깔려 있다. 우리는 모두 어렸을 때 괴로움을 겪었고 그러한 감정을 피하는 법을 터득했다. 그래도 그 감정은 여전히 내면아이 속에 남아 있다. 내면아이와 함께 배우려면 오랜 괴로움을 기꺼이 느끼고 치료할 마음을 먹어야 한다. 버림받은 내면아이나 사랑 없는 내면어른의 고통에 대한 잘못된 신념에 계속 매달리는 한(고통을 차단하지 않으면 끝이 없을 거야, 완전히 짓눌리고 말 거야, 죽든가 미치든가 둘 중 하나야, 내가 그 고통을 어떻게 다스리겠어), 그러한 신념을 검증하려 들지 않는 한, 여러분은 방어 상태에 빠져 한 치도 나아갈 수 없을 것이다. 양자택일이 있을 뿐, 배움에 열린 자세를 취하면서 고통을 차단할 수는 없다.

자신의 오랜 괴로움은 알고 싶지도 않을 때가 많다. 이상적인 어린 시절을 보냈다고 믿고 싶어서 온 힘을 기울여 왔다면, 집안의 비밀을 누설하지 않게끔 가족들에게 교육받고 자랐다면, 진실을 자각하는 것 자체가 잘못이라고 생각할 수도 있다. 기만 속에 살며 감추기보다 진실을 아는 것이 더 중요하다고 깨달을 때까지는 답보 상태에 머물러야 할 것이다. 우리는 대부분 머릿속에서 이상화된 부모를 잃고 이상화된 어린 시절을 떠나보내면서 깊은 슬픔을 느낀다. 하지만 이 고통과 슬픔을 헤치고 나아가려 하지 않는다면 회복은 없다. 고통, 두려움, 슬픔을 피해서 돌아가는 길 따위는 없다. 치유해야 할 감정을 고

스란히 안고 돌파해야만 한다.

우리가 직시해야 할 가장 뿌리 깊은 감정은 외로움, 혼자라는 느낌이다. 우리는 어렸을 때에 이러한 감정을 느끼면서도 아무것도 할 수 없었던 쓰라린 경험이 있다. 그리고 인간의 광기는 모두 이러한 감정을 느끼지 않으려는 저항에서 비롯되는 것이다. 자아의 보호는 모두 그러한 고통에 대한 두려움 때문에 발동한다. 다음은 에리카가 유년기의 외로움과 직면했을 때에 직접 쓴 시다.

외로움만이 오직 순수한 고통.
나머지 고통은 다 거기서 태어나네.
외로움이 홀로
결국은 갖가지 보호를 낳네.
외로움 이야기만 꺼내도 우리는 시들어 가기 시작하지.
외로움이 결국
사람다움과 영혼을 갈라놓지.
우리가 두려워하고 견딜 수 없는 것,
혼자서는 치유할 수 없는
상처이기에.
외로움은 심장의 균열,
또 다른 균열로만 메울 수 있는 균열.
우리는 외로움을 내치고,
경멸하고,

부정하네.

정작 외로움 속에서

억지로 끌려가는 줄 모르는 채.

외로움이란

우리가 읽으려 하지 않는 책인가.

우리의 고질적 외로움, "또 다른 균열로만 메울 수 있는 심장의 균열"은 우리가 먼저 내면의 다리를 놓아야만 치유할 수 있다. 그 다리는 물론 우리의 내면어른과 내면아이의 연결을 뜻한다. 우리 자신의 마음이 열리기 전까지는 다른 사람의 사랑이 끼어들 자리가 없다. 그리고 우리가 자신의 고통을 직시하기 전까지는 그 고통을 차단하고 자신을 지킬 생각만 하기 때문에 마음이 열리지 않는다.

혼자라는 쓸쓸함, 외로움, 무력함의 고통을 직시하자면 큰 용기가 필요하다. 내면어른과 내면아이가 탄탄하게 연결되어 있지 않으면 그러한 성과는 얻을 수 없다. 내면아이는 당신이 아프고 힘들어도 도망가지 않을 거라는 확신이 서기 전까지는 그러한 고통을 느끼도록 허락하지 않을 것이다. 여러분이 든든하게 버티고 고통에서 배우려는 자세로 애정 어린 지지를 보낼 것이라는 믿음, 고통을 뚫고 나갈 것이라는 확신을 주어야 한다.

에리카는 고통에 마음을 여는 경험을 다음과 같은 비유로 설명했다.

그 경험은 바다에서 수심이 4킬로미터나 되는 포인트까지 보트를 몰고 나가 물에 뛰어드는 것과 비슷했다. 사람들은 대부분 수면에만 머물러 있으려고 평생 아등바등한다. 일단 물속으로 빠지면 익사하고 말 거라는 두려움 때문이다. 아니면 그들은 조용히 수면에 드러누워 죽은 사람처럼 살아간다. 고통에 대한 두려움을 직시하지 않으려고 계속 우울한 상태에서 살아가는 것이다. 외로움을 직시한다는 것은 자신을 내던져 4킬로미터의 수심을 내려가 바다에 부딪쳐보는 경험이다. 당신은 천천히 떨어진다. 처음에는 숨을 참아보려 한다. 그러나 이내 물속에서도 숨을 쉴 수 있다는 것을 알게 된다. 바닥이 어디인지 모르니 그냥 다 잘 되겠지 생각하는 수밖에 없다. 그러다 결국 바다에 다다르고 주위를 둘러본다. 평생 느끼고 알기를 두려워했던 바로 그것을 바라보는 것이다. 한동안 그곳에 머물러야 할지도 모른다. 어쩌면 한 달, 어쩌면 그 이상으로 배워야 할 것을 다 배울 때까지는 머물러야 한다. 그러다 드디어 몸이 가벼워지는 느낌이 든다. 서서히 수면을 향해 몸이 떠오른다. 살다 보면 언젠가 또다시 자신을 놓아버리고 가라앉아야 할 때가 올지도 모른다. 하지만 그 시간은 그렇게 길지 않을 것이며 이제 다시는 두려워하지도 않을 것이다. 아마 바다까지 완전히 내려가야 할 일은 이제 영원히 없을 것이다.

내면아이 속의 고통을 느끼고 체험하지 않으려는 마음은 사람들이 답보 상태에 빠지게 되는 주요한 이유 중 하나다. 배움보다 감정을 차단하여 자신을 지키는 것이 더 중요할수록, 과거에 나의 고통을 낳았고 지금도 나를 괴롭히는 신념과 경험을 파악해야 한다는 책임을 멀리하는 한 여러분은 아무것도 배울 수 없다.

때로는 내면어른이 내면아이의 분노와 고통을 열린 자세로 배우겠다고 결심했는데도 여전히 답보 상태에서 벗어나지 못하는 기분이 들수 있다. 내면아이가 자신의 분노와 고통을 내면어른이 심판할까 봐 두려워하면 이렇게 될 수 있다. 이런 경우에는 내면아이가 내면어른의 사랑에 정말로 의지할 수 있다고 느낄 때까지 침묵을 지킬 것이다.

내면아이를 통제하려는 강박에서 벗어나기

어려서부터 부모, 조부모, 형제자매 등의 통제에서 자신을 지키기 위해 저항하는 법을 배웠던 사람들은 더러 성인이 된 후에도 그러한 자세로 살아간다. 이들은 다른 사람이 그들에게 무엇을 원하든 조건반사적으로 저항을 하기 때문에 자기 내면아이의 욕구와 필요에도 무의식적으로 저항한다. 내면아이는 내면어른이 자신과 더불어 배우고 자기를 알아주기를 바랄 뿐 아니라 내면어른의 관심, 애정, 동의, 헌신적인 위로를 바라며 안정감과 기쁨을 갈구한다. 내면아이는 '항상' 내면어른에게 이런 것들을 원하며 필요로 한다. 만약 당신이 저항형 인간이라면 무의식적으로 당신의 내면아이에게 이렇게 말하고 있을지도 모른다. "난 네가 말하는 대로 해줄 필요가 없거든. 네가 바란다고 해서 내가 꼭 그렇게 해야 하는 건 아니잖아. 아쉬우면 다른 사람을 찾아봐."

다음은 마지가 딘이라는 환자와 상담 시간에 나누었던 대화다. 딘은 내면아이와의 힘겨루기에서 아무 진전 없이 답보 상태에 빠져 있었다.

딘의 내면어른 : 지금 당장 네가 원하는 게 뭐야?

딘의 내면아이 : 나에게 관심을 보였으면 좋겠어. 나에게 말을 걸어주면 좋겠어. 내 말을 귀담아듣고 나를 무시하지 않으면 좋겠어. 내가 너무 많은 것을 바라는 게 아니라면 말이야. (난처한 듯한 한숨) 난 네가 말로는 전부 다 해줄 것처럼 굴면서 실제로는 그러지 않아서 화가 나. 네가 나를 대하는 태도에도 넌더리가 나고, 너에게서 완전히 떨어져 나간 것처럼 외로워 죽겠어. 도대체 언제나 결심을 할 거야? 젠장, 언제쯤이면 바뀔 거야? (정말로 화가 남)

마지 : 저쪽 입장(내면어른의 입장)으로 가볼까요.

딘의 내면어른 : (한숨) 언제쯤 바뀔지 모르겠다고 말하는 건 쉬워. 미루고, 미루고, 계속 미루면 그만이니까. 왜냐하면 난 아직 결심이 서지 않았거든. 네가 속에만 감추어 왔고 지금도 감추는 것을 내가 받아들이기는 어렵지. 난 네가 그런 것을 내보이도록 허락하지 않았거든. 정말 너에게 그렇게 약속을 해도 좋은지 확신이 서지 않아. 내가 지금까지 한 번도 그러지 못했다는 것도 알아. 그래 놓고 난 항상 다른 사람을 탓했지. 내가 정말로 책임을 짊어진 적은 없었어. 그랬기 때문에 만사가 더 꼬였다는 것도 알아. 그런데도 여전히 확신이 없는

데 어떡해.

마지 : 이쪽으로 오세요.

딘의 내면아이 : '또' 이런 식이지! 넌 언제나 그랬던 것처럼 빌어먹을 바보자식이야. 지금도 핑계만 둘러대고 있잖아. 네가 이딴 식으로 나올 때는 같이 말하기도 싫어. 이야기해봤자 득 될 게 없으니까. 넌 내 말을 제대로 듣지도 않고 난 결국 기분이 아주 더러워져. 그리고 점점 더 나빠지는 거야. 그러니 난 그냥 여기 처박혀 있어야지. 넌 절대, 절대, 단 한 번도 손을 쓰지 않을걸. 그냥 날 여기 버려 둘 거 아냐. 그리고 나 역시 다람쥐 쳇바퀴 돌 듯 지금까지의 패턴에서 조금도 벗어나지 못하겠지. 뭐라도 할 게 아니라면 도대체 무슨 득이 있겠어?

마지 : 이제 당신의 내면어른으로 돌아가세요. 내면아이는 지금 당신이 아동 학대자라고 말하고 있어요. 그리고 이런 식의 삶에는 아무 이득도 없다고 느끼고 있지요. 물론 당신은 내면아이에게 조종당하지 않으려면 계속 저항을 해야 하겠지요.

딘의 내면어른 : 제가 저항하고 있다고요?

마지 : 제가 보기에는 서로 기선을 잡으려는 싸움 같아요. 강렬한 내면의 권력 다툼이랄까요. 내면아이는 그악스럽게 기선을 잡으려 하고 당신은 그럴 여지를 주지 않겠지요. 당신은 내면아이에게 휘둘리지 않을 거예요. 그래서 그럴싸한 말을 늘어놓을 거예요. 말로는 뭐든지 다 할 것처럼 굴면서, 당신도 다 자각하고 있다는 듯이 연기를 하고, 뭐 그런 식이지요. 하지만 그 와중에도 당신에게 가장 중요한 건 저항하고, 약속하지 않고, 실천하지 않는 거예요. 그냥 무조건 내면아이가

원하는 바를 거부하는 거예요.

딘 : 나로서는 그 아이에게 약속할 수 있다는 말조차 못할 것 같아요.

마지 : 알아요. 바로 그래서 내가 권력 다툼 같다고 느꼈던 거예요.

딘 : 마치 요요가 된 기분이에요. 뒤로 갔다가 앞으로 갔다가, 늘 똑같은 식이지요.

마지 : 맞아요. 자신의 저항을 느낄 수 있어요?

딘 : 음, 그런 것 같기도 해요.

마지 : 음, 그 저항이 당신 내면의 힘겨루기예요. 당신의 작은 아이는 자신에게 관심을 보여 달라는 너무 큰 바람을 품고 있어요. 그런데 당신은 그럴 마음이 조금도 없고요. 그 아이에게 호락호락 넘어갈 수는 없으니까.

딘 : 내면아이가 원한다고 해서 내가 그렇게 한다면 왠지 그 아이에게 지는 것 같은 기분이 들어요.

마지 : 그래요. 그렇게 느껴져요. 하라는 대로 하면 지는 거다.

딘 : 맞아요.

마지 : 당신은 내면아이에게 조종당하지 않으려고 노력하기 때문에 조종당하고 있어요. 자기가 원하는 것에 대해 독립적인 결정을 내리지 못하고 있잖아요? 정말로 솔직하게 "사랑을 아는 인간이 되고 싶지 않습니다."라고 말할 수 있어요?

딘 : 그렇게 말할 순 없지요.

마지 : 그렇다면요, 실제로 당신이 그렇지 않고 사랑을 아는 인간이

되기 원한다면…….

딘 : …… 그런데 왜 그렇게 행동하지 못하느냐고요?

마지 : …… 당신은 독립적인 결정을 내리지 못하고 있잖아요. 그게 독립적인 결정이라기보다는 자기가 지는 것처럼 느끼는 거예요.

딘 : 나 자신에게 지는 거지요.

마지 : 그래요.

딘 : 나의 내면아이에게.

마지 : 맞아요, 잘 아는군요.

딘 : 그게 궁극적으로는 권력 다툼이라 이거군요, 그렇죠?

이 치료를 마친 후에 딘은 내면아이와 대화를 나누는 데 전념하게 되었고 실질적으로 진전을 보이기 시작했다.

어린 시절에 시작된 권력 다툼은 종종 배우자, 자녀, 나아가 심리치료사에게 투사된다. 보브와 레이철은 서로에게 느끼는 소원한 감정을 극복하고자 부부 상담을 받으러 갔다. 그들은 싸움이 잦았고 이제 잠자리도 같이 하지 않았다. 그 점에 대해 보브는 특히 불만이 많았다. 보브는 레이철이 늘 화가 나 있고 섹스에 무관심하다면서 아내에게 뭔가 문제가 있다고 생각했다. 한편 레이철은 보브에게 화를 내며 모든 문제가 그의 탓이라고 했다.

치료를 시작했을 때는 보브가 무척 개방적인 사람으로 보였다. 온화하고 친절하며 스스로 행복해질 수 있는 사람처럼 보였다. 보브는 취미가 다양했지만 정작 취미 생활은 거의 못하고 있었다. 그가 여가 시간을 온전히 레이철과 보내지 않으면 그녀는 찬밥 신세가 된 듯한 기분을 느꼈기 때문이다. 레이철은 항상 보브에게 화를 냈고 자신의 불행을 남편 탓으로 돌렸다. 한번은 상담 치료를 진행하는 중에 심리 치료사가 자기가 스스로 배우겠다고 결심하지 않으면 치료를 받아도 소용이 없다고 넌지시 말하자 레이철이 불같이 화를 내며 비난을 퍼붓고 자기만 지키려는 의도 따위는 없다고 부정했다. 레이철은 배우긴 뭘 배우냐고 고함을 치더니 일방적으로 치료를 그만두었다. 보브는 그 후에도 혼자 몇 번 더 치료를 받으러 왔다. 그는 이제 막 자신의 내면아이를 자각하고 그 아이가 언제나 자신을 통제하려 드는 어머니에게 얼마나 화가 나 있는지 깨달으려는 참이었다. 그런데 그 시점에서 보브도 치료를 그만두었다. 보브가 오기로 되어 있던 다음주 약속 시간에 나타난 사람은 레이철이었다. 레이철은 결연한 표정으로 자리에 앉더니 이렇게 말했다. "선생님 말씀이 맞았어요. 난 폐쇄적인 자세로 화만 내고 있었지요. 그래서 불행했던 거고요. 이제 나는 불행에도 지쳤어요. 이제 치료에 임할 준비가 됐어요." 심리 치료사가 깜짝 놀랐다는 점은 말할 필요도 없겠다.

그 후 6주 동안 레이철은 눈부신 진전을 보였다. 그녀는 내면대화를 성실하게 수행했고 내면아이와 접속하는 것을 가장 중요한 일로 여기게 되었다. 내면아이를 행복하게 하는 법, 타인의 행동을 개인적 감정으로 받아들이지 않는 방법을 분명히 터득하면서부터 레이철의 분노는 눈 녹듯 사라졌고 내면에도 평화와 행복이 깃들었다. 하지만 레이철이 행복해질수록 보브는 점점 더 성마르고 화를 잘 내는 사람이 되어 갔다. 부부 간의 불화는 점점 심해졌다. 심리 치료사는 레이철에게 남편이 거부하지 않는다면 치료에 데려오라고 했다.

보브는 레이철과 함께 나타났지만 매우 경직되고 냉담하며 무심한 태도를 보였다. 레이철이 예전에 그랬던 것처럼 보브도 두려움을 차단하고 싶어 하는 자신의 의도를 부정했다. 레이철은 자신이 내면아이 치료를 남편과 함께하려고 이 치료가 얼마나 도움이 되는지 알려주려고 할 때마다 남편이 몹시 언짢아한다고 말했다. 치료사는 보브에게 레이철의 변화를 어떻게 느꼈는지 물었다. 보브는 레이철의 변화를 믿지 않는다고 대꾸했다. 그러고는 갑자기 예전에 레이철이 쓰던 방식 그대로 무조건 아내 탓을 하며 비난을 퍼부었다. 그 와중에 이런 말이 무심결에 나왔다. "당신들 두 사람이 짜고 나를 엿 먹이는 거지! 꼭 우리 어머니 같군. 어떻게든 나를 조종해서 자기 맘대로 휘두르려고 하잖아. 내가 왜 당신들 뜻대로 놀아나야 해." 치료사는 보브가 레이철과 치료사 두 사람 모두와 권력 다툼을 하고 있다고 지적하고 이렇게 물었다. "내면아이에 대해 배우겠다고 마음먹는 일이 뜻을 꺾고, 항복하고, 패배하고, 조종당하는 것처럼 느껴지나요?" 보브는 눈을 휘둥그레 뜨고는 그렇다고 대답했다. "그래요, 딱 그런 기분입니다. 바로 그거였군요."

보브가 단순히 권력 다툼에 사로잡혀 있었던 자신을 자각했다는 이유로 답보 상태에서 빠져나온 것은 아니었다. 내면아이와 함께 배우기로 마음먹으면 자기 자신을 잃고 레이철과 심리 치료사에게 조종당할지도 모른다는 두려움을 시험해보기로 결정할 때까지 그는 돌파구를 찾지 못했다.

우리는 내면아이 치료 작업에 저항하는 환자들, 즉 내면아이와 함께 배우고 책임을 받아들이기를 거부하는 환자들이 다음과 같은 말을 자주 한다는 것을 주목했다.

"이 과정은 정말 어처구니가 없네요."

"지나치게 단순한 이론 아닙니까."

"어른이 어쩌고 아이가 어쩌고 하는 헛소리는 받아들일 수가 없군요. 날 도대체 뭘로 보는 겁니까? 내가 정신분열증 환자라도 되나요?"

"오만 가지 치료와 워크숍을 다 겪어봤습니다. 그중 단 한 가지도 효과가 없었고요. 이 치료라고 왜 다르겠습니까? 그런데 왜 성가시게 구시나요? 이것도 효과 없을 겁니다."

"어떻게 해야 할지 모르겠네요."

우리 중 상당수는 내면아이의 본모습에 대해 잘못된 신념을 지니고 있다. 그 아이에 대해서 사랑받지 못한 채 버려진 모습밖에 알지 못하기 때문이다. 당신은 자신의 내면아이가 거칠고 어떤 규칙도 따르려 하지 않는 막돼먹은 말썽꾸러기라고 믿을지도 모른다. 내면아이는 그저 당신을 조종할 생각밖에 없고 행여 그 아이에게 마음을 열었다간 인생이 골치 아파진다고 생각할지도 모른다.

토머스라는 우리 환자의 내면어른은 자기 부모가 그랬듯이 내면아이를 가혹하게 다루는 권위적 어른이었다. 토머스는 항상 규칙을 잘 지키려고 노력했다. 그는 아무리 몸이 아파도 결근을 해서는 안 된다는 규칙을 준수해 왔다. 토머스는 내면아이가 규칙을 깨뜨리고 그의 삶을 혼란스럽게 만들까 봐 내면아이와의 대화를 줄곧 두려워했다. 실제로 그의 내면아이는 몇 가지 규칙들을 깨고 싶어 했다. 그러나 규칙을 깬다고 해서 반드시 혼란이 빚어지지는 않았다. 토머스는 우리 진료실에서 다음과 같은 대화를 내면아이와 주고받았다. 그날은 비가 오고 추웠다. 토머스는 퇴근 후에 바로 우리 진료실로 오면서 몹시 추워했다.

내면어른 : 넌 왜 그렇게 비를 싫어하니?

내면아이 : 그냥. 비는 싫어. 진짜 싫어. 추운 것도 싫어. 더 쓸쓸한 기분이 든단 말이야.

내면어른 : 그럼 비를 싫어하는 가장 큰 이유는 춥고 쓸쓸한 기분이 들기 때문이야? 내가 어떻게 도와주면 좋겠니?

내면아이 : 따뜻하게 해줘. 비가 올 때에는 가끔 회사도 가지 말고 집에만 있어줘. 특히 몸이 아플 때는 그래줬으면 좋겠어.

토머스는 내면아이의 이런 기분을 알고 싶지 않았다. 알고 싶지 않은 마음 때문에 내면대화를 멀리했던 것이다. 그는 자기가 내면아이의 말에 귀를 기울이면 그 아이가 기선을 잡고 자신은 무책임한 인간이 되지 않을까 두려워했다. 토머스는 진실을 알기 원하고 배움의 의도로 나아갈 때까지 답보 상태에서 벗어나지 못했다.

많은 이들이 내면아이에게 마음을 열면 일을 때려치우고 싶어지지 않을까, 게으름뱅이가 되지는 않을까, 자신의 책임감이 흔들리지나 않을까 두려워한다. 그들은 내면아이가 놀기만 좋아한다고, 늘 숨기고 싸우고 징징대는 아이라고 믿는 것이다. 그들이 내면아이를 버렸다면 이 믿음은 사실일 수도 있다. 그러나 내면아이가 사랑받고 있다고 느끼는 동안에는 그렇지 않다. 그런데도 그들은 사랑받지 못한 내면아이를 알게 되면 결국 그 아이에게 지배당하고 모든 것을 잃게 될 것처럼 생각하는 것이다. 이것은 잘못된 신념이다. 우리는 그러한 결과가 내면아이에게 마음을 열었기 때문에 발생한 것이라고 보지 않는다. 사실은 그 반대로 생각할 수 있다. 내면아이의 활력에 접속하고 그 아이의 두려움과 고통을 치유하기 위해 협조하는 사람은 더욱더 생산적이고 창조적이 된다. 처음에는 혼란과 저항을 겪으며 일시적으로 효율성이 떨어지는 시기를 거칠 수도 있다. 하지만 이 시기는 일시적이다. 그렇지만 내면아이와 함께 배우겠다는 결심을 굳히고 자신의 두려움을 기꺼이 시험해보기 전까지는 결코 자기 자신이 이렇다는 것을 알 수 없다.

내면아이에 대한 신뢰 부족의 좋은 예로 셸리와의 치료 작업을 들 수 있겠다. 셸리는 19살의 여대생이었다. 지난번 상담을 마무리할 즈음, 아버지에 대한 그녀의 감정에 문제가 있다는 게 드러나기 시작했다. 치료사는 셸리에게 집에서 내면아이와 그 문제를 놓고 대화를 나누어보라고 했다. 하지만 셸리는 통제력을 잃을지도 모른다는 두려움과 내면아이에게 휘둘릴지도 모른다는 두려움에서 헤어나지 못했고 내면대화도 수행하지 않았다. 셀리는 내면아이가 아버지와 함께 있는 것을 싫어할까 봐 걱정했다. 그리고 셀리의 내면어른은 내면아이가 이렇게 느끼는 한 그 아이가 하자는 대로 해야 한다고 믿었다. 그런데 다음 치료 시간에 내면대화를 실시해보니 셀리의 내면아이가 느끼는 감정은 전혀 그렇지 않았다. 셀리의 내면아이는 셀리의 내면어른이 자기를 아버지 옆에 버려 두고 가버릴 때만 아버지와 함께 있기 싫어했던 것이다. 하지만 설령 아이 셀리가 아버지와 함께 있기 싫어하고 어른 셀리는 그 반대를 원하더라도 그게 꼭 어른 셀리가 아이 셀리가 하자는 대로 조종당해야 한다는 뜻은 아니다. 다만 셀리는 내면아이가 왜 이런 느낌을 받는지, 그러한 상황에서 내면아이의 기분을 풀어주려면 어떻게 해야 하는지 마음을 열고 알아봤어야 했다. 셀리는 그 치료 시간에 자신이 내면아이의 감정을 짐작하고 추정만 할 뿐 실제로 그 감정을 알고 싶어 하지는 않았음을 깨달았다(셀리는 다른 사람들과의 관계에서도 늘 이런 식이었다). 셀리는 자신이 내면아이를 이해하고 귀 기울여야 할 아이로 바라보지 못하고 요구 많고 자주 보채며 까다로운 아이로 생각해 왔음을 자각했다. 게다가 그러한 방식은 셀리의 부모가 딸을 바라보는 방식과 똑같았다.

우리의 자아는 언제나 통제권을 쥐고 싶어 하며 그 힘을 잃을까 봐 전전긍긍한다. 자아는 우리에게 내면아이에게 마음을 열면 그때부터 통제 불능이 될 것처럼 말한다. 대부분의 사람들에게 그런 통제 불능 사태는 끔찍하다. 그래서 사랑 없는 내면어른은 내면아이를 쥐고 흔들려 한다. 한편 사랑받지 못한 내면아이 입장에서는 다른 사람들의 감정을 장악하려 한다. 어렸을 때의 우리는 어떤 것도 우리 뜻대로 할 수 없다고 느꼈다. 아기 때는 우리 마음대로 걸을 수도, 말할 수도, 무슨 일을 할 수도 없었다. 아무도 우리가 우는 소리를 듣지 않고 그냥 내버려 두었다면 우리는 죽었을 것이다. 그런데 이제 어른이 됐는데도 통제력을 갖지 못한다면, 특히 버림받거나 고통 속에 홀로 남지 않도록 통제력을 발휘하지 않는다면 죽을 수도 있다고 우리의 자아는 속삭인다. 타인과 사건을 조종할 수 없다는 두려움은 고통을 낳고 고통의 경험을 통제할 수 없다는 두려움은 배움의 가장 큰 장애물로 작용한다. 우리가 기꺼이 고통을 느끼고자 할 때까지는 계속 타인과 자기 자신, 그리고 사건의 결과를 통제하려 들 것이다. 통제에 '중독된' 사람들이 얼마나 많은지 모른다. 그들은 통제권을 쥐거나 남의 통제에 저항하는 것만이 자기가 행복해지는 길이라고 잘못 믿고 있다. 우리는 배우기 위해 반드시 그러한 통제권을 더 높은 자기에 '양도'해야만 한다. 바로 이 지점에서 많은 사람들이 답보 상태에 빠진다. 내면아이를 알려는 태도가 열려 있지 않은 사람은 더 높은 자기로 나아갈 수 없다. 그런데 많은 이들이 그렇게 했다가는 그들의 삶과 감정이 통제 불능에 빠질 거라고 생각해서 주저하는 것이다. 더 높은 자기에 통제권을 넘기면 어떤 일이 일어날지 어디 한번 보자. 이렇게 마음먹지 않는 한, 돌파구는 계속 보이지 않을 것이다.

다음은 에드와 치료 작업 중에 나눈 대화다.

에드 : 내면아이에게 말을 할 때는 내면어른이 정말로 통제하고 비

판하고 뭐 그런 종류의 일을 하는 것처럼 느껴집니다. 내면어른과 내면아이 사이를 어떻게 탐구해야 좋을지 정확히 모르겠어요. 왜냐하면 꼭…… 도대체 말로 어떻게 설명해야 할지 모르겠네요. 하여간 내면아이가 내면어른에게 어떻게 했으면 좋겠다, 이렇게 의논한다는 게 불편해요. 꼭 자식들에게 충고를 받는 아버지가 된 것 같다고 할까요! 사실은 내면아이를 믿지 않아요. 난 뭐든지 내면어른하고만 탐구하는 기분이에요. 내면어른이 내면아이가 아닌 내면어른과 상의를 하는 거지요.

치료사 : 내면아이와 함께 배우고 싶은 게 아니라 내면아이를 조종하고 싶다는 것처럼 들리는군요.

에드 : 그래요. 그 아이는 완전히 입을 다물게 한 것 같아요. 나도 알아요.

치료사 : 더 높은 자기의 인도를 받으면 통제력을 잃는 것처럼 느껴지나요?

에드 : 아, '인도를 받는' 거지 자기가 인도하는 건 아니잖아요?

치료사 : 그래요. 더 높은 자기가 사랑받는 내면아이를 통해 전하는 앎에 의탁하는 거예요. 그러니까 당신의 자아가 통제할 수 있는 일은 아니지요.

에드 : 그렇게 된다고 생각하면 정말 불안한데요. 사실 내가 내면아이에게 말할 때 겪는 문제 중 하나가…… 그러니까 내 기분은…… 그런 건 알고 싶지 않아요!

치료사 : 그게 바로 당신의 자아와 더 높은 자기가 일으키는 갈등이

에요. 자아는 자기가 휘두르고 조종하기를 원하니까요.

에드 : 나는 정말 자아가 강하거든요.

치료사 : 맞아요. 당신의 자아는 통제권을 포기하는 것도, 누구의 인도를 받는 것도 싫어해요. 내면아이에게 마음을 열려면 자아의 신념을 버릴 수 있어야 하는데 말이에요. 나나 다른 누구에게 무엇이 좋고 옳은 일인지는 자아가 안다는 생각을 버릴 수 있어야 해요. 내면아이를 통해 우러난 보편적 사랑과 인도에 자신을 내맡겨야 해요. 당신 안의 어마어마한 갈등이 보여요. 당신은 아직 그 갈등을 끝내지 못했지요. 당신의 자아는 이렇게 말해요. "'내가' 알아서 할 거야. 나에게 해야 할 일을 말하지 마. 뭐가 옳은지는 내가 잘 알거든. 뭐가 최선인지 아니까 내가 '알아서' 할 거야. 제길, 그러다 '죽는 한이 있어도' 알아서 한다고!"

에드 : 고집쟁이 꼬마 같군요.

치료사 : 하지만 당신에겐 다른 선택을 할 수 있는 힘이 있어요. 당신의 내면어른이 결정하는 거니까요. 지금까지는 내면어른이 더 높은 자기보다 자아를 선택했지요.

에드 : 음, 그래요. 언제나, 언제나 그랬지요.

치료사 : 왜요? 자신을 내놓고 이끄는 대로 따라가는 게 뭐가 그리 두려운가요? 무슨 일이 일어날까요? 무엇을 잃을까 봐 두려운데요?

에드 : 제 생각엔…… 음, 일단 가족과 친구들이 그런 저를 받아주지 않을 것 같아요.

치료사 : 그리고 또?

에드 : 제가 행복한 결혼 생활의 틀에 맞춰 살아야 한다는 압박을 느끼는 것 같아요. 귀여운 아이가 둘 있고, 멋진 주택에서 살고, 돈을 열심히 벌고.

치료사 : 당신은 내면아이의 바람을 두려워하고 있어요. 그 아이가 뭘 바라는지 모르기 때문에 계속 마음을 닫아놓는 거예요. 그 아이가 뭔가 괴상하고 위협적인 것, 상스럽고 정신 나간 짓을 바란다고 생각해서 겁을 내는 거지요.

에드 : 과연 내면아이의 바람을 두려워하는지 그것조차 잘 모르겠네요. 어차피 뭘 바라는지 모르니까요.

치료사 : 하지만 모든 판단을 중지하고 동의나 승인을 잃어도 좋다는 마음가짐이 생길 때까지는 절대 알 수 없어요. 당신이 두려워한다 싶으면 내면아이는 자기가 할 말을 절대 입 밖으로 내지 않을 거예요. 일단 당신이 이렇게 말할 준비가 되어 있어야 해요. "이끄는 대로 따를게. 무엇을 잃든 상관없어. 나 자신을 얻기 위해 잃어야 할 것이 있다면 잃어야지. 난 그저 나 자신을 순수하고 애정 어린 방법으로 되찾고 싶어. 그것을 얻기 위해 잃어야 할 것이라면 무엇이든 내놓을 수 있어." 그렇게 작정할 준비가 되기 전까지는 계속 통제 쪽을 택하며 사는 셈이지요.

에드 : 음, 내면아이가 나에게 했던 말을 기억해요. 아직 그렇게 많은 말을 하진 않았지만요. 그래도 내면아이가 했던 말은 전부 완벽하게 맞았고 정말로 기분 좋게 느껴졌어요.

치료사 : 그래요. 사실 내면아이의 인도는 아주 올바릅니다.

에드 : 그렇군요.

치료사 : 당신의 삶에 진정한 기쁨을 안겨줄 거예요. 당신이 놀랄 만큼. 하지만 통제권을 놓고 이끄는 대로 따라갈 마음이 없다면 그게 뭔지는 영영 모르겠지요. 통제권을 넘겨라. 너 혼자서는 못한다. 더 높은 자기에게 넘겨야 한다.

에드 : 진짜 무섭게 들리는데요. 진짜예요. 겁이 나네요.

치료사 : 무엇을 겁내는데요? 최악의 사태라고 해봤자 가족들에게 불만을 좀 사는 것뿐이잖아요. 그것 말고도 두려운 게 있나요?

에드 : 글쎄요, 모든 것을 잃고 말 거라는 두려움이 있는 것 같아요. 결국은 그렇게 귀착될 거예요. 레베카를 사랑하지 않게 될 것 같고, 아이들과 함께 있기도 싫어질 것 같고, 아프리카로 훌훌 떠나버리는 건 아닌지…… 있잖아요, 원주민과 함께 살면서 집 짓는 법을 가르쳐준다든가, 뭐 그런 아주 거칠고 야생적인 삶 말이에요. 진짜로 그런 일이 일어날 것 같진 않지만 그래도 진짜로 두렵긴 해요. 내면아이에게 마음을 열면 그런 식으로 인생이 확 바뀌어버릴 것 같은…….

에드는 자신을 내어놓고 내면아이와 함께 배우기 시작하지 않는 한, 언제까지나 자신에게 정말로 기쁨을 주는 것이 무엇인지 알 수 없을 것이다.

나를 책임져야 한다는 두려움,
관계 중독에서 풀려나기

많은 사람들이 다른 사람으로부터 애정의 동의를 받을 수 있는 한도에서, 혹은 타인의 불만을 사지 않는 선에서 행동한다. 그러한 동의가 자기를 행복하게 한다고 믿고 어느 정도 동의를 얻고 불만은 피하는 방향으로 '통제'가 가능하다고 (잘못) 믿기 때문이다. 어쩌면 당신도 사랑을 '주는' 것보다 '받는' 것이 더 중요하다고 생각할지 모르겠다. 자기가 '보는' 것보다는 '보이는' 것이 더 중요하다고 생각할지 모른다. 정말로 중요한 것은 타인의 동의와 애정이라고 믿고 있을지도 모르겠다. 자기 자신과 남들에게 사랑과 이해를 베풀 때 최고의 감정이 온다는 것을 깨닫지 못하고 '최고의' 감정이 다른 누군가로부터 무엇(연합, 관심, 섹스, 인정, 이해, 용인, 사랑)을 얻는 데서 온다고 잘못 믿는 사람들이 너무나 많다. 이렇게 믿는 사람은 언제나 다른 사람에게 더 많은 것을 요구한다. 더 많은 섹스, 더 많은 애정, 더 많은 관심, 더 많은 인정, 누군가가 자신과 함께 보내주는 더 많은 시간. 혹은 더 많은 음식, 더 많은 약물, 더 많은 술, 더 많은 물질적 소유, 더 많은 돈, 더 많은 권력을 갈구한다. 그러면서도 자신이 얻은 것에 만족하지 못하는 것이다. 중독과 동반의존의 핵심에는 이러한 잘못된 신념이 있다.

한 사람이 다른 사람에게 깊이 중독된 나머지 답보 상태에서 헤어나지 못하는 때가 있다. 이러한 사람들은 자기가 느낄 수 있는 최고의 감정이 그 상대에게서 비롯된다고 철석같이 믿는다. 자기가 스스로 그런 감정을 불러일으킬 수 있다고는 상상도 못하는 것이다. 자신을 정서적으로 보살피는 것이 자기 소임이라는 생각을 못하고 다른 사람이 해야 할 일로 '가정'한다. 우리 환자 중 한 사람은 자기가 내면아이에게 하는 말을 듣고서 이 잘못된 신념이 자기에게도 있다는 것을 발견했다. "난 이 일을 하기 싫어. 이건 내가 할 일이 아니야. 테사가 할 일이라고. 테사가 해야 해. 내가 테사랑 사는 이유가 뭔데." 만약 이런 경우라면 그 관계를 정리하고 자기 혼자만 답보 상태에 빠져 있는 게 낫다. 알코올 중독 치료의 첫 걸음이 술을 마시지 않는 것이듯, 관계 중독자는 인간 관계를 끊을 필요가 있다. 자신의 내면아이와 사랑으로 깊이 연결되는 법을 배울 책임이 있음을 깨닫고 타인을 통해 얻는 감정보다 '더 나은' 감정을 경험하기 전까지는 다른 사람을 찾아봤자 똑같은 중독으로 귀결될 뿐이다. 그 후에야 비로소 타인과의 사랑에서도 그저 사랑을 획득하는 데 급급한 것이 아니라 진짜 경이로운 교감을 얻을 수 있다.

어떤 사람들은 부모에게서 결코 얻을 수 없었던 사랑을 항상 다른 사람에게서 찾으려 하기 때문에 진전이 없다. 우리 환자였던 스테이시는 치료를 받는 중에 이렇게 말했다. "난 부모님에게 얻을 수 없었던 것을 다른 사람에게 갈구하지요. 언제나 내가 잃어버린 것을 보상해줄 누군가를 찾았어요. 나 자신에게 그런 사람을 구해줘야 옳다고 생각했지요. 난 이 치료가 싫어요. 내가 나를 위해 이렇게 하면 영원히 나를 위해줄 사람은 잃게 되지 않겠어요." 스테이시는 마음을 열고 자신을 사랑하기 전까지는 타인이 사랑을 주어도 자기가 경험할 수 없다는 사실을 받아들이기 거부했다. 자기 자신에 대한 애정 없는 행동이 그녀의 마음을 꽁꽁 닫고 타인이 베푸는 사랑조차 막아버렸던 것이다.

아마 여러분은 '먼저' 타인의 사랑과 인정을 얻고 난 '이후'에만 사랑을 베푸는 척 연기를 할 것이다. 당신은 그럴 만한 자격이 있고 다른 사람들은 당신에 대한 사랑을 입증하기 전까지는 그럴 수 없다고 믿으면서 말이다. 아마 여러분은 자기는 이미 사랑을 베풀고 있다고, 그러니까 문제는 내가 아니라 다른 사람들이라고 생각할지도 모른다. 당신 자신은 너무나 사랑이 넘치는 사람이므로 배우자나 연인이 애정을 보이기만 하면 모든 일이 해결될 거라고 믿을지도 모르겠다. 내면 아이와 분리되어 있는 사람 중 많은 이들은 스스로 다른 사람에게나 자기 자신에게 애정이 없다고 생각지 않는다. 그들은 자기에게 얼마나 애정이 없는지 모르기 때문에 진전이 없다. 어쩌면 그들이 사랑하는 것처럼 행동할 줄 알아서 다른 사람들이 그들에 대해 사랑을 아는 사람이라고 말할지도 모른다. 하지만 그들과 가장 밀접한 관계에 있는 사람들은 사랑받는다고 느끼지 못할 것이다. 자신의 의도, '사랑을 주기 전에 먼저 사랑을 얻어라'라는 의도를 스스로 속이는 사람은 답보 상태에서 빠져나갈 수 없다. 그런 사람들은 사랑을 얻기 위해 연기를 할 뿐이다. 그들의 기본 의도는 여전히 자신과 남들에게 사랑을 주기보다는 사랑을 받는 것이고, 그들이 불행해지면 불행해질수록 애정에 대한 욕구는 커진다.

그들은 마음속 깊은 곳에서 자신에 대한 책임을 두려워하고 있다.

그들이 부모에게서 수용한 믿음에 따르면 그들은 스스로를 돌볼 능력이 없고 자기를 행복하게 할 수도 없기 때문이다. 때로 이런 사람들은 자신의 내면어른이 책임지기를 포기했다는 사실을 전혀 자각하지 못한다. 이들이 곧잘 "내 '안'에는 작은 아이가 없어요. 내가 바로 아이니까요."라는 말을 한다. 내면어른이 책임감을 완전히 내팽개쳤기 때문에 내면아이는 홀로 버려진 채 어떤 어른도 없다고 믿게 된 것이다. 이 사람들에게 왜 내면대화를 실천하지 않느냐고 물으면 나오는 대답이 정해져 있다. "방법을 모르는데 어떻게 해요." 이것은 버림받은 내면아이, 대화에 진정으로 입문할 수도 없고 어떻게 해야 하는지 방법도 모르는 아이가 하는 말이다. 내면어른이 자신의 존재를 자각하고 자신이 내면아이의 요구와 감정에 대한 책임을 회피하는 사랑 없는 어른의 모습을 선택했다는 것을 깨달을 때까지, 그래서 또 다른 선택을 할 수 있는 힘이 있다는 것을 알 때까지 그 사람은 궁지에서 벗어나지 못한다. 에리카는 이런 식으로 궁지에 빠진 사람들이 치료를 받을 때 어떤 모습으로 보이는지 설명한다.

나는 '치'라는 이름의 스프링거 스파니엘 개를 한 마리 키우고 있는데, 때때로 이 녀석이 답보 상태에 빠진 사람들에게 좋은 선생님이 되어준다. 치는 종종 치료 시간에도 내 옆을 지킨다. 치는 포옹과 키스라는 무조건적인 애정을 표시함으로써 사람들이 자신의 내면아이를 편안하게 느끼게끔 돕는 재주가 있다.

나는 사람들이 치의 애정 공세에 반응하는 모습과 자신의 내면아이를 대하는 모습이 얼마나 딴판인지 알아차렸다. 치를 귀여워하고 같이 놀아주며 뽀뽀하는 그 사람들이 정작 자신의 내면아이에 대해서는 쩔쩔매며 "내면아이를 사랑하는 법 자체를 모르겠다고요!"라고 말할 때면 차라리 어리둥절할 노릇이다. 치는 대개 바로 그런 순간에 우리가 잘못된 신념을 직시할 수 있도록 도와준다. 내면아이를 사랑하는 법은 애완동물에 대한 감정과 태도와 다르지 않다. 그들은 이미 어떻게 해야 하는지 알고 있다. 다만 선택의 문제일 뿐이다. 자신이 애정 어린 감정과 행동을 할 줄 모른다고 믿는 것도 자아가 우리에게 하는 큰 거짓말 중 하나다.

이 잘못된 신념을 품고 있는 사람들은 종종 자기들이 안전하고 인정을 받고 있다고 느낄 때에만 내면아이가 재미를 추구하도록 허락한다. 아주 조금이라도 위협이 있는 상황에서는 화나고 상처 입고 버림받은 내면아이가 내면어른의 도움 없이 사태를 개인적으로 받아들이게끔, 혹은 유해하고 과격하며 자기 파괴적인 방식으로 분노를 표출하게끔 방치되고 마는 것이다. 그 후에도 사랑 없는 내면어른은 위협을 느끼고 분노를 표출한다는 이유로 버림받은 내면아이를 비난함으로써 분리를 존속시킨다.

40대 후반인 도로시는 매우 매력적인 여성이다. 그녀는 결혼한 지 오래되어 이미 다 큰 아들이 둘이나 있다. 가정주부로 살다가 두 아들이 모두 독립한 후에는 비서로 취직을 했다. 도로시는 남편 폴이 바람을 피웠다는 사실을 알게 된 후 치료를 받으러 왔다. 폴은 변호사이고 그가 바람을 피운 상대는 파멜라라는 동료 변호사였다. 파멜라는 지적이고 재미있는 여성이었다. 폴은 파멜라와의 관계를 청산할 마음이 전혀 없다고 도로시에게 대놓고 말했다. 아직도 도로시를 사랑하긴 하지만 항상 남편을 조종하려 들고 자기 감정을 남편 탓으로 돌리는 아내의 태도에 진절머리가 난다고 했다. 아내와는 재미있고 지적인 대화를 나눌 수도 없으며 자기 마음속에서 일어나는 일조차 제대로 관심을 갖고 파악하려 들지 않는 아내의 태도가 지겹다고 했다.

도로시는 매우 영리한 여성이다. 스스로 할 수 없다고 믿는 그 사실만 제외하면, 그녀가 배우지 못할 이유 따윈 없다. 도로시는 '배움의 의도'가 무엇을 의미하는지 이해하고 자신의 내면어른과 내면아이가 대화하게 하는 법을 배웠지만 실천은 하지 않았다. 그 대신 도로시는 행복한 척 연기를 했다. 최소한 일 주일에 한 번은 폴과 대판 싸우고 이혼하자고 위협했지만 실제로는 아무 행동도 취하지 않았다. 남편을 조종하여 더 많은 관심을 받으려고 애쓰는 태도도 전혀 변하지 않았다. 폴은 점점 더 도로시에게 들볶이는 기분이 들었다. 그나마 아내에게 남아 있던 애정마저 말라 갔다. 그러는 동안 폴과 파멜라의 관계는 더욱 돈독해졌다. 폴은 도로시가 즐겁게 잘 지낼 때에는 그녀와 함께 있는 것도 좋다고, 그렇지만 이제 도로시가 버림받은 아이처럼 사사건건 남편이 자신을 책임져주기 바라는 데 지쳤다고 했다. 폴은 더는 그러한 책임을 맡고 싶어 하지 않았다. 그는 어른과 아이 모두에서 우러나는 이야기를 들려줄 수 있는 사람과 대등한 관계를 맺기 원했다. 그래서 도로시와 헤어질 생각을 하기 시작했다.

도로시는 폴을 사랑한다고 말했지만 남편을 잃을 상황에 직면해서도 자신을 책임진다는 두려움과 마주하기를 거부했다. 그녀는 계속해서 자신이 버림받은 내면아이에게 어른 노릇을 '할 수 없다'는 입장을 고집하며 내면대화를 거부했다. 심지어 도로시는 자신이 내면대화를 하고 있다고 생각할 정도로 자기 자신을 속이고 있었지만 직접 쓴 글에는 오로지 내면아이가 하는 말뿐이었다. 도로시는 자신이 내면아이에게 믿음직한 어른이 될 수 없다는 신념을 시험해보기를 두려워했다. 이러한 두려움을 정면으로 마주하지 않고 그 대신 남편을 통제하려고만 했던 것이다. 도로시는 곤궁에 빠졌다. 도로시는 자신을 온전히 책임지고 두려움과 잘못된 신념에도 불구하고 자신을 위해 행동하겠다고 다시 약속할 때까지 그 상태에서 벗어나지 못할 것이다. 하지만 그런 일은 그녀가 진짜 바닥까지 내려가기 전에는 일어나지 않을 듯하다. 도로시와 같은 입장에 있는 사람들은 삶이 산산이 부서지기 전까지는 좀처럼 태도를 바꾸지 않는다. 그들의 방어책이 더 먹히지 않을 때까지는 기존 입장을 고수하고 보는 것이다.

"나는 정말 사랑받을 자격이 없나", 수치심 떨쳐버리기

어렸을 때 나쁜 아이라는 말을 듣고 자랐을 뿐 아니라 실제로 못된 짓을 저질렀던 사람들은 꽤 많다. 어쩌면 당신도 어릴 때에는 다른 애들을 때리고, 물건을 훔치고, 거짓말을 하고, 불장난을 하거나 전반적으로 못돼먹은 아이처럼 굴었을지도 모른다. 아마 그 아이가 사랑받지 못한 채 버려졌다고 느낄 때의 당신 모습일 것이다. 그러나 그 모습이 당신의 참모습, 사랑받는다고 느끼는 내면아이의 모습은 아니다. 하지만 스스로 못되고 나쁜 사람이라고 믿는다면 자신의 내면아이를 파악하거나 진실을 밝히기가 두려울 것이다. 우리의 본질은 결코 악하지 않다. 하지만 이 사실을 알려면 먼저 위험을 무릅쓰고 열린 자세로 배우고, 고통을 느끼고, 기억을 떠올려야 한다. 탐색을 두려워하는 동안은 답보 상태에서 빠져나올 수 없을 것이다.

우리 가운데 상당수는 자신의 참 존재는 '알 가치가 없다'고 믿으며 자랐다. 만약 부모가 자녀의 참다운 모습, 자녀의 두려움과 욕망, 기쁨과 고통을 파악하는 데 전혀 관심이 없었다면 그 자녀도 자신의 내면아이를 굳이 알아야 할 가치를 느끼지 못하고 '왜 골치 아프게 그딴 걸 알아야 해?'라고 생각할 것이다. 이렇게 믿는 사람은 자기가 아니라 다른 사람들이 자기를 알려고 해야 한다고 생각한다. 남들이 자기를 알고 싶어 하기만 하면 그로써 자기는 알 만한 가치가 있는 사람이 된다고 믿는 셈이다. 스스로 내면아이를 알고자 하고 자기는 알 가치도 없는 사람이라는 신념이 그릇된 것임을 깨닫기 전까지는 궁지에서 빠져나올 방법이 요원하다.

수치심은 우리의 본질이 악하거나 우리와 관련된 어떤 것이 나쁘다고 생각할 때에 품게 되는 감정이다. 수치심은 우리가 마음을 열어 내면아이를 사랑하고 그 모든 보호책들의 이면에 있는 우리 자신이 사실은 얼마나 사랑스러운 존재인가를 깨달을 때까지 치유되지 않는다.

나쁜 사람이 될까 봐 두려워하면 자연스럽게 남들도 나를 나쁘거나 잘못된 사람으로 볼까 봐 두려워하게 된다. 이처럼 '나쁘다'라는 판단을 두려워하다 보면 다른 사람들과 더불어 배움을 쌓기가 어려워진다. 자신의 내면아이가 나쁘다고 믿어버리면 거절당하지 않기 위해 다른 사람들에 대한 내면아이의 태도를 통제할 필요가 있다고 생각하게 된다. 또한 남들에게 나쁘게 보이지 않게끔 자신을 지킬 수 있다고 잘못 생각하면서 대개 다른 사람들의 피드백에 폐쇄적인 태도를 취하게 된다.

"내가 뭘 원하는 걸까", 내 감정 직시하기

내면아이를 알고자 마음을 열면 그 아이가 내면어른은 꼭 필요로 하지 않는 것들을 원함으로써 내면어른의 욕구와 내면아이의 욕구가 충돌을 일으킬지도 모른다고 두려워할 수도 있다. 내면아이는 정착해서 가정을 꾸리기 원하는데 내면어른은 경력을 쌓는 데 모든 시간을 쏟고자 할지도 모른다. 내면어른은 내면아이가 어울리기 싫어하는 사람들과 시간을 보내고 싶어 할지도 모른다. 내면아이는 지금 당신이 하는 일을 싫어하거나 직장에 소속감을 느끼지 못하는데 반대로 내면어른은 경제 사정 때문에 이 일을 계속 붙잡고 싶어 할 수도 있다. 내면아이는 치료를 받으러 가고 싶은데 내면어른은 치료 따위는 시간 낭비라고 생각할지도 모른다. 두 사람 사이에 일어날 수 있는 모든 갈등이 그렇듯이, 내면어른이 배움을 선택하면 이런 상황이 나타날 수 있다. 하지만 내면아이에게 마음을 열면 자신의 어느 한 부분이 이기고 다른 부분은 지는 것 같아서 두려울 수 있다. 존 K. 폴라드(John K. Pollard) 박사는 《자기 양육》에서 내면의 갈등을 잘 보여주는 놀라운 예를 제시하며 어떻게 이런 일이 일어나는지 설명한다. 이 예에서 내면어른은 일 때문에 주말 세미나에 참석하기를 바라지만 내면아이는 12일 연속으로 일을 하고 싶은 마음이 없다. 내면아이는 그 대신 주말을 이용해 스키를 타고 싶어 했다. 폴라드 박사는 내면어른이 내면아이를 무시한다면 그 아이는 어른을 병나게 한다든가 해서 고의로 상황을 방해할 것이라고 주장한다. 이 경우에 내면어른은 병든 몸을 끌고 세미나에 참석하든가 참석 자체를 취소하게 될 것이고, 후자의 경우에 내면아이는 말도 안 되게 병이 싹 낫게 해서 자기가 원하던 대로 행동할 것이다. 하지만 내면어른이 내면아이의 바람을 고려하기로 결심한다면, 목요일과 금요일에 휴가를 쓰는 방안을 생각해보지 않았음을 깨닫고 휴가를 내서 스키를 타고 오고 주말에는 세미나에 참석하는 것으로 계획을 조정할 수 있다. 내면의 갈등을 해결할 방법은 항상 있다. 그러나 내면의 갈등이 항상 누구는 이기고 누구는 지는 상황으로 이어질까 봐 두려워한다면 이 두려움을 감히 시험에 부칠 수 없을 것이며 답보 상태를 벗어날 수도 없을 것이다.

회계사로 일하는 레지나는 우울증이 심해서 치료를 받으러 왔다. 그녀는 친구들도 만나지 않고 매일 밤 혼자 집구석에만 처박혀 지냈다. 그녀 자신은 이유를 깨닫지 못했다. 대화를 나눠보니 그녀는 회계

사라는 직업을 좋아하지만 그녀의 내면아이는 그 일을 싫어한다는 사실이 차츰 분명하게 드러났다. 레지나의 내면아이는 정말로 자기 일이라는 느낌 없이 의무적으로 할 일을 하고 있다고 여겼던 것이다. 하지만 이제 막 새 주택을 구입한 참이어서 레지나의 내면아이는 직업을 바꾸면 대출 상환에 무리가 가지 않을까 걱정하고 있었다. 레지나는 자신의 내면아이가 우울증을 일으켰다는 사실을 깨닫고 주택의 일부를 세주고 직업을 바꾸었다. 일단 내면아이가 자기 마음을 이해받았다고 느끼자 우울증이 사라졌다.

사업가인 클린턴도 우울증 때문에 치료를 받으러 왔다. 그의 내면아이가 불행해한다는 사실이 드러났다. 그가 항상 일만 하고 내면아이에게 놀 시간을 전혀 주지 않았기 때문이다. 클린턴은 친구들과 어울려 놀고 싶어 하는 내면아이의 욕망 때문에 우울증이 생겼다는 것을 알고는 치료를 그만두었다. 자기 내면의 갈등을 직시하고 싶지 않았던 것이다. 그는 항상 돈만 많이 벌면 자신이 행복해질 거라고 믿었고 아직은 진실을 마주할 채비가 되어 있지 않았다.

배움의 의도는 종종 자신의 진실한 감정을 알고 싶지 않은 두려움, 진실을 마주하면 그와 관련된 무엇을 해야 할 것이라는 두려움에 부딪혀 봉쇄되곤 한다. 내가 진짜로 원하는 것을 의식하지 못한 채 그냥 지내는 편이—특히 위험을 무릅써야만 그것을 할 수 있다면—더 안전하고 쉽게 여겨질지도 모르겠다.

캐럴은 심각한 우울증 때문에 치료를 받으러 왔다. 그녀는 늘 피곤하고 진이 빠진 느낌이 들고 허구한 날 아프다고 호소했다. 요통으로 고생하며 정기적으로 물리치료사를 찾는 형편이었다. 캐럴은 결혼 생활을 20년째 유지하고 있었으며 비록 남편에게 성적 관심이 없고 그와 함께 지내는 시간이 즐겁지도 않았지만 자신이 결혼을 잘했다고 믿고 있었다. 사실은 남편과 정서적 유대를 쌓기 위해 오랫동안 노력해 왔지만 남편은 거의 늘 무심하고 냉담했으며 특히 캐럴이 섹스를 거부할 때에는 그 정도가 더 심했다.

치료사는 캐럴에게 내면대화법을 가르쳐주면서 남편에 대한 그녀의 내면아이의 감정을 물어보라고 넌지시 일렀다. 캐럴의 내면아이는 이렇게 대답했다. "이 결혼 생활을 끝내고 싶지 않아요." 내면어른도 대답했다. "그건 나도 마찬가지란다." 캐럴은 그 후 몇 달간 자신의 동반의존증을 파악하고 공부했다. 돌보미 유형의 행동을 끊는 데에는 큰 진전을 보였지만 캐럴의 기분은 그리 나아지지 않았다. 치료사는 캐럴의 용기를 북돋아주며 내면아이와 대화를 나누라고 권고했지만 캐럴은 매주 별의별 이유를 내세워 내면대화를 수행하지 않았다. 답보 상태에 빠진 게 명백했다. 캐럴은 자신의 내면아이에 대해 알고 싶어 하지 않았다.

결국 치료를 시작한 지 몇 달째 되던 날, 치료사는 다시 한 번 남편에 대한 내면아이의 감정을 알아보라고 캐럴에게 지시했다. 내면아이가 이번에는 이렇게 대답했다. "난 그이가 싫어! 그 사람은 너무 비겁해. 날 사랑하지도 않아. 아니, 날 사랑했던 적도 없지. 그냥 내가 자기를 사랑해주기만 바라는 거야. 그이는 내 감정 따윈 상관 안 해. 날 섹스 상대로밖에 보지 않아. 네가 남편에게 그런 짓을 허용할 때마다 내가 얼마나 싫은지 알아?" 캐럴은 충격을 받았다. 이것이 그녀가 알고 싶지 않아서 그토록 열심히 회피해 왔던 진실이었다. 결혼 생활을 청산해야 할지도 모른다는 두려움에 직면하기 싫어서 자신의 진실한 감정도 덮어 두려 했던 것이다. 캐럴은 진실을 알고 두려움과 맞설 각오를 다진 후에야 겨우 돌파구를 찾았다.

어떤 사람들은 때때로 내면의 갈등을 회피하는 방법으로 내면아이의 감정과 욕구를 이미 알고 있다는 주장을 써먹는다. 그들의 사랑 없는 내면어른은 오만하게 통제하는 입장에 서서 "나의 내면아이가 느끼는 감정은 이미 다 알고 있어. 그런데 왜 귀찮게 자꾸 물어?"라고 말한다. 내면어른은 이런 식으로 내면아이와 상의도 하지 않고 의사결정을 내릴 수 있고 내면의 갈등을 회피한다. 하지만 그 회피가 영원히 가는 것은 아니다. 결국 내면아이는 우울증이나 병을 일으킴으로써 자신을 드러내고 말 테니까.

실패에 대한 두려움, 내면을 회피하는 이유

자기에게 내면아이가 있다고 진정으로 느끼지 못한 채 성장하는 사람들은 아주 많다. 그들은 자기 안에 어떤 아이가 있고 그 아이가 하고 싶은 말이 아주 많다는 사실을 믿지 않는다. 이런 사람들에게 왜 내면대화를 하지 않느냐고 물어보면 대화를 수행할 수 없을 것 같아서 그런다는 대답이 종종 나온다. "내면아이가 나타나지 않을 것 같아서요." "그 아이가 별로 할 말이 없을 것 같아서요." "내면아이가 없으니까요. 제 속은 그냥 텅 비었다고요." 두려움과 신념을 검증해보는 것보다 실패 가능성으로부터 자신을 지키는 것이 더 중요하다고 생각하는 한 그들은 그 두려움에 갇혀 지내게 될 것이다. 또한 우리가 앞에서 말했듯이 자기에겐 내면어른이 없기 때문에 스스로 내면아이를 책임질 수 없다고 생각하는 사람들도 꽤 많다. 이런 사람들은 내면대화를 시도해봤자 내면어른이 나타나지 않을 것 같다고 두려워한다. 아무것도 하지 않음으로써 실패를 회피한다는 점에서는 그들도 마찬가지다.

관계가 끝날지도 모른다는 두려움

내면아이와 더불어 배울 마음이 있는 사람은 성장할 것이다. 그는 더 힘 있고, 안정감 있고, 활기차고, 애정이 넘치는 사람이 될 것이다. 당신이 누군가와 관계를 맺고 있는데 그 상대가 자신의 내면 작업을 수행하지 않으려 한다면 당신은 그 관계에서 벗어나 결과적으로 불만족스러움을 느낄 확률이 다분하다. 자기 자신과 단단하게 연결된 사람일수록 자기 자신과 분리된 사람—따라서 자신의 파트너와도 분리된 사람—과는 관계를 맺고 싶은 마음이 사라진다.

많은 이들이 바로 이러한 이유 때문에 자신의 성장을 갉아먹는다. 자신의 내면이 온전해지는 것보다 지금의 관계를 지키는 것이 더 중요하다면 관계가 끝날지도 모른다는 두려움에 가로막혀 답보 상태에 머물고 만다. 모든 것을 얻으려면 먼저 모든 것을 잃어도 좋다는 마음가짐이 있어야 한다. 물론 도달하기 어려운 경지다. 특히 자녀들이 어릴 때에는 어떻게든 가정을 지켜야 한다는 생각 때문에 자신의 성장을 도리어 저지하기도 한다. 그 마음도 충분히 이해할 수 있다. 하지만 그렇게 살아봤자 자녀들에게 적절한 역할 모델을 제시할 수 없다는 사실을 깨닫는 것이 중요하다. 좋은 역할 모델이 되어주는 것은 부모가 자녀에게 해줄 수 있는 가장 중요한 일 중 하나다.

내가 성장하겠다고 결심하면, 뒤에 남겨졌다는 괴로움을 느낀 배우자도 마음을 열 가능성이 항상 있다. 하지만 늘 그렇게 된다는 보장은 없다. 지금 당신이 궁지에 빠져 있다면 스스로 이렇게 물어볼 필요가 있다. "이 관계를 지키기 위해 나를 희생할 마음이 있나? 아니면 관계를 잃을 위험을 무릅쓰고라도 나의 온전함을 추구할 때가 된 걸까?"

두려움과 고통을 직시하라, 끝까지 내려가라

세상에는 두 종류의 사람이 있는 것 같다. 일단 행복과 불행은 내가 하기 나름이라고 기꺼이 생각하는 사람, 용감하게 배우고 두려움과 고통을 직시하며 자기 신념의 타당성을 검증해보는 사람이 있다. 한편으로 자신이 책임지기를 싫어하고 두려움과 잘못된 신념이 자신을 조종하게끔 내버려 두는 사람도 있다. 다시 말하자면 배움과 책임에 전념하는 사람이 있는가 하면 책임으로부터 자신을 지키기에만 전념하는 사람이 있다고 하겠다. 물론 누구나 기꺼이 나설 때도 있고 몸을 사리는 때도 있다. 자신이 몸을 사릴 확률이 50퍼센트 이상이라면 모든 면에서 발전이 별로 없을 것이라는 사실을 깨닫는 것이 중요하다. 내면아이와의 배움에 열려 있을 때 발생하는 이로움보다는 자기 자신과 분리되었을 때에 입게 되는 손해가 더 클 테니 말이다.

기꺼운 자세란 무엇을 의미하는가? 스키 슬로프를 예로 들어 유추해보자. 이제 겨우 스키를 배운 사람을 스키 강사가 슬로프 정상으로 데려갔다. 아래를 내려다보니 경사가 가파른데 스키 강사는 안전하게 슬로프를 타고 내려갈 수 있다고 장담한다. 물론 그런 말로 안전이 보장되지는 않는다. 자칫 다리가 부러질 확률은 언제든지 있다. 스키 초보는 슬로프를 내려다보고 겁이 난다. 절대 할 수 없다는 '믿음'이 생긴다. 그럼 어떻게 할까? 당신이라면 위험을 무릅쓰고 이 믿음을 시험해보겠다고 스키를 타고 내려가겠는가? 아니면 도로 리프트를 타고 내려가겠는가?

두려움에 맞서보겠다고 선택한 사람들은 스키 타는 법을 배웠다. 두려움에 맞설 마음이 없어서 스키를 타보겠다고 결심하지 않는다면 스키 타는 법은 절대 배우지 못한다. 언제나 도로 리프트를 타고 내려가는 것이 우리의 중독, 즉 두려움을 다른 사람이나 물건에 떠넘기는 태도다. 여러분 중에도 스키 슬로프에서의 두려움을 직시하고자 했던 사람은 많을 것이다. 하지만 인생을 살면서 내려가는 리프트에 몸을 실었던 적도 얼마나 많았던가? 배움의 의도 대신 자신을 지키려는 의도를 택한 적이 얼마나 많았던가?

불안, 외로움, 고독, 두려움, 상처, 아픔, 권태, 실망, 그밖의 어떤 불편한 감정을 기꺼이 직시할수록 그 감정을 헤치고 기쁨으로 나아가는 길은 점점 더 빨라진다. 이러한 감정들에서 분리될수록 — 감정을 직시하고 배우기보다는 리프트를 타고 슬로프를 내려가는 일이 잦을수록 — 궁지에 빠져 허우적대는 시간이 길어질 것이다.

답보 상태에 갇혀 있는 사람과의 인간 관계는 상당히 고통스럽다. 마치 아동 학대를 지켜보는 것과 같다. 다만 여기서 학대받는 아이는 실제 아이가 아니라 내면아이라는 차이가 있을 뿐이다. 자신을 사랑하지 않는 사람이 허무, 불안, 상처, 분노, 우울, 마비 따위의 감정을 스스로 낳으면서 아파하는 모습을 지켜보기란 힘들다. 그들을 돕고 싶지만 해줄 수 있는 것이 없다. 우리는 타인의 선택을 조종하거나 바꾸지 못한다. 두려움으로부터 자신을 보호하는 것이 두려움과 고통에 맞서는 것보다 우선시되는 한, 그들은 결코 그 상태에서 벗어나지 못하며 아무도 도움을 줄 수 없다.

부부 가운데 어느 한 명 혹은 두 사람 모두가 내면 작업을 거부한 탓에 가정이 깨지는 것을 보는 것은 괴롭다. 우리는 심리 치료사로서 매일같이 자신의 내면아이를 학대하며 배움을 거부하는 환자들을 만난다. 그들을 지켜보면 가슴이 찢어진다. 우리는 최선을 다해 그들이 고통과 두려움을 마주보도록 돕고 있지만 그들이 기꺼이 그럴 마음을 먹지 못해 답보 상태에 빠지면 그냥 보내는 수밖에 없다.

왜 어떤 사람들은 두려움과 신념에 과감히 도전하고 가장 고질적인 고통마저 기꺼이 직시하는데 어떤 사람들은 그러지 못하고 애정 없는 행동을 반복하는 걸까? 그 답은 그 사람의 우선순위와 관계가 있다. 당신의 우선순위가 사랑을 주는 것이라면, 자기 자신에게나 다른 사람에게나 사랑을 주는 사람이 되고 싶다는 근본적인 욕망이 있다면, 그리고 그렇게 될 수 있다고 믿는다면 당신은 이미 그 길에 올라 있다. 그러니까 기꺼운 자세를 좌우하는 두 가지 요소는 '욕망'과 '신념'이다. 하지만 자기 보호가 더 중요하다면 아무리 많은 책을 독파하고 별의별 워크숍에 참석해도 자신이 고착돼 있는 그 자리에서 벗어나지 못한다. 우리는 심리 치료사로서 책도 많이 읽고 치료도 열심히 받으러 다니고 워크숍을 전전하지만 자기 보호적인 행동 방식을 탈피하지 못하는 환자들을 많이 만나봤다. 이러한 현상은 그들의 두려움이 욕망보다 크기 때문에 일어난다. 그들의 보호가 여전히 작용하는 탓에 진짜 바닥까지 내려가지 못하는 것이다. 그들이 결국 바닥까지 내려가 모든 고통, 두려움, 외로움, 그리고 그동안 보호책을 강구하여 어떻게든 피하려고 애썼던 실패를 경험한다면 그 후에는 배움의 첫발을 내딛을 수 있을 것이다. 해내고야 말겠다는 욕망이 고통, 두려움, 외로움, 실패를 피하고 싶은 욕망보다 커지려면 바닥까지 가봐야 하는 사람들이 많다. 성장하는 사람들은 치유하고자 하는 욕망, 사랑하며 기쁨이 넘치는 사람이 되고자 하는 욕망이 왕성해서 기꺼이 성장 과정에 가담할 것을 서약하는 사람이다. 무엇을 바라는 것만으로는 충분치 않다. 우리가 원한다고 말하는 그것을 얻기 위해 온전히 헌신할 때까지, 성공으로 가는 길에서 실패조차 기꺼이 감수할 때까지는 그것을 얻을 수 없을 테니까. 우리는 모두 자기에게 가장 중요한 것을 선택할 수 있는 의지가 있다. 실패와 고통을 피할 것인가, 아니면 치유와 성장을 통해 애정 넘치는 사람이 될 것인가는 선택의 문제다. 우리가 내리는 선택이 모든 것을 지배한다.

10장
다른 사람의 도움을 받는 방법

혼자서 회복할 수 있어야 한다는 세간의 믿음과 달리, 우리는 혼자 힘으로는 회복할 수 없다. 자신을 명확하게 보기 위해 타인의 피드백이 필요하고 두려움과 고통을 헤쳐 나가기 위해서도 타인의 도움이 필요하다. 내면아이를 사랑하는 일을 아주 잘 해낼 수 있다고 해도 내면아이의 고통이 너무 어마어마해서 우리 힘만으로는 어찌할 수 없는 경우가 종종 있다. 때로는 고통을 뚫고 나아가기 위해 누군가가 그저 우리를 붙잡아줄 필요가 있다. 때로는 우리가 고군분투하고 있다는 것을 주위 사람들이 알아야 할 필요도 있다. 때로는 자신의 내면아이를 사랑하는 법을 배우기 위해 길잡이가 필요할지도 모른다.

'필요'와 '결핍'의 차이를 이해하는 것이 중요하다. 우리는 누구나 배우고 성장하기 위해 타인의 도움을 필요로 한다. 그렇지만 내면아이는 저버린 채 다른 사람들이 알아서 자기를 바로잡아주리라 기대한다면 그 사람은 딱한 결핍 상태에 놓인 것이다. 타인이 우리의 고통, 외로움, 두려움을 떠맡아서 우리를 행복하게 해주기까지 기대해서는 안 된다. 그리고 '필요'는 다른 사람들로부터 도움을 받는다는 의미지만 '결핍'은 타인이 우리 대신 행동하기를 기대한다는 의미다.

지금부터는 다른 사람들에게 도움을 받는 다양한 방법들을 탐색할 것이다. 반드시 인식해야 할 사항은 우리가 사랑하는 내면어른이 되어 스스로 돕겠다고 결심하지 않으면 다른 사람들은 우리를 도울 수 없다는 것이다. 자신의 감정에 대한 책임을 다른 사람에게 떠넘기고 자기 내면아이에 대한 책임을 방기하는 사람은 도움을 받을 수도 없다. 다른 사람들은 우리를 사랑하고 위로하며 배움과 치유의 과정에 길잡이가 될 수 있지만 우리 대신 행동해줄 수는 없다. 그들이 아무리 우리를 사랑하고 도와준다고 해도 우리의 오래 묵은 상처를 낫게 해줄 수는 없다. 그러한 상처는 자기를 사랑하는 법을 배우고 두려움, 슬픔, 고통을 헤치고 나아가는 법을 배울 때에만 치유될 것이다.

나이가 들어도 엄마가 필요하다

여기서 '마더링(mothering)'이라는 단어는 어떤 태도와 존재 방식을 가리킨다. 이것은 남성과 여성 모두가 할 수 있는 일이지만 불행히도 우리 문화에서는 기본적으로 여성에게 주어지는 역할이다. 그러나 이러한 상황은 점점 더 많은 남성들이 사랑하는 내면어른의 입장에서 내면아이와 연결되고 타인을 사랑하고 양육하고자 하는 욕망을 발견하면서 차츰 변화하는 추세에 있는 듯하다.

마더링은 부모 중 어느 한쪽이 우리를 사랑으로 지탱해주지 못했을 때 필요할 수 있다. 혹은 유년기에 비롯된 심각한 트라우마를 직시할 수 있을 만큼 충분히 안전하다고 느끼도록 해주는 데 필요하기도 하다. 내면아이의 고통이 너무 깊어서 사랑하는 내면어른만으로는 역부족일 때 우리를 붙잡아주고 난관을 헤치고 나아가도록 도와주는 또 다른 다정한 어른을 필요로 하는 것이다.

때때로 우리는 상처 입거나 고독 혹은 두려움을 느낄 때 완벽한 '엄마' 혹은 '아빠'를, 우리를 위로해주는 법을 잘 아는 누군가를 꿈꿀 수도 있다. 그 사람은 우리에게 무조건적인 사랑을 베풀고 언제나 해야 할 말을 완벽하게 안다. 보살핌을 받는다고 생각하면 우리 안의 작은 아이가 되어 포근하게 안기는 것 같은 생각이 든다. 공감과 용서가 넘치는 어머니 혹은 아버지는 우리 옆을 지키며 보호해주고 우리가 고통을 배우고 헤치고 나아갈 수 있는 안전한 위치에 있는지 지켜본다. 지지해주고, 어루만져주고, 달래줌으로써 치유를 도와주는 것이다.

어린아이들에게만 마더링이 필요한 것처럼 생각하기 쉽다. 그러나 사실 우리 모두는 아무리 나이가 들어도 때때로 마더링이 필요하다. 다른 사람을 북돋아주고 지지하는 수완이 남달리 뛰어난 사람들 가운데 그 자신에게도 가끔은 그러한 보살핌이 필요하다는 것을 자각하지 못하는 사람이 얼마나 많은지 모른다. 그나마 남성들은 아내나 여자친구에게 종종 보살핌을 받지만 여성들은 남편이나 연인을 돌보기 바쁘면서도 정작 자기들은 그러한 보살핌을 받지 못하는 경우가 많다. 여성들도 온화하고 다정한 보살핌이 필요하지만 종종 그 욕구를 충족시키는 데 어려움을 겪는다. 자신의 내면아이와 함께하는 사랑하는 내면어른으로서 나타나는 어떤 남성들은 온화하고 다정하며 정말로 타인을 보살피고 지지할 수 있다. 이러한 남성들 옆에 있는 여성은 보살핌을 필요로 할 때 얻을 수 있으므로 운이 좋다고 하겠다. 그러나 자신의 내면아이를 저버린 남성들은 보살핌을 받으려고만 하는 경우가 많다.

우리가 만났던 여성 중 상당수는 보살핌을 받고 싶은 욕구를 애써 무시하거나 아예 자각조차 하지 못했다. 그러한 욕구를 충족시킬 수 있는 방법을 모르기 때문이었다. 그들은 항상 남성에게 이런 종류의 애정을 보여 달라고 압박하지만 그때마다 성과는 없다. 가끔 어떤 여성들은 보살핌에 대한 욕구를 성적인 것으로 해석하여 남편이나 연인과 섹스를 통해 이 욕구를 충족시키려 한다. 또 어떤 여성들은 자신이 다른 여성에게 바라는 보살핌 욕구를 성적인 것으로 해석하여 자신을 레즈비언이라고 잘못 판단하기도 한다.

우리가 맨 처음 그룹 치료에서 마더링 개념을 제시했을 때 일부 여성들은 이 개념에 크게 반발했다. 그들은 어른이 진짜 어른이 되려면 마더링을 향한 욕구에서 벗어나야 한다고 믿었다. 한편, 어떤 여성들은 재빨리 마더링의 치유력을 이해하고 자신들의 삶에 적용했다. 이 주제에 특별히 감명을 받은 한 여성이 있었다. 그녀는 매우 진중한 성품을 지닌 30대 중반 여성이었다. 허무함과 외로움 문제로 치료를 받으며 내면아이와 대화를 수행하고 있었지만 때때로 그냥 누가 좀 자신을 안아주었으면 좋겠다고 생각했다. 그녀의 남편은 아내를 안으면

으레 섹스를 기대하기 때문에 그러기가 어렵다고 했다. 그녀는 이 욕구를 충족시킬 방법을 몰랐기 때문에 대신 남편과 딸에게 자꾸 동의와 승인을 닦달해 왔음을 깨달았다. 우리가 마더링과 양육에 대한 경험을 이야기하자 그녀의 눈이 촉촉하게 젖어들었다. 그녀는 어릴 때 엄마가 한 번도 안아주지 않았고, 그래서 항상 그런 종류의 위안을 원했지만 어디서 찾아야 할지 몰랐다고 했다. 그녀가 마음을 열고 슬퍼하자 그룹 치료에 참석했던 다른 여성들도 깊이 감동받았다. 모두들 그녀를 둘러싸고 끌어안으며 사랑과 지지를 보냈다. 그로부터 불과 몇 주 만에 그녀는 내면아이에게 좀 더 깊은 마음까지 열어 보였고 그 아이가 같이 놀 친구들을 원한다는 것을 알았다. 그녀는 여자친구들과 좀 더 많이 어울리고 그들과 오랜 시간을 보내며 자신을 탐색하고 성장했다. 자기 자신에게 어린 소녀가 되어도 좋다고, 가끔은 신나게 놀거나 누군가에게 안겨도 좋다고 허락했다. 그러자 딸아이의 요구에도 좀 더 세심하게 반응하게 되었고 좀 더 열린 자세로 딸과 재미있게 놀아줄 수 있었다. 그녀는 딸의 요구를 판단하지 않고 있는 그대로 인식하고 충족시켜주는 법을 배웠다. 얼마 지나지 않아 그녀는 그룹 치료에서 이제 '졸업'할 때가 된 것 같다고 선언했다. 그녀에게 핵심적인 돌파구가 된 것은 마더링이었다. 그녀는 줄곧 화나고 불만스러운 상태에서 마더링을 원하는 내면아이를 부정하려고만 했다. 하지만 자신을 열고 진실을 받아들이자 온 세상이 그녀에게 열렸다. 가족을 들볶지 않게 되었고 더 많은 사랑을 줌으로써 더 많은 사랑을 받게 되었다. 그녀는 이제 누군가에게 안기고 싶은 자신의 바람이 유치하거나 미성숙한 것이 아닐까 더는 두려워하지 않았다.

우리는 그룹 치료를 받는 여성들에게 마더링이 그들에게 어떤 의미인지 물어보았고 케이시와 그웬은 자기들의 대화 내용을 테이프에 녹음하기로 결심했다. 다음은 두 사람이 녹음한 내용을 옮긴 것이다.

케이시 : 마지와 에리카의 여성 그룹 치료에서 그웬을 만났어요. 그웬의 재치 있고 예쁜 얼굴, 멋진 웃음에 금방 매료됐지요. 고등학교 때 이후 처음으로 열 살짜리 소녀처럼 이 사람이랑 꼭 친구가 되고 싶다는 감정을 느꼈던 것 같아요. 그웬도 나랑 친구가 될 마음이 있는지 알고 싶어서 그룹 치료 후에 부리나케 그녀를 쫓아갔던 기억이 나네요.

그웬 : 케이시를 처음 보자마자 그냥 좋아져버렸어요. 케이시는 아주 예쁘잖아요. 게다가 눈빛이 반짝반짝하고 장난기가 가득하지요. 친구가 되고 싶었어요. 심지어 케이시에 대해 성적 환상까지 품기 시작했어요. 마지는 내가 마더링에 대한 욕구를 성적으로 잘못 해석하고 있다고 암시를 주었어요. 사실 마지가 무슨 말을 하는 건지 전혀 알 수 없었어요. 마더링? 우리 엄마는 정말 차갑고 무섭고 나쁜 여자였거든요.

케이시 : 마더링은 그렇게 낯선 단어였지요. 마더링이라는 말을 들을 때마다 우리 엄마의 이미지가 떠올라요. 사실 내가 알게 된 진정한 마더링은 성장하면서 엄마를 통해 경험한 것과 전혀 다르지만요. 난 엄마가 안아주거나 위로해주실 때 전혀 마음이 편하지 않았거든요. 그냥 엄마가 또 나를 조종하고, 포섭하고, 훈계하고, 소유할 기회를

노리는 것처럼 느껴져서 숨이 막히는 것 같았어요. 그게 얼마나 당황스러운데요! 어쨌든 엄마는 나를 '도와주려고' 하는 중이었잖아요. 게다가 결국 우리 엄마잖아요. 하지만 결론적으로 난 전혀 기분 좋게 느껴지지 않았어요. 내 안에 딱 벽이 생기는 것을 느낄 수 있었지요.

그웬 : 엄마하고는 두 가지 문제가 있었어요. 하나는 엄마가 내 괴로움이나 불안, 두려움, 외로움을 인식하지 못했다는 거예요. 또 하나는 엄마가 날 안아줄 만한 사람이 아니었다는 거고요. 난 여자들이 서로 껴안고 있는 모습을 가만히 지켜보곤 했어요. 그들은 무척 다정하고 온화하고 살뜰해 보였어요. 그럴 때면 난 가슴이 찢어지는 것 같았어요. 나도 그러고 싶은 마음이 너무 간절해서요. 누군가가 나를 안아주기를 아주 많이 바란다는 것을 깨달았지만 그런 부탁을 하기란 참 어려웠어요. 하지만 케이시가 나를 안아주고 고통과 혼란을 다정하게 달래주고 나니까 나도 내면아이의 감정에 마음을 열기가 한결 쉬워졌어요. 그다음에는 내가 엉엉 우는 케이시를 꼭 안아주었지요.

케이시 : 그웬의 품에 안기는 것은 전혀 다른 경험이었어요. 내가 괴로워할 때에 그렇게 안긴다는 게 얼마나 놀라운 경험인지 몰라요. 내 감정에 함께하며, 나를 있는 그대로 받아들이고 사랑해주는 거잖아요. 내가 어떤 감정을 느끼느냐에 개의치 않고, 내가 바뀌어야 한다든가 다른 사람의 훈계를 따라야 한다는 기대도 없이, 나의 고통을 불편해하지 않고 그냥 안아주는 거예요. 그웬 덕분에 나의 내면아이의 감정을 경험하고 나 자신을 치유하면서 진정한 마더링을 알았어요. '고착'은 일어나지 않았어요. 치유하고 힘을 실어주는 에너지가 원활하게

순환하니까요.

그웬 : 나의 내면아이는 케이시의 마더링에서 안전하게 보호받고 사랑받는다는 느낌을 받았어요. 나는 마음을 열고 나 자신을 치유할 수 있는 능력과 놀라운 사랑의 힘을 느꼈지요. 케이시와 내가 처음으로 친구가 되었을 때는 소녀들이 그러는 것처럼 놀이동무 사이였어요. 우리는 둘이서 디즈니랜드도 갔답니다. 애들을 맡겨놓고 우리끼리 가서 정말 아이들처럼 놀 수 있었지요. 매일 저녁 전화로 수다도 떨어요.

케이시 : 우리는 매일 통화를 하고, 비밀을 공유하고, 각자가 생활하며 겪는 문제들을 두고 이야기를 들어주었지요. 그러면서 시작된 관계가 진정한 유대로 발전했어요. 함께 인격적으로 성장하는 길이었지요. 처음부터 우리의 대화는 불평불만을 늘어놓는 자리가 아니었어요. 서로의 이야기를 듣고 우리가 처리해야 하는 상황이 어떤 것이든 상대가 그 상황에서 배울 수 있도록 돕는 자리였지요. 그렇기 때문에 이 관계가 더욱 특별한 거예요. 남편이나 애들 흉보고 넋두리나 하는 사이가 아니라 우리 스스로 행복해질 수 있는 잠재성을 깨달을 책임이 있다고 함께 확인하는 거예요.

그웬 : 우리 사이는 함께 에너지를 발산하며 즐겁게 노는 관계로 시작했어요. 함께 있으면 아이가 될 수 있었고 아이들처럼 남의 눈을 의식하지 않고 서로를 챙겼지요. 그런 관계가 마더링으로 발전한 거예요. 상대가 괴로움에 빠져 있을 때, 상대의 내면아이를 붙잡아줄 필요가 있을 때, 안아주고 보살펴주고 달래주는 식으로요.

케이시 : 우리의 우정 덕분에 나는 남편과의 관계에서 중압감을 덜

느끼게 됐어요. 내가 남편에게 재촉하고 닦달했던 모든 것들이—유대, 상호 성장, 재미—꼭 그이에게서 충족되어야 할 필요는 없다는 것을 깨달았지요. 남편이 제공해주지 않았다고 해서 내가 그런 것들을 모두 누릴 수 없는 건 아니지요.

그웬 : 우리는 행복하고 사랑이 넘치는 사람이 되기 위한 내면 작업에서 서로 지원해주는 관계예요. 고통을 치유하고 기쁨을 발전시키기 위해 서로를 지원하고요. 각자의 문제에 대해 서로 돕고 우리의 관계에서 나타나는 문제들을 탐색하지요. 케이시가 아무것도 판단하지 않고 나를 무조건 사랑해준다고 믿게 된 것이 내 인생에서 아주 중요한 사건 중 하나랍니다. 이런 게 진짜 마더링이지요, 바로 그거예요.

케이시 : 내 경우에는, 열두 살짜리 딸을 대하면서 '마더링'이 나에게 어떤 의미로 다가왔는지 기억할 필요가 있어요. 우리 딸이 필요로 했던 것도 바로 그것이었지요. 나는 알아요, 그애도 무조건적인 사랑과 신뢰를 받기만 하면 자기 의문의 해답들을 스스로 찾을 수 있을 거예요.

지금 그웬과 나의 관계에서 흥미로운 것은 자아의 핵심 신념들을 치료할 장이 우리 사이에 있다는 거예요. 자아의 잘못된 신념들은 우리가 살아오는 내내 성장과 행복으로 나아가는 길을 가로막았습니다. 가끔은 우리 중 어느 한쪽이 다른 한쪽에게서 그러한 잘못된 신념을 끄집어낼 거예요. 내 생각엔 지금이야말로 우리 사이에서 드러난 몇 가지 문제들을 이야기할 좋은 기회예요. 그중에서도 정말로 중요한 문제는 우리 어머니들과 상관이 있지요. 내 경우로 말하자면 "오, 하느님, 엄마 때문에 나는 남아나지도 않을 거예요."라는 심정이에요. 그래서 그웬이 나를 안아줄 때마다 나의 '새' 엄마가 아니라 '옛' 엄마인가 싶어 겁에 질리곤 해요. (웃음)

그웬 : 내가 안고 있는 문제 중 하나는 내가 사랑받을 만한 사람이 아닐까, 내가 혐오스러운 사람이라 아무도 날 참아줄 수 없는 게 아닐까 하는 두려움이에요. 케이시와 함께 있을 때에는 그러한 두려움이 불쑥 고개를 쳐들어도 사랑이 오가는 가운데 내가 알아서 해결할 수 있어요. 이제는 그 두려움이 그렇게 위협적이지 않아요.

케이시 : 그웬이 없다면 나는 어느 누구와도 이런 문제들을 함께 다룰 수 없을 거예요. 아무도 그런 문제를 끄집어내지도 않을 것이고, 내가 문제 의식을 갖도록 도와주지도 않았겠지요. 우리는 이러한 문제들이 우리 앞길을 가로막기 때문에 함께 고민하는 거예요.

그웬 : 그게 얼마나 재미있는데요. 지금까지 살아오면서 다른 사람들하고는 그런 문제가 걸림돌이 되곤 했지만 우리는 함께 문제들을 고민하고 논의한답니다. 지금은 실제로 우리 관계에 방해가 되는 문제들을 함께 고민하고 있고요. 이런 종류의 관계에서는 작은 문제들도 크게 다가오지요. 사이가 가까워지고 함께 치료 작업을 하는 게 좋아지고 나니까 아주 사소한 문제들이 얼마나 커질 수 있는지 알겠어요. 작은 문제가 잠재적으로는 우리의 행복을 갉아먹을 수 있잖아요.

케이시 : 맞아요. 난 그냥 그게 바로 우리 관계에서 가장 재미있고 흥미진진한 부분이라는 말만 덧붙이고 싶네요. 이런 구태의연한 문제들이 보통은 내 삶의 걸림돌이 되었거든요. 그런데 우리 두 사람 관계

에서는 그런 문제들조차 제대로 바라보고, 배우고, 극복할 수 있는 기회가 된답니다.

셰릴은 불과 열 살 때 어머니를 여의었다. 그녀는 마더링 경험을 주제로 다음과 같은 글을 썼다.

나는 항상 접촉과 포옹에 양면적인 감정을 느꼈다. 누가 나를 만져주고 안아주기를 바라면서도 전적으로 받아들이지는 못했다. 나는 부모들이, 특히 어머니가 아이 손을 잡고 걸어가는 모습을 볼 때에도 분노와 갈망을 동시에 느꼈다. 어머니가 돌아가신 지 30년이 됐는데도 나는 여전히 어머니를 몹시 그리워하고 있었다. 어느 날 저녁 그룹 치료에서 마더링에 대해 이야기하기 전까지는, 이러한 감정 중 어떤 것도 마더링에 대한 욕구와 연결지어 생각해보지 않았다. 에리카가 자신의 친구들과 어떻게 서로 마더링을 해주고 있는지 이야기했다. 처음에는 다 큰 여자가 아직도 그런 것을 원하고 필요로 한다는 사실이 이상하게 느껴졌다. 하지만 그와 동시에 나 역시 그러한 교제에 목말라 있음을 깨달았다. 어머니가 돌아가시고 아버지가 선택한 두 명의 재혼 상대가 연달아 나를 학대하면서 내 인생 전체가 사라졌던 것이다. 나는 한동안 이러한 욕구를 인정하지 않으려 했다. 내가 그들을 필요로 하지 않으면 그들도 나를 상처 입힐 수 없다, 거의 그런 심정이었다. 그래서 나는 여전히 마더링을 원하는 내 안의 어린 소녀를 알지 못했다.

에리카가 나를 지그시 바라보며 내 손을 잡던 순간, 마치 그녀가 내 생각을 다 알고 괜찮다고 말해주는 기분이 들었다. 그러자 안전하다는 느낌이 들면서 순간적으로 감정을 따르겠다는 결심이 섰다. 그래서 나는 에리카의 품으로 다가갔다. 갑자기 그토록 긴 세월 부정해 왔던 슬픔이 북받치며 눈물이 터지고 말았다. 손을 뻗어 잡으려 발버둥 치는 것보다 부정하는 것이 나를 더 고통스럽게 했다는 것을 나는 깨달았다.

찰스는 섹스 중독 치료에 도움을 받으러 왔다. 그는 불안을 느낄 때면 언제나 아내에게 섹스를 요구했다. 아내와 섹스를 할 수 없을 때에는 돈을 주고 다른 여자와 성관계를 맺기도 했다. 찰스는 치료를 받는 동안 어머니가 자신에게 묘하게 치근대던 것을 떠올렸고 어머니가 자신을 성적 뉘앙스 없이 안아준 적이 한 번도 없었다는 것을 깨달았다. 찰스에게 사랑, 동의, 섹스는 완전히 한 덩어리가 되어 있었기 때문에 쓸쓸한 기분이 들 때에는 언제나 기분을 풀기 위한 수단으로 섹스를 이용했던 것이다. 한편 찰스의 아내 애비도 자기 나름대로 혼자라는 느낌과 싸우느라 발버둥 치고 있었다. 애비의 기억 속에서도 어머니는 그녀를 한 번도 애정을 담아 안아주지 않았다. 마더링에 대한 욕구를 자각한 찰스와 애비는 섹스만 하기보다는 서로 가만히 껴안고 이야기를 나누며 시간을 보내기 시작했다. 그러자 찰스의 섹스 중독이 차츰 사라졌다.

윌리엄은 성 정체성 문제에 도움을 받으려고 치료에 나왔다. 그는 남성에게 성적 매력을 느끼면서도 결혼해서 가정을 꾸리고 싶어 했다. 윌리엄은 여성을 좋아했지만 성적으로 끌리지는 않는다고 했다. 그는 어린 시절의 기억을 더듬다가 자신을 길러준 어머니가 극도로 차가운 통제형 어머니였다는 사실을 깨달았다. 또한 그의 어머니는 은근히 성적 매력을 풍기는 여성이었다. 아버지는 온화하고 자상한 남성이었지만 윌리엄이 겨우 다섯 살 때 사망했기 때문에 윌리엄은 전적으로 엄마 손에 맡겨졌다. 윌리엄은, 어린 자신에게는 여성에 대한 성적 반응을 억압하는 것만이 어머니에게 완전히 조종당하지 않도록 자신을 지키는 유일한 방법이었음을 깨달았다.

윌리엄은 치료사의 마더링을 받아들였고 다른 여성을 통해서도 마더링을 찾고 있다. 이 과정이 그의 여성 공포증을 치료해줌으로써 그는 동성애, 양성애, 이성애 중 하나를 스스로 선택할 수 있게 될 것이다. 그가 동성애를 선택한다면 그 이유는 여자가 무서워서가 아니라 동성애자로 사는 것이 더 행복하기 때문일 것이다.

여성이 다른 여성에게 마더링을 원하듯 남성도 다른 남성에게 마더링을 원한다. 아버지에게 충분히 보살핌을 받으며 성장한 남성은 드물다. 그래서 대부분의 남성이 다른 남성의 애정과 지지를 필요로 한다. 그러나 남성이 남성을 안아주는 행위에는 여성이 여성을 안아주는 행위보다 더 많은 터부가 개입한다. 우리 문화가 포옹, 접촉, 위로, 애정, 지지에 대한 욕구를 지나치게 성적으로 해석한다는 점이 참으로 슬프다.

나를 숨 막히게 하는
손길

어떤 사람들은 다른 이와 살이 닿는 것을 두려워한다. 그들은 접촉을 무엇인가에 대한 요구로 받아들인다. 그들에게 접촉은 자신에 대한 포기이며, 자기 의지를 꺾고 성관계에 응하거나, 혹은 자신의 감정을 억누르는 것과 연결되어 있다.

접촉에도 종류가 많다. 그중에는 기분을 좋게 하는 접촉도 있지만 위안이 되지 않는 접촉도 상당히 많다. 사랑을 주려는 의도에서 이루어진 접촉은 받아들이기도 쉽고 치유받는 느낌을 준다. 그러나 성적 유혹을 담은 접촉은 환영받지 못할 수도 있다. 더 높은 자기의 입장에서 무엇인가를 주고자 하는 의도로 누군가를 어루만질 수도 있고, 자아의 입장에서 무엇인가를 획득하려는 의도로 접촉을 시도할 수도 있다.

유혹하는 접촉 유혹하는 접촉은 이런 뜻이다. "나는 성적인 것을 통해 당신에게 확인받고 싶다. 사랑을 주고 싶어서가 아니라 뭔가를 얻고 싶어서 당신을 만지는 것이다. 이를테면 당신의 성적인 반응 같은 것. 당신이 성적으로 반응해주면 나도 괜찮은 사람이라는 것을 알 수 있다." 자기 자식을 성적으로 만지는 부모는 엄청난 문제를 일으킨다. 아이는 부모의 사랑을 갈구하는 마음과 (성적) 침해에 따르는 공포 사이에서 혼란을 겪게 된다. 그 결과, 많은 아이들이 침해에 대한 두려움으로부터 자신을 지키려고 모든 반응을 차단해버린다.

일반적으로 어른도 상대의 손길이 사랑을 전하기보다는 섹스를 원하는 의도를 담고 있으면 침해당하는 기분을 느낀다. 앞에서도 말했듯이 이렇게 사실은 무엇인가를 원하면서 자기는 그냥 사랑해서 그럴 뿐이라고 말하면서 만지는 사람이 있으면 상대는 미칠 지경이 된다. 분명히 그 손길은 기분 좋게 느껴지지 않는데 정작 상대는 자신의 의도를 부정하고 있으니 말이다. 우리가 치료했던 환자들 중 상당수가 남편이나 아내가 섹스를 원할 때에만 다정하게 돌변한다고 불평하곤 했다. 그런 식의 다정함은 기분 좋지도 않을 뿐더러 사람을 조종하려는 것처럼 느껴진다고 했다.

숨 막히게 만드는 접촉 어떤 사람들은 마치 꼼지락거리는 작은 강아지를 도망 못 가게 꽉 끌어안듯이 상대를 통제하고 관심과 사랑과 애정을 얻기 위해서 포옹하거나 어루만진다. 강아지의 행복보다 자기 필요가 우선이라고 할까. 어린아이들과의 관계에서 이런 일이 자주 발생하는데 그 결과는 참담하다. 우리 그룹 치료에 참여했던 린이라는 여성은 사람, 특히 다른 여자와 살이 닿는 것을 남몰래 두려워했다. 이 문제를 탐색하는 중에 린은 누가 자신을 만지면 생명의 위협을 느끼게 되며, 단지 자신의 개체성을 잃는 것이 아니라 목숨 자체를 잃을 것 같은 기분이라고 고백했다. 그래도 린은 우리가 그녀를 끌어안아도 좋다고 허락했고 우리는 그렇게 했다. 그러자 린은 엄마에 대한 기억을 떠올리기 시작했다. 엄마가 어떻게 자기를 숨이 막히도록 껴안았는지 아주 자세한 부분까지 기억해냈다. 엄마는 몸부림치는 어린

린에게 몇 번이고 말했다. "하지만 엄마는 널 사랑해." 그러나 어린 린은 사랑받는다는 느낌이 들지 않았다. 덫에 걸려 이용당하는 느낌뿐이었다. 그 결과, 린은 타인의 손길이나 친밀함을 즐길 수 없는 사람이 되어버렸다.

숨 막히게 만드는 접촉은 이런 뜻이다. "넌 자유로운 개인이 아니야. 네 몸은 내 것이야. 그러니까 난 너를 껴안고 만질 권리가 있어. 내가 원하면 언제라도 널 압박하고 조일 수 있다고. 넌 나에게 사랑을 주고 내 기분을 괜찮게 풀어주려고 존재하는 거야. 네가 원하는 건 내가 알 바 아니지만 내가 원하는 건 당연히 네가 챙겨야지. 난 너에게 내 뜻을 강제할 권리가 있어. 네가 날 사랑한다면 내 방식을 받아줘야 해." 이런 식으로 다른 사람을 만지거나 포옹하는 사람들은 자기가 정말 애정이 넘치는 사람이라고 착각한다. 자기가 타인의 경계를 침범하고 있다는 자각이 아예 없는 것이다.

마지는 다음과 같은 경험을 떠올렸다.

한 번은 목사님들을 모아놓고 강의를 할 기회가 있었어요. 강의가 끝나고 여러 목사님들이 나와서 나를 다정하게 끌어안고 강의가 참 좋았다고 인사를 건넸습니다. 그렇지만 그중 한 명이 나를 껴안고는 계속 팔을 풀지 않았어요. 내가 밀어내려고 했더니 그는 팔에 더 완강하게 힘을 주더군요. 그러한 몸짓에는 '당신이 밀어내면 나는 모욕감을 느끼게 될 거요.'라는 메시지가 깔려 있었습니다. 물론 그의 포옹에서 애정이 느껴질 리 없었죠. 내가 겨우 몸을 빼내고 나니 그는 거기 모인 사람 중에서 자기보다 사랑이 넘치는 사람은 없다는 듯, 자기 만족이 가득한 눈으로 나를 바라보았습니다.

회유하는 접촉 회유하는 접촉은 이렇게 말한다. "자, 자, 기분 나빠 할 것 없어. 아파할 것도 없어. 이제 그만하렴. 나는 너의 괴로움을 어떻게 해줄 수 없으니까 말이야." 부모들은 종종 아이가 괴로워할 때 단순히 달래주기보다는 이런 식으로 안아주거나 만져준다. 이러한 부모들은 아이에게 '안아주었으니까 더는 아픔을 느껴서는 안 된다.'라는 메시지를 전달하는 셈이다. 회유하는 접촉에 담긴 이중적 메시지는 혼란스럽다. 밖으로 드러난 메시지는 '널 사랑한다'인데 은밀하게 숨어 있는 메시지는 '내 사랑은 네가 네 아픔을 얼마나 잘 봉쇄하느냐에 따라 달라진단다.'이기 때문이다. 이러한 메시지는 사람을 조종하는 것처럼 느껴지고 아이들에게 유해하다. 부모는 아이가 아파하면 자기가 나쁜 부모처럼 생각되기 때문에 어떻게든 아이가 울지 못하게 하려고 노력한다. 아이가 울지 않으면 부모는 기분이 나빠지지 않아도 된다. 때로 아이의 고통이 부모 자신이 유년기에 겪었던 고통을 떠올리게 하는데 부모가 그 고통을 마주하고 싶지 않다면 아이의 고통에 신경 쓰지 않기 위해 무슨 짓이든 — 신체적, 정서적 학대까지도 — 불사할 것이다.

부부나 연인 사이에서도 종종 친절한 모습을 보이려고 이러한 접촉을 사용한다. 하지만 그 진의는 이렇다. "화내지 마. (혹은, 울지 마.) 나도 어쩔 수 없는 일이라고!" 회유하는 접촉은 위안이 되기보다는 생색을 내는 것처럼 느껴진다.

진정한 마더링,
"언제나 네 옆에 있어줄게"

아무것도 요구하지 않는 손길이 진정한 마더링의 본질이다. 이러한 접촉은 무조건적인 사랑을 담고 이렇게 말한다. "너에게는 내가 있어. 네가 슬픔, 두려움, 비탄, 공포, 고뇌, 고통, 기쁨을 겪는 동안 내가 곁에 있어줄게. 난 네가 무엇을 해주기를 기대하지 않아. 있는 그대로 너를 사랑하고, 네가 어떤 선택을 하든지 네 옆을 지킬 거야." 이러한 접촉은 마음을 편하게 한다. 사랑과 애정이 넘치는 접촉, 치유의 접촉이다.

내면아이의 절망적인 고독과 외로움을 치유하도록 돕는 것이 바로 이 무조건적인 사랑의 접촉이다. 너무나 버겁게 느껴지는 이 고통을 대가 없이 나를 사랑해주는 사람이 함께하는 자리에서 경험하게 되면 더는 버림받은 내면아이의 해묵은 고통과, 외로움에 몸부림치지 않아도 된다. 에리카는 치료사로서 이러한 접촉을 이용했던 경험을 다음과 같이 말한다.

전통적인 치료법들은 치료사가 절대 환자를 만져서는 안 된다고 명시한다. 이유가 불분명한 기분 나쁜 접촉은 모두 금지된다. 그러한 접촉이 성적인 것으로 해석되거나 환자가 지나치게 의존적이 될 수도 있다. 혹은 전이(transference) 문제를 일으킬 수도 있다. 나는 내가 어린아이처럼 안아주거나 어루만져주지 않은 환자와 치료 작업을 진행할 수 있다고 생각하지 않는다. 종종 환자들은 자신의 내면아이에 접속해 자신의 감정을 분명히 파악하는 일을 어려워한다. 그들에게는 그저 느끼기만 할 시간이 필요하다. 그럴 때에 내가 안아주면 그들은 단순히 감정을 경험하는 것에만 몰입할 수 있게 된다. 또 그러한 접촉이 부차적인 소통의 수단이 되기도 한다. 나는 그들의 에너지를 느낄 수 있고 그들은 내 에너지를 느낄 수 있다. 환자들이 특히 고통스러운 문제를 직시할 때에는 나의 포옹에 힘입어 고통을 안전하게 돌파하기도 한다. 남성, 여성, 청소년을 막론하고 사랑과 친절에 반응을 보인다. 환자가 태만해지거나 의존적이 되었던 경우, 나의 포옹을 일종의 응급처치로 이용하는 경우는 한 번도 보지 못했다. 반대로 내가 제공하는 환경이 안전할수록 환자가 자신의 곤란한 문제를 집중적으로 다루고 치유할 확률이 높아진다는 사실을 알게 됐다. 다른 사람의 사랑과 보살핌 없이 그 길을 홀로 걷는 사람보다는 도움을 받는 사람이 더 빨리 문제를 해결할 수 있었던 것이다.

상처를 받아들이는 열린 고통, 타인을 조종하는 닫힌 고통

눈물 흘리는 사람이 눈앞에 있다고 해서 자동적으로 아무나 안아주고 싶어지지는 않는다. 타인을 안고자 하는 욕망은 그 고통의 의도에 달려 있다. 고통도 두 종류, 즉 열린 고통과 닫힌 고통으로 나뉜다. 열린 고통은 상실과 애도의 고통이요, 상처를 받아들이는 것이다. 우리가 내면아이에게 배우겠다고 마음을 열 때 느끼는 고통은 이런 종류다. 우리를 이해와 선택으로 인도하는 치유의 고통이라고 할까. 닫힌 고통은 내면아이와 분리되어 자신의 고통에 희생될 때 일어나는 유기의 고통이다. "지지리 복도 없는 나", "난 피해자야."라는 식의 고통, 자기 자신을 돌보지 않기로 결심하고 타인이 나를 떠맡도록 조종하려고 할 때 써먹는 고통이 닫힌 고통이다.

열린 고통에 빠진 사람을 보면 우리 마음도 움직인다. 그런 사람은 자신의 고통에 마음을 열고 누구의 탓도 하지 않는다. 그들은 그저 고통을 헤치고 나갈 수 있는 안정감을 원할 뿐이다. 이런 사람들에게는 거의 언제나 손을 내밀고 위안을 줄 수 있다. 하지만 닫힌 고통 속에 있는 사람은 완전히 다르다. 그들의 눈물은 마음에 와 닿지 않기 때문에 보고 있으면 조종당하는 기분이 든다. 눈물 흘리는 사람과 함께 있는데도 당신의 마음이 움직이지 않는다면 그 사람은 자기만 보호하면 된다는 선택을 하고 내면어른의 책임을 내팽개쳤을 확률이 높다. 그런 사람은 누군가가 자기 고통을 가져가주기 바란다. 배우고 싶은 마음 없이 누가 구해주기만을 바라는 것이다. 피해자 역할을 붙잡고 늘어져봤자 자기 성장을 꾀하거나 내면아이를 치유하는 데에는 도움이 안 된다. 오히려 피해자가 되는 것으로 당장 원하는 것을 쟁취할 수 있다는 것을 배움으로써 중독이 심화되게 마련이다.

모든 사람이 애정 어린 손길에 긍정적으로 반응하지는 않는다. 어떤 사람들은 그러한 접촉에 자신이 너무 취약하다는 느낌을 받는다. 그런 손길을 너무 원하게 될까 봐 두렵거나, 오랫동안 원했던 기분 좋은 것을 잃게 될까 봐 두려운 것이다. 어렸을 때 사랑을 듬뿍 받지 못한 사람들은 무조건적인 사랑이 벅차게 다가올 수도 있다. 하지만 무조건적인 사랑은 치유력을 발휘하기 때문에 궁극적으로는 대부분 사람들의 마음을 열고 만다.

살다 보면 누군가에게 엄마 같은 마음을 품게 될 때가 더러 있을 것이다. 또한 반대로 당신 쪽에서 엄마 같은 보살핌과 지지를 간절히 원할 때도 있을 것이다. 스스로 원하는 것을 용감하게 요청하거나 주지 않으면 결코 당신의 욕구를 충족시킬 수 없고 삶은 충만해지지 못한다. 기꺼이 포옹하고, 손 잡아주고, 사랑할 수 있는 사람이 되기를 바란다. 그것이야말로 당신의 내면아이가 바라는 것이고, 아이는 또한 그것을 응당 받을 자격이 있다.

11장
내면아이와 함께하는 심리 치료

자신의 내면아이를 사랑하는 내면어른이 된다는 것이 어떤 의미인지 배우는 과정을 심리 치료사와 함께하면서 지지를 받는다면 크게 도움이 된다. 치료사는 환자가 자신의 고통과 슬픔을 직시할 수 있도록 붙잡아주고 환자를 두려움과 고통에 가둬놓는 잘못된 신념들을 탐색하는 데에도 도움을 줄 수 있다. 아무리 숙련된 치료사라 해도 당신이 할 일을 대신 맡아줄 수 없지만, 능력 있는 치료사는 당신이 자신의 고통을 치유하는 법을 배우는 데 더없이 소중한 도움을 줄 수 있다. 그러나 자기가 맡아야 할 몫을 하지 않으면서 치료사가 마법사처럼 알아서 다 낫게 해주기를 바라며 찾아오는 사람들이 너무나 많다. 이러한 태도 역시 다른 사람들이 나를 행복하게 만들어줄 수 있다는 그릇된 신념에서 비롯된 것이다. 치료사가 충분히 애정을 쏟고 나를 받아주기만 하면 나도 자신을 기분 좋게 받아들이고 치유될 수 있다는 신념이 작용하는 것이다. 좋은 치료사는 환자에게 필요할 때 마더링을 제공하고 판단 없이 열린 마음으로 배우는 사람이다. 그러나 치료사는 무조건 오냐오냐하기보다는 반드시 자기가 아는 진실을 있는 그대로, 그러나 연민을 품고 말해야 한다.

개인 치료

많은 이들이 치료를 받으면서 안정감을 느끼지 못한다. 치료사가 판단하고 비판해서라기보다는 그들의 내면어른이 이미 내면아이를 저버렸기 때문에 이제 치료사가 괜찮다, 잘했다, 라고 승인하거나 편들어주지 않으면 스스로 괜찮다는 기분을 느끼지 못하는 것이다. 따라서 진실보다 승인을 더 원하는 환자들은, 의존 관계의 상대가 되어주지도 않고 환자들의 동반의존을 심화시키지도 않는 치료사를 만나면 왠지 안전하지 못한 것 같은 기분에 빠진다. 동반 의존적인 치료사는 자기도 환자들의 승인을 얻고 싶어 하기 때문에 환자들에게 공감과 승인의 표현을 아끼지 않는다. 이러한 치료사들은 자기가 느낀 대로 진실을 말하면 환자들이 화를 내지나 않을까 두려워한다. 진실을 말한다는 것은 환자에게 단순히 동정조로 나가지 않고 이렇게 말할 수도 있다는 뜻이다. "제가 보기에 당신은 스스로 선택한 고통을 직시하지 못하고 무조건 자기 고통을 남편 탓으로 돌리고 있군요." 만약 그 환자가 정말로 배울 마음이 있는 사람이면 치료사의 통찰을 마음에 잘 새길 것이다. 하지만 그냥 당신이 옳다, 참 힘들겠구나, 당신은 잘했다, 소리를 들으려고 찾아온 환자라면 안전하지 못하다는 기분을 느끼고 좀 더 오냐오냐하는 치료사를 찾아 떠날 것이다. 치료사가 환자의 승인 중독에 장단을 맞춰준다는 것은 애정 없는 처사다. 그렇다고 치료사가 언제나 환자에게 동의하거나 승인하는 표시를 드러내서는 안 된다는 말은 아니다. 하지만 치료사에 대한 환자의 중독을 더 강화하는 수단으로 승인이나 동의를 악용해서는 절대로 안 된다.

치료사가 하는 일은 환자가 자신의 기쁨과 고통을 책임지는 법을 이해하도록 돕는 것이다. 다시 말해 환자가 내면아이의 오랜 고통과 슬픔을 받아들이는 법과 고통을 유발하는 잘못된 신념들을 탐색하는 법, 그리고 내면아이의 이야기를 듣고 그 아이의 욕구와 필요를 고려하여 행동하는 법을 배워서 내면아이를 진심으로 사랑할 수 있게끔 돕는 것이 치료사의 소임이다. 치료사는 배움의 의도를 본보기로 보이고 환자가 권위적이거나 애정 없이 방임하는 자기 양육을 깨닫게 함으로써 사랑을 베푸는 행동의 역할 모델이 될 수 있다. 또한 역할극에서 환자가 내면아이, 그중에서도 특히 버림받은 내면아이 역을 맡을 때 치료사는 애정 넘치는 내면어른 역을 맡아 본을 보여줄 수 있다. 혹은 반대로 치료사가 내면아이 역을 맡는 동안 환자는 그 아이에게 사랑을 주는 역할을 하면서 그동안 자신이 얼마나 애정 없이 행동해 왔는가를 깨닫기도 한다. 이러한 치료를 '내면 유대 치료(Inner Bonding Therapy)'라고 부른다.

치료사는 환자가 분노와 괴로움을 느끼는 동안 조력자로서 애정 어린 지원을 제공할 수 있다. 깊이 감춰져 있던 유년기의 기억이 되살아나거나 두려움과 고통이 극심해질 때 치료사는 환자의 필요에 따라 마더링을 지원하며 환자가 그 상태에서 벗어날 수 있도록 돕는다. 정서적, 신체적, 성적 학대에 대한 기억은 견디기 힘든 감정을 불러일으킨다. 이때는 치료사가 애정 어린 마음으로 안전한 환경을 조성해줌으로써 환자가 그렇게 심각한 감정을 극복할 수 있도록 보조하는 것이 바람직하다.

환자 스스로 치료 작업을 해야 한다는 사실을 일깨우는 것은 치료사에게 무엇보다 중요하다. 환자가 치료사에게 의존하게 되어 다음 치료 시간까지 일 주일 내내 자기 스스로는 아무것도 배우려고 노력하지 않는 경우가 아주 많다. 일 주일에 한두 번 치료사를 만난다고 꼭 치유가 되는 것은 아니다. 환자가 하루도 빠짐없이 기꺼이 자신의 내면아이와 함께 작업을 지속해 나가야 한다. 심리 치료가 그토록 장기전이 되는 이유 중 하나가 바로 환자들이 상담실에서 치료사와 함께 있을 때에만 치료 작업에 참여하기 때문이다. 이런 식으로는 사실 발전이 있을 수 없다. 오히려 장기 치료가 또 다른 중독이 되기도 한다.

다음은 제시카라는 환자의 상담 치료 내용이다. 그녀는 치료사의 도움을 약간 받아 혼자서도 열심히 치료 작업에 힘썼다.

제시카 : 샌디에이고 지역에 사는 두 오빠를 만나러 갔었어요. 첫째 오빠 리처드와 오빠의 여자친구 마고와 함께 지냈어요. 마고는 정말 훌륭한 여성이지요. 오빠보다 나이도 훨씬 많고요. 오빠가 서른일곱 살인데 마고는 아마 쉰 살은 됐을 거예요. 하여간 금발의 친절하고 자그마한 마고는 참 멋진 여자예요. 난 마고도 좋아하고 오빠도 좋아해요. 그런데 어쩌다 두 사람에게 물어볼 것이 있어서 잠깐 침실에 들어

갈 일이 생겼어요. 두 사람이 한 침대에 누워 있는 모습을 본 순간, 구역질이 날 정도로 거센 반감이 치밀어 오르는 거예요. 둘 다 내가 정말 좋아하는 사람들이고 두 사람 사이를 아주 건전하고 좋은 관계라고 생각하는 데도요. 나는 이런 종류의 반응이 사라질 때까지 섹스 문제에 대한 자기 치료를 계속하고 싶어요. 그래서 도대체 왜 그랬을까 스스로 물어보았더니 리처드가 마고와 결혼하고 싶어 하지 않기 때문이라는 답이 나오더군요. 마고는 이미 아이를 가질 수 없는데 리처드는 나중에라도 자녀를 꼭 갖겠다는 입장이니까요. 그러니까 나의 반감은……, 나도 확실히는 모르겠어요. 아마 내가 아주 어렸을 때 철석같이 믿었고 지금도 여전히 남아 있는 생각, 이를테면 여자는 남편 외의 다른 남자와 그런 일을 해서는 안 된다는 생각 때문인가 봐요. 여자가 어떤 남자랑 자면서 그 남자랑 결혼하지 않는다면 정말로 '어리석은' 것처럼 느껴진다고 할까. 맙소사, 신경이 날카로워지네요. 이런 이야기를 하기가 참 그렇네요. 어쨌든 내 머릿속 생각은 그래요. 아직도 혐오감을 다스리지 못하고 있고요.

치료사 : 내면아이의 느낌은 어떤지 물어보지 그래요?

제시카 : 아. (인형을 바라보며) 그때 우리 느낌이 어땠더라?

(인형 자리로 가서 인형을 껴안고 여자아이 목소리를 낸다.)

제시카의 내면아이 : 거기 가지 말았어야 했어. 절대로 가서는 안 되는 데였다고. 침실은 그들의 사적인 공간이잖아. 그러니까 들어가지 말았어야지. 그런 모습은 보지 않는 게 좋았을걸. (내면아이가 울기 시작한다.) 두 사람의 그런 모습을 절대 보고 싶지 않았어. 그건 나쁜 짓

이잖아. 거기 가지 말았어야 했어.

제시카의 내면어른 : 왜 그게 나쁜 짓이라고 생각하니? 오빠와 마고가 우리보고 오라고 했잖아. 두 사람이 괜찮다고 그랬잖아.

제시카의 내면아이 : 하지만 괜찮지 않았어. 괜찮지 않았다고. 두 사람은 옷도 입고 있지 않았어. 옷을 벗고 있었잖아. 끈적끈적하니 불쾌했어!

제시카의 내면어른 : 그럼 두 사람이 우리보고 들어오지 말라고 했어야 한다는 거야? 옷을 입고 있지 않았기 때문에? (치료사에게) 맙소사, 지금 이 대화가 어떻게 돼 가는지 모르겠어요…….

치료사 : 내면아이에게 그 장면이 어렸을 때 있었던 어떤 일을 떠오르게 하는지 물어보세요.

제시카 : 알았어요. 혹시 우리가 어렸을 때 있었던 일 중에서 뭐가 생각난 거야?

제시카의 내면아이 : 음, 아빠가 목욕하던 모습을 봤던 것밖에 생각이 안 나는데, 그건 아냐. 음……, (사이) 옛날에 엄마 아빠 침실에 가서 방문을 두드렸던 적이 있었어. 안에서 이상한 소리가 나서 그랬는데 문은 잠겨 있었지……. (좀 더 길게 사이를 둔다.)

제시카의 내면어른 : 왜 그게 나쁘다고 생각하는데?

제시카의 내면아이 : (화를 내면서) 난 들어가고 싶지 않았어! 난 아무 것도 보고 싶지 않았으니까! 그들을 보고 싶지 않았어. 그런 짓거리는 정말 보기 싫어. 리처드가 그런 짓을 하다니, 보고 싶지 않아. 생각만 해도 토할 것 같아.

제시카의 내면어른 : 왜 그런 모습에 그렇게 질색을 하는 거냐고……. 아! 드디어 핵심으로 왔구나.

제시카의 내면아이 : (울면서) 리처드는 마고와 결혼한 사이가 아니잖아. 아빠랑 똑같은 짓을 하는 거잖아. 리처드가 아빠처럼 되는 거 싫어. 오빠까지 아빠 같은 사람이 되면 안 돼. 리처드는 아빠 같지 않아. 안 돼, 절대로 그렇게 돼선 안 돼!

제시카의 내면어른 : 왜 리처드 오빠가 아빠 같다고 생각하는데? 오빠는 아빠가 엄마를 대했던 것처럼 마고에게 그러지 않아. 안 그래?

제시카의 내면아이 : 그래……. 하지만 오빠가 하는 짓도 결국은 마찬가지잖아. 결혼하고 싶을 만큼 마고를 사랑하는 건 아니잖아……. 어쨌든 마음 한구석으로는 마고가 너무 나이가 많고, 그렇게까지 예쁘지도 않고, 그렇게 똑똑하지도 않다고, 뭐 그런 생각을 하는 거잖아. 그게 아빠가 엄마에게 했던 짓과 뭐가 달라. 결국은 '똑같은' 짓이야. '그 정도로 좋은 여자는 아니야'라는 거잖아, 젠장. 엄마에 대한 아빠의 생각은 그거였어. 오빠도 결혼할 마음은 없잖아. 그럼 진심으로 사랑하는 게 아니야. 자기가 무슨 여자들에게 떨어진 선물 같은 존재인 줄 알지. 리처드 오빠도 아빠처럼 오만해. 그래서 역겹다는 거야. 오빠만은 아빠가 그랬던 것처럼 그러지 않았으면 좋겠어. (계속 울면서, 치료사에게) 이게 결국 핵심이군요.

치료사 : 혐오감이 들었던 이유는 내면아이가 아버지에 대해 마음속 깊이 품고 있던 감정을 오빠에게 투사했기 때문이에요.

제시카 : 그래요, 확실히 그런 것 같네요.

치료사 : 이제 마음속의 아이가 말을 할 수 있게 해볼래요? 아버지에게 말을 걸면서 반감을 표현할 수 있게요.

제시카 : 네, 네.

치료사 : 아버지가 저기 있다고 생각하세요.

제시카의 내면아이 : 아빠는 지독한 사람이에요. 엄마에게 너무나 비열하게 굴었지요. (울음) 엄마에게 너무 잘못했어요. 내 동생 도니에게도 아빠는 너무 잘못했어요. 난 아빠를 조금도 믿지 않아요. 엄마를 어떻게 그렇게 대할 수 있나요. 자기 자신을 어떻게 그렇게 대할 수 있나요. 아빠는 모든 사람을 비난하지만 비열한 사람은 아빠예요. 아빠는 모두를 미워해요.

치료사 : 성적 혐오감은 없었나요?

제시카의 내면아이 : (또다시 울음) 그래요, 있었어요. 난 아빠가 식당의 웨이트리스들과 다 한 번씩 했을 거라고 생각해요.

치료사 : 당신 자신의 성에 대한 혐오감은 어떤가요?

제시카의 내면아이 : 생각만 해도 토할 것 같아요! 위장이 뒤집힐 것 같다고요! 아빠를 발로 걷어차고 두들겨 패고 싶어요. 아빠 물건을 잘라서 고기 가는 기계에 넣어버리고 싶어요. 때리고, 눈알을 파내고, 혀를 잡아 빼고, 입술을 썰어버리고, 면상과 배에 주먹을 날리고 싶어요. 내 속에 든 것을 몽땅 다 아빠에게 토해버리고 싶어요! 아무도 아빠를 손봐주지 않았다는 게 안타깝네요! 그리고 아빠 같은 남자를 골라서 매달렸던 엄마한테도 화가 나요. 아빠가 샌프란시스코에서 일을 끝내고 돌아왔을 때⋯⋯ 엄마랑 아빠는⋯⋯ 침실에 들어가 몇 시간

이 지나도록 나오지 않았지요. 엄마가 나중에 방에서 나왔을 때에는 똑바로 걷지도 못하더군요……. 그 일을 생각하면 토할 것 같아요. 구역질이 나요! 결혼 생활이 거지 같아도 아빠는 아무 말도 안 했으니까, 그냥 침실에 들어가서 재미만 보면 끝이니까. 아빠는 아무 말도 한 적 없어요. 그리고 엄마는 그런 일이 일어나도록 방관했고요! 정말 역겨워요! 아빠가 미워요!

치료사 : 엄마가 저기 있다고 생각해볼래요?

제시카의 내면아이 : 엄마도 역겹기는 마찬가지예요! 왜 자기한테 도움이 되게 행동하질 못하나요? 엄마는 아빠에게 한 번도 거절한 적이 없잖아요! 아빠에게 그냥 꺼지라고 왜 말을 못했나요? 아빠가 하고 다니는 짓을 다 알고 있으면서 당장 그만두라고 말한 적도 결코 없었지요. 그런 짓이 얼마나 자기에게 상처가 되는지 왜 말을 못 했냐구요! 남자가 자기를 이용해 먹고 헌신짝처럼 내버리는데 왜 가만히 있었나요! 그러면서 아무 문제도 없는 척이나 하고……. (사이) 그냥 그런 남자는 발로 뻥 차서 내쫓았더라면 좋았을 텐데. 지옥에나 가라고 욕해주고 우리 모두 멀리 떠나버렸으면 좋았을 거예요. 엄마는 착했지만 아빠는 비겁한 인간이었다고요! 엄마한테 어엿한 직업이 있어서 우리가 그럴 수 있었다면 좋았을 텐데. 내가 이런 말을 엄마에게 했었다면 정말로 좋았겠지요.

치료사 : 엄마 아빠에게 더 하고 싶은 말이 있나요?

제시카의 내면아이 : 있어요. 엄마 아빠는 둘 다 끔찍한 사람들이에요. 둘은 절대 결혼하지 말아야 했어요. 엄마, 엄마는 아빠가 그렇게

엄마를 망가뜨리도록 놔 두지 말았어야지요. 왜 그런 대우를 받고 살아야 했나요. 그리고 아빠, 아빠는 거만한 개자식이에요. 엄마의 청력이 조금 떨어진다는 이유로 그렇게 막 대할 수는 없는 거잖아요. 엄마는 상냥하고 좋은 여자지만 그게 엄마의 가장 큰 결점이에요. 엄마는 아빠한테 지나치게 잘해줬어요. 아빠는 그냥 싸울 상대가 필요했던 거예요. 내가 두 살 때 이혼했더라면 차라리 좋았을 것을! 두 사람 다 행복했더라면 좋았을 텐데, 둘 다 불쌍한 인간들이었어요. (사이, 잠시 후 다시 눈물을 흘리기 시작한다.) 남동생 도니에게 하고 싶은 말이 있어요. 도니, 네가 그런 꼴을 당하고 살았다는 게 너무 속상해. 아빠는 너한테도 아주 못되게 굴었지. 그런데 이 누나는 아빠에게 아무 말도 못했어. 그 입 닥치라고, 한 번도 말하지 못했지. 미안해, 정말 정말 정말 정말 미안해, 도니. 누나가 잘못했어. (길게 사이를 두었다가) 나는 엄마 때문에 속상하고 너 때문에 속상해. 너를 위해서 누나가 나서서 아빠에게 진실을 말하지 못한 게 미안해. 나 자신을 위해서 진실을 말하지 못한 것도 너무 안타깝고.

치료사 : 내면어른이 당신에게 말할 기회를 주지 않았던 것이 화가 나요? 진실을 말하도록 해주지 않았기 때문에?

제시카 : 아뇨. 만약 아빠가 그렇게 꼭지가 돌았을 때 우리가 무슨 말을 했더라면 죽도록 얻어맞았을 거예요. 우리가 어떤 말을 할 수 있는 상황은 아니었다고 생각해요. 아빠가 우리를 때린 적은 없지만 그건 우리가 정말로 조심했기 때문이에요. 만약 우리가 아빠를 궁지로 몰아넣었더라면 아주 끔찍한 일이 일어났을 수도 있었겠죠. 하지만

선생님 말씀도 일리가 있어요. 난 나 자신에게 화가 난 것 같아요. 적어도 시도라도 한번 해봤으면 좋았을 텐데. 아빠에게 속 시원하게 퍼붓고 도망칠 수도 있었을 텐데. 뭐라도 해봤으면 이렇게 답답하진 않을 텐데. 아무것도 해보지 못한 게 아쉬워요. 진짜로 화가 난 건 아니고 그냥 아쉽다 이거예요. (사이) 아빠에게는 지금도 화가 나요. 아직도 화가 나서 미치겠어요. 엄마에겐 그렇게까지 화가 나지 않지만 아빠에겐 정말로 화가 나요. (긴 사이) 식당의 웨이트리스들하고 전부 다 그런 짓을 했다는 게 열 받아요. 좀 웃기지만 아빠가 나한테 직접 그런 짓을 한 것처럼 느껴져요. 있잖아요, 아빠는 우리 가족만으로 만족할 수 없었던 거예요. 나만으로는 만족할 수 없었던 거예요. 우리만으로는 충분하지 않아서 웨이트리스들과 재미를 봤다, 고로 아빠는 나만으로는 만족하지 못했다. 기본적으로 이런 생각이 들어요.

치료사 : 마음속의 어린 소녀에게 그 문제에 대해 이야기해보지 그래요.

제시카의 내면어른 : 오. (내면아이에게 속삭이듯이) 아빠에게 너만으로 충분하지 않았다는 뜻은 아니야. 전혀 그런 의미는 아니라고. 네가 부족했다는 뜻은 아니야……. 네가 뭐가 모자라서……. 아니, 어쩌면 아빠에게는 네가 부족했을 수도 있어. 난 아빠가 무엇을 찾고 있었는지는 모르니까. 어쨌든 아빠는 그걸 찾지 못했어. 하지만 너한테 무슨 문제가 있었다는 뜻은 아니야. 넌 훌륭해. 네가 얼마나 좋은 사람인데. 너 그거 알아? 만약 우리가 아빠 행동에 대해 어떻게 생각하는지 아빠가 알았더라면 불같이 화를 냈을 거야. 아빠가 일부러 우리가 그

렇게 느끼기를 바랐던 건 결코 아니겠지. 하지만 핵심은 이거야. 너는 부족하지 않아. 넌 그냥 훌륭하니까. (울기 시작한다. 연약한 내면어른이 연약한 아이를 위로한다.) 넌 아주 아름다운 소녀야. 게다가 사람들의 마음을 잘 살피는 재미있고 다정한 소녀지. 자기가 할 수 있는 한 최대로 베풀려고 노력하는 아이야. 사람들은 너 때문에 웃고 미소 짓지. 넌 '경이로운' 아이란다. 굉장한 아이라고! 네 잘못 때문에 아빠가 그랬던 건 전혀 아니야. 네 잘못이 아니었어. 너 때문에 아빠가 그런 짓을 저질렀던 게 아니야. 넌 아무 잘못도 없단다······.

치료사 : 제시카, 좀 더 어른다운 입장에서 이야기를 했으면 좋겠네요. 지금 당신이 취하고 있는 입장에서 하는 말을 내면아이가 잘 듣고 그대로 믿어줄지 모르겠어요.

제시카의 내면어른 : (마음을 가다듬고 울음을 그친다.) 그래, 네 잘못은 아니란다.

치료사 : 힘과 확신을 갖고 말할 수 있는지 볼까요.

제시카의 내면어른 : 허약하고 상처 받기 쉬운 태도가 아니라 말이지요? 좋아요. (어른이 감정을 누르고 아이에게 이성적으로 설명하듯이 좀 더 단호한 음성으로) 있잖아, 네 잘못이 아니야. 너 때문에 아빠가 그런 일을 저질렀던 게 아니거든. 사실 아빠가 선택한 일들과 너는 아무 관련도 없어. 전혀 무관하다고. (치료사에게) 그런데, 저기요, 나 자신도 이 말을 잘 못 믿겠어요.

치료사 : 제시카가 지금 버림받은 사람의 입장에서 그 말을 하고 있기 때문에 그런 거예요. 어른의 입장에서 진심과 확신을 담아 말할 수

있다면 내면아이도 그 점을 확실히 느낀답니다. 당신이 그 말이 진실이라는 것을 깨닫기 전까지는 내면아이도 그렇게 느끼지 못한단 뜻이에요.

제시카 : 보세요, 내가 아는 진실은 내가 좀 더 정직했더라면, 그러니까 아빠에게 좀 더 나의 진실을 드러냈더라면 어땠을까라는……, 아빠의 선택에 나도 조금은 영향을 끼치지 않았을까라는 생각이 들어요. 왜냐하면 나는 정직하게 마음을 드러내지 않았으니까요.

치료사 : 잘못된 신념에서 나온 생각이에요.

제시카 : 어떤 신념인데요?

치료사 : 당신이 뭔가를 말하거나 행할 수 있었다면 결과가 달라졌을 것이라는 신념이지요.

제시카 : 잭(제시카의 고용주)과 맞섰던 것도 똑같은 이유에서였는데.

치료사 : 맞아요. 그건 통제의 문제예요. 제시카는 지금 자기가 좀 더 진솔하게 대했더라면, 진실을 말했더라면 상황이 달라졌을 거라고 생각하고 있어요. 하지만 당신이 만들 수 있었던 차이는 오로지 당신 자신에 대한 것뿐이에요. 당신의 내면아이가 어떤 목소리를 갖느냐의 차이는 있을 수 있었겠지요. 하지만 아버지가 했던 일 자체는 달라지지 않아요. 다른 누군가의 진실이 사람을 변화시키는 것은 아니거든요. 사람을 변화시키는 것은 오직 그 사람 자신의 진실뿐이에요.

제시카의 내면어른 : 그래요. (내면아이에게, 다시 한 번 말을 걸어본다.) 우리는 아빠를 어떻게 할 수 있는 힘이 없었어. 아빠에게 '마법의 힘' 따위를 쓸 수는 없었다고. (뭔가가 달라졌다. 제시카의 목소리가 드디어

확고하면서도 내면아이를 위로하는 어조를 띠기 시작했다.) 우리가 아무리 정직했더라도, 아무리 아빠를 사랑했더라도, 아빠의 머리와 가슴을 바꿀 만한 마법의 힘이 우리에게는 없었어. 우리가 할 수 있었던 일이 아니야. 우리는 할 수 없었어. 우리로서는 최선을 다했던 거야. 우리 입장에서는 최대한 아빠를 사랑했어. 좋은 딸이 되려고 최선을 다했어. 아빠 엄마와 함께 살면서 행복해지려고 우리가 할 수 있는 모든 것을 했어. 아빠 엄마를 행복하게 할 수 있는 최선도 다했어. 알았지? 우린 그럴 만한 힘이 없었어! 우리가 할 수 있는 일이 아니었다고.

치료사 : 그뿐만 아니라 설령 진실을 말했다고 해도 그때 무슨 일이 일어났을지는 알 수 없어요. 아버지는 오히려 더 나빠졌을 수도 있으니까요!

제시카의 내면어른 : 맞아요! 우리가 진심을 고백했다면 상황은 더 악화됐을 수도 있어요.

치료사 : 우리는 어릴 때, 속마음을 그대로 말하지 않는 법을 배우지요. 마음을 털어놓아도 사정이 좋아지기는커녕 종종 더 나빠지기 때문이에요.

제시카의 내면어른 : (내면아이에게) 봐봐, 아빠가 정말로 다른 인생을 살고 싶은 마음이 있었다면 진실을 찾고자 했을 거야. 다르게 살아볼 방법들을 찾아봤을 거라고. 자기 마음속도 들여다보고, 다른 사람들하고도 이야기를 나눠보면서 다르게 산다는 게 뭔지 연구했을 거야. 심리 상담을 받으러 갈 수도 있었고 여러 가지를 달리 해볼 수도 있었어. 그렇지만 그건 어디까지나 아빠가 선택할 문제야. 그렇잖아,

아빠는 힘도 있고 돈도 있고 시간도 있었어. 얼마든지 스스로 그런 선택을 할 수도 있었다고. 이유가 뭐였든 간에 아빠 자신이 선택을 하지 않았어. 그건 절대로 우리 잘못이 아니야. 우리는 최선을 다했어. 지금 우리가 해야 할 일은 아빠를 그냥 놓아주는 거랄까……, 아빠가 무엇을 자초했든, 지금 어떤 도전에 직면해 있든, 우린 그냥 그 일을 아빠에게 맡겨야 해. 굳이 알 필요가 있는 사실은 우리가 최선을 다했다는 것뿐이야. 사람을 바꿔놓을 수 있는 마법의 힘은 우리에게 없어. 우리가 지닌 유일한 마법의 힘은 우리 자신을 바꿀 수 있는 힘이야. 그게 바로 우리의 마법이야! 그게 우리의 마법이라고! 그리고 난 너를 사랑해. (치료사에게) 기분이 좋아졌어요. 마법의 힘……, 난 지금까지 나한테 그런 마법의 힘이 있다는 생각을 버리지 못했나 봐요. 그래서 아주 무거운 짐을 내려놓은 것처럼 홀가분하네요. 이젠 아빠가 웨이트리스들과 재미를 봤다는 사실이 그렇게 화나지 않아요.

치료사 : 아주 좋은 내면대화 작업이었어요.

제시카 : 고마워요.

장애 치료

치료를 방해하는 장애들이 있다. 이러한 문제가 있는 환자들은 아무런 진전 없이 여러 심리 치료사들을 전전하는 경우가 많다. 여기서 그러한 장애 중 일부를 다루고 내면 유대 치료를 통해 어떤 치유가 가능한지 보여주고자 한다. 그러나 환자 자신이 '기꺼이' 내면 작업을 수행하지 않는 한 어떤 장애도 치유되지 않는다는 점을 다시 한 번 강조하고 싶다.

인격 장애 인격 장애는 불행히도 매우 흔한 편이며 양호한 수준에서 매우 심각한 수준까지 사회적, 직업적, 인간 관계적 손상을 일으킨다. 미국 정신과협회가 출간한 《정신장애진단편람(DSM-111-R)》에 따르면 가장 흔한 인격 장애로는 경계성 인격 장애, 연극성 인격 장애, 자기애적 인격 장애, 회피성 인격 장애, 의존성 인격 장애, 강박충동성 장애를 꼽을 수 있다.

인격 장애로 고통 받는 환자들과의 임상 경험을 통해 이러한 장애의 뿌리가 내면아이와 내면어른의 철저하고 지속적인 분리에 있다는 것을 알 수 있었다. 이들의 내면어른은 강박충동성 인격 장애의 경우처럼 극도로 경직된 권위적 어른으로서 내면아이를 철저히 배제하고 매사를 단독으로 처리하거나, 혹은 좀 더 흔하게는 경계성 인격 장애, 연극성 인격 장애, 자기애적 인격 장애, 회피적 인격 장애, 의존성 인격 장애의 경우처럼 너무 심하게 방임하는 내면어른은 사실상 존재하지 않는 것이나 마찬가지라서 버림받은 내면아이가 혼자 모든 일을 처리해야 하는 경우가 많다.

이들은 내면이 너무나 뿌리 깊게 분리되어 있기 때문에 내면어른과 내면아이가 부분적으로라도 연결되어 있는 사람들보다 더 오래 치료해야 한다. 대부분의 사람들은 특정 문제가 활성화될 때에만 내면어른이 내면아이를 저버리지만 인격 장애 환자들은 모든 문제 전반에 걸쳐 내면의 분리를 나타낸다. 바로 이 때문에 인격 장애 환자들은 직장에서나 인간 관계에서나 어느 한쪽 가릴 것 없이 힘든 시간을 보내곤 한다.

인격 장애 환자의 내면어른과는 도대체 접촉하기가 어렵기 때문에 특히 치료가 어렵다. 그런데 내면대화법을 실시하려면 내면어른이 기꺼이 배우려는 자세를 취하지 않으면 안 된다. 그래도 우리는 환자가 최소한 하루 30분씩 말로 하거나 글로 쓰는 내면대화에 몰두하면, 진전을 보일 수 있다는 것을 확인했다. 내면아이는 내면대화를 통해 기분이 차츰 나아지고 치유되기 시작한다. 환자가 스스로 내면대화를 하겠다고 서약하지 않으면 최소 일 주일에 세 번 이상 치료에 나와서 치료사의 도움을 받아 상담실에서 큰 소리로 대화를 연습해야 한다. 그러지 않는다면 어떤 진전도 일어날 수 없다. 치료사는 사랑하는 내면어른 역할의 본을 보여주는 한편, 버림받은 내면아이 역할을 어떻게 수행하는가도 보여준다.

섭식 장애 섭식 장애는 신경성 식욕부진증(거식증), 폭식증, 비만에 해당하며 미국 문화에서 흔히 볼 수 있다. 심리 치료를 받으러 오는 섭식 장애 환자들의 수도 갈수록 늘고 있는 실정이다. 거식증 환자는 일반적으로 청소년이나 젊은 여성이다. 이들은 내면어른과 내면아이가 심하게 분리되어 있으며 통제력 상실을 극도로 두려워하는 내면아이가 음식물 섭취를 엄격하게 통제하려는 양상을 보인다. 이 내면아이는 내면어른에게 여러 차례 버림을 받았기 때문에 다른 사람들에게 조종당할까 봐 겁이 난 나머지 아무도 통제할 수 없는 한 분야를 스스로 통제하기로 마음먹은 것이다. 환자를 입원시키고 강제로 음식을 먹이지 않는 한, 아무도 환자의 음식물 섭취를 통제할 수 없다. 이 경우에도 내면어른은 모습을 보이고 책임을 지기는커녕 차라리 내면아이가 굶어 죽도록 방임할 것이다.

폭식증으로 고생하는 젊은 여성들도 이와 비슷하게 내면이 분리되어 있다. 내면아이는 내면어른과 분리되어 있거나, 혹은 다른 사람들과 분리되어 혼자 남겨질 때, 내면의 지독한 외로움을 음식으로 달래는 법을 배웠다. 음식을 먹는 것은 내면아이가 내면어른의 양육을 경험하지 못할 때 스스로를 양육하기 위해 사용하는 수단이다. 또한 음식을 먹는 행위가 세상에서 뭔가 잘 안 풀린다고 느낄 때 반응하는 방식이 될 수도 있다. 다른 사람들이 나를 대하는 방식이나 나의 외로움을 제어할 수 없다고 느낄 때 음식물을 섭취함으로써 그러한 감정을 차단한다. 내면아이는 마음속의 엄청난 공허를 메우고 괴로움을 잊기 위해 먹고, 먹고, 또 먹는다. 더 먹을 수 없을 정도로 배가 부르면 양육에 대한 갈망이 일시적으로 해소되지만, 그 대신 뚱뚱해져서 거절당할 거라는 두려움이 고개를 들면서 손가락을 집어넣어 억지로 토하거나 설사약, 이뇨제 따위를 사용하게 된다. 이로써 환자는 공허와 거부에 대한 두려움 중 어느 것이 더 지배적이냐에 따라 폭식과 구토, 다이어트, 단식 사이를 쳇바퀴처럼 오가는 것이다.

타미라는 20대 중반의 젊고 아름다운 아가씨다. 똑똑하고 재능도 많아 아티스트로서 성공도 거두었다. 하지만 열일곱 살 때 음식을 먹었다가 토하는 것이 어렵지 않다는 것을 알게 된 후부터 줄곧 폭식증에 시달렸다. 타미라는 내면아이 치료를 받기 전에 이미 과식증방지회에서 폭식증 문제를 해결하기 위해 심도 깊은 치료 작업을 수행했고 폭식을 어느 정도 자제할 수 있게 되었다. 하지만 음식물 섭취를 조절하기 위해 여전히 힘겹게 발버둥 쳐야 한다는 사실에 낙담해 있었다.

치료를 시작한 지 얼마 안 되어 타미라는 성실하게 내면아이와 대화하기 시작했다. 처음에는 내면아이가 침묵으로 일관했지만 타미라는 내면아이가 입을 열 때까지 끈기 있게 대화를 지속했다. 타미라가 이렇게 하자 내면아이도 많은 것을 알려주었다. 타미라는 내면아이가 그녀에 대해 갖고 있는 정보에 깜짝 놀랐다. 내면아이는 내면어른이 자기 말을 듣지도 않고 자기를 위해서 행동하지도 않았기 때문에, 너무 외로워서 그 허전함을 달래려고 폭식을 했다고 말했다. 타미라는 자신이 내면아이와 밀접하게 연결될수록 과식과 구토를 반복하는 일이 차츰 줄어든다는 사실을 깨달았다. 모든 문제들이 그렇듯 폭식증도 내면 분리의 한 징후였던 것이다.

타미라는 내면아이에게 접속하는 일이 수월해지면서 자기가 어렸을 때 몹시도 외로운 아이였다는 것을 알게 되었다. 타미라의 엄마는 차갑고 무심한 편이었는데, 그녀의 내면아이는 마더링을 간절히 열망하면서 그러한 욕구를 종종 음식물로 대신 채우곤 했다. 타미라가 친구들을 통해 마더링 욕구를 채우려고 노력하자 차츰 폭식증을 다스릴 수 있다는 느낌이 들었다. 그다음에 타미라는 자신이 어릴 때 가정을 버린 아버지에게 항상 거부당한 기분을 느끼며 살아왔고 그러한 감정이 남성들과의 관계에 영향을 주었음을 깨달았다. 이 시점에서 그녀는 내면아이와 다음과 같은 대화를 기록했다.

타미라의 내면어른 : 안녕, 우리 아기.
타미라의 내면아이 : 엄마, 미치겠어요.
타미라의 내면어른 : 왜 그런지 말해보렴.
타미라의 내면아이 : 남자들을 생각하면 살에 뭐가 돋는 것처럼 기분이 이상해요. 너무 끔찍하고 불편한 느낌이에요. 나가고 싶어요. 하루 종일 속에서 소리를 질렀다고요. 정말 이러기 싫어요. 끔찍하게 아프단 말이에요. 하느님이 되었으면 좋겠어요. 이 모든 음식을 먹어치우고도 살이 하나도 찌지 않으면 좋겠어요. 실제 우주의 법칙들이 하나도 나에게 해당되지 않았으면 좋겠네요. 이 불편한 느낌을 참을 수가 없어요. 닥치는 대로 집어던지든가, 누구를 끝장내든가, 속에서 터져 나오는 대로 싸지르고 싶다고요. 엄마, 나 죽고 싶어요.
타미라의 내면어른 : 왜 그러니, 우리 아기.
타미라의 내면아이 : 아무도 상관하지 않으니까요. 아무도 날 사랑하지 않아요. 난 완전히 혼자예요. 너무 외로워 미치겠어요. 난 아빠가 원하는 것을 아무것도 만족시키지 못했어요. 그래서 아빠가 날 버리고 떠난 거예요. 우리가 함께했던 모든 것이 나에겐 너무나 특별한데, 아빠에게는 분명히 아무런 의미도 없었겠지요. 하지만 아빠와 엄마의 싸움에 왜 내가 말려들어가야 하나요? 도대체 나한테 무슨 책임이 있나요? 내가 뭘 했다고?

타미라의 내면어른 : 얘야, 넌 아무 짓도 하지 않았어. 너와는 조금도 상관없는 일이야. (내면아이에게 진실을 말해준다.)

타미라의 내면아이 : 그런데 왜 아빠는 나를 버리고 갔나요? 내가 아빠를 얼마나 사랑했는데요. 나를 부양한 사람은 아빠였잖아요. 아빠는 나에게 아이스크림도 사주고 사람들에게 우리 딸 보라고 자랑도 했잖아요. 사람들 앞에서 나를 자랑스럽게 여겼잖아요. 이상한 건, 나랑 단 둘이 있을 땐 그러지 않으면서 꼭 다른 사람들이 있을 때에만 그랬다는 거죠. 왜 그랬을까요, 엄마?

타미라의 내면어른 : 아빠는 너를 사랑했어. 하지만 혼자서 널 키우기는 너무 겁이 났겠지. 자기 음주벽을 다스릴 수 없다는 걸 잘 알고 스스로 그 점을 부끄러워했으니까. 아빠는 네가 자기 속까지 다 꿰뚫어보는 것처럼 느끼곤 했지. 너에게 자신의 본모습을 감출 수는 없다고 생각했을 거야.

타미라의 내면아이 : 난 볼 수 있었어요. 그래서 아빠를 사랑했던 거예요.

타미라의 내면어른 : 알아, 우리 아기. 그게 참 아이러니하지. 아빠는 네가 너무 어려서 아빠를 잘 모르기 때문에 사랑하는 거라고 믿었단다. 아빠가 진작 알기만 했더라면……. 넌 아빠가 제일 두려워하는 바로 그 일을 항상 해 왔지. 항상 곁에 붙어 있으면서 아빠가 두려움을 떨쳐낼 수 있도록 도와주었잖니. 하지만 나중에는 그럴 수 없었지. 너에게는 그럴 수단이 없었거든. 네가 실패한 게 아니야. 아빠가 네 목소리를 듣지 못했던 것뿐이야. 아빠는 때가 아니라고 생각했어. 해답

이 바로 자기 앞에 있는데도 자기가 어떻게 할 수는 없다고 생각했던 거야. 아빠는 네가 애정 어린 눈빛으로 내놓은 선물의 가치를 몰랐어. 그냥 자기는 딸에게 이런 사랑을 받을 가치가 없다고, 너의 순진한 신뢰와 무조건적인 사랑과 헌신을 받을 자격이 없다고만 생각했지.

타미라의 내면아이 : 엄마, 내가 속으로 얼마나 사랑하는지 보여주면 모든 남자들이 그렇게 떠날까요? 내 마음을 보여주는 게 추잡해요?

타미라의 내면어른 : 아니야, 애야. 그런 선물을 받을 만큼 자신을 충분히 사랑하지 않는 남자들만 떠나는 거야. 너는 아주 관대한 마음을 갖고 있지. 그래서 우리는 그 어마어마한 아름다움을 감당할 수 있는 남자를 아직 찾지 못했을 뿐이야. 네가 그렇게 사랑해주는데 자기도 그만큼 사랑할 수 없으면 남자는 부끄러워지지. 그렇게 자기가 부끄러우니까 도망가는 거란다. 네 문제가 아니야.

타미라의 내면아이 : 엄마, 고마워요. 소리 지르고 싶을 만큼 기분이 좋아요. 나 자신과 타협하지 않아도 되는 남자, 나를 자제하게 만들거나 자기 욕구에 끼워 맞추지 않는 남자, 그런 남자친구를 찾을 수 있게 도와줄래요? 100퍼센트 나 자신의 모습으로 사랑받고 싶어요.

타미라의 내면어른 : 너는 있는 그대로도 너무나 사랑스럽단다. 약속할게. 내가 남자들과 함께 있을 때마다 네 목소리에 귀를 기울이마. 너도 네 기분을 나에게 말해주기다? 알았지?

타미라의 내면아이 : 좋아요.

타미라의 내면어른 : 지금은 기분이 어때?

타미라의 내면아이 : 여전히 포만감 같은 게 느껴지고 살이 찔까 봐

겁도 나요. 그래도 지금은 아까보다 훨씬 안정감이 들고 더는 화가 나지 않아요. 어쨌든 나도 죽기는 싫어요. 어렸을 때 엄마는 내가 아빠를 잃고 슬퍼할 여유를 주지 않았지요. 이제 실컷 슬퍼했어요. 그러지 않았더라면 앞으로도 얼음공주처럼 살아갈 수밖에 없었겠지요. 감정을 통제하고 부정하는 법을 배웠지만 그건 진정한 내 마음이 아니었어요.

타미라의 내면어른 : 마음속의 분수가 이제 터지기 시작했구나. 네 용기가 자랑스럽다.

타미라의 내면아이 : 고마워요, 엄마. 엄마가 없었으면 못 했을 거예요.

타미라의 내면어른 : 사랑한다. 좋은 꿈 꾸렴.

타미라의 내면아이 : 엄마, 부디 음식 문제로 너무 골치 아프게 고민하지 마세요.

타미라의 내면어른 : 알았어. 사랑해.

비만은 내면아이가 내면의 공허함을 채우고 외롭다는 감정을 피하기 위한 수단으로 음식을 사용한다는 점에서 폭식증과 유사하지만 뚱뚱함 자체가 목적이 된다는 점이 다르다. 내면아이는 거부 혹은 지배에 대한 두려움에 부딪칠 필요가 없게끔 아예 사람들을 멀리하기 위해 일부러 뚱뚱한 외모를 택할지도 모른다. 혹은 비만이 섹스와 관련된 여러 가지 힘든 감정으로부터 내면아이를 보호하는 수단이 되기도 한다. 어렸을 때 성적 학대를 받았던 여성은 이런 식으로 뚱뚱한 외모를 이용하곤 한다. 비록 당사자도 의식적으로는 날씬해지고 싶다고 말하겠지만 내면아이가 이런 식으로 차라리 뚱뚱해지기를 바라는 데에는 여러 이유가 있을 수 있다. 어떤 사람들은 체중 감량에 가까스로 성공한 후에 다시 과체중 상태로 돌아간다. 내면어른이 내면아이를 진정으로 돌보고 보듬기 시작할 때까지 그런 식으로 몸무게와의 싸움을 반복하는 것이다.

불안 장애 광장 공포증이나 비행 공포증, 고소 공포증, 뱀 공포증, 개 공포증 등과 같은 단순 공포증과 함께 나타나거나 그와 별개로 일어나는 공황 발작 같은 불안 장애는 우리 사회에 널리 퍼져 있다. 내면아이가 극도의 불안이나 외로움을 자극하는 상황에 부딪쳤을 때 그 아이를 지원해주고 보듬어주며 상황을 해결해줄 만한 내면어른이 없으면 공황 발작이 일어난다. 공황 발작은 종종 내면아이가 거부를 피하기 위해 스스로를 배신하는 상황에 빠질 때, 혹은 내면아이가 안전하게 빠져나갈 수 없겠다고 생각되는 상황에 놓였을 때 일어난다.

카렌은 40대 초반의 여성이다. 그녀는 첫 번째 결혼을 했던 20대 초부터 간헐적인 공황 발작을 겪으며 힘들어했다. 첫 남편과 이혼하고서부터 공황 발작이 사라졌지만 재혼을 하고 나서 몇 년 후에 공황 발작이 재발했다. 지금의 남편 브루스는 전형적인 좋은 남자로서 정서적으로는 좀 소원하지만 대외적으로는 자상한 남편이었다. 친정 식구들은 카렌이 그렇게 좋은 남자를 만나서 다행이라는 말을 자주 했다. 카렌은 처음 치료를 받으면서 왜 남편과 다른 사람들과 외출을 할 때마다 공황 상태에 빠지는지 모르겠다고 털어놓았다. 카렌 역시 사람들 앞에서 말을 잘하는 연설가였다. 그런데도 이따금 자기 의견을 밝히기 전에 공황 발작을 경험하는 이유도 이해하기 힘들었다.

치료에서 카렌은 남편과 그밖의 다른 사람들과 밖에 있을 때 남편이 그녀를 당황하게 만드는 말이나 행동을 자주 한다는 것을 깨달았다. 카렌의 내면어른은 그러한 상황을 해결할 방법을 알지 못했고 내면아이는 덫에 걸린 기분을 느끼고 얼어붙었다가 결국 공황 상태에 빠지곤 했다. 카렌은 또한 공개적으로 연설을 하기 전에 제대로 말을 하지 못하게 될까 봐 내면아이가 몹시 두려워하는데 내면어른은 그러한 아이를 달래주지도 않고 그렇다고 진실을 말해주지도 않는다는 것을 알았다. 내면어른은 카렌은 말을 잘할 것이고 설령 그렇게 하지 못한다 해도 나쁜 일은 일어나지 않을 거라고 말해주지 않았다. 카렌이 실수한다 한들 사람들의 미움을 살 일도 없고, 다들 이해해줄 텐데 말이다. 진실을 말해주는 내면어른 없이 카렌의 내면아이는 홀로 남겨져 두려움과 싸우다 발작을 일으키곤 했던 것이다.

카렌의 사랑하는 내면어른이 내면아이를 위로하는 법을 배우면서부터 공황 발작은 진정되었다. 하지만 진정 국면은 잠시 동안만 지속되었다. 카렌이 자신의 내면아이가 남편 브루스에 대해서 어떤 감정을 품고 있는지 알려 하지 않았기 때문이다. 카렌은 남편과의 관계를 깨뜨릴 각오까지 하고 나서야 비로소 내면아이에게 접근할 수 있었다. 그녀는 자신이 브루스를 별로 좋아하지 않는다는 것을 충분히 알았다. 정서적으로 소원한 남편과 함께 지내기란 지루했다. 그녀의 내면아이는 덫에 빠진 기분을 느끼고 있었다. 카렌은 내면아이에게 덫에 빠진 게 아니라고 말하고, 만약 일이 잘 풀리지 않으면 언제라도 남편과 헤어지겠다고 말했다. 하지만 그 전에 부부 상담이라도 한번 받아보고 싶다고 말했다. 그때부터 내면아이는 공황 상태에 빠지지 않았다.

광장 공포증도 근본적으로 같은 원인에서 비롯된다. 내면아이가 너무 겁에 질려 혼자서는 바깥에서, 특히 군중 틈에서 있을 수 없는 것이다. 여기에는 많은 사람들이 지켜보는 가운데 학대를 받거나 추행을 당했던 기억, 혹은 군중 틈에서 보호자를 잃어버렸거나 실제로 부모에게 버림받았던 기억이 개입할 수도 있다. 광장 공포증에는 모욕을 당할 것이라는 두려움, 나아가 발작 그 자체에 대한 두려움이 있을 수 있다. 이리하여 내면아이는 두려움 그 자체를 두려워하는 법을 배우게 된다. 두려움을 겪을 때마다 혼자서 너무나 외롭기 때문이다. 당사자의 사랑하는 내면어른이 내면아이를 위로하는 법을 배운다면 더는 두려움을 두려워하지 않을 수 있다. 또한 두려움의 원인이 되었던 과거의 트라우마를 치유하는 것도 가능할 것이다.

우리는 어렸을 때 나의 인생이나 선택을 마음대로 할 수 없다는 기분을 자주 느꼈다. 그런데 이러한 경험이 너무 심하다면 성인이 된 후에 공포증이 생길 수 있다. 그 이유는 내면어른이 내면아이에게 자신의 삶을 스스로 다스리고 있다는 느낌을 주지 못하기 때문이다. 공포증은 내면의 두려움을 바깥으로 투사한 것이다. 예를 들어 통제에서 벗어날 것이라는 두려움은 비행 공포증이나 고속도로 공포증으로 나타나기도 한다. 뱀 공포증은 어떤 인물에 대한 공포를 투사한 증상일 수 있다. 이를테면 뱀을 성적으로 자신을 학대한 아버지의 상징으로 받아들이는 여성은 뱀이라면 치를 떨 것이다. 내면어른이 뱀과 아버지를 분리해서 생각할 수 있도록 내면아이를 도와준다면, 또한 그 아이가 아버지에 대한 두려움과 고통을 표현할 수 있도록 도와준다면 환자의 공포는 치유될 수 있을 것이다.

우울증 우울증은 내면어른이 내면아이의 필요와 욕구를 무시하거나 깎아내림으로써 그 아이의 생기발랄한 에너지를 '내리누르는' 상황에서 발생한다. 내면아이가 싫어하는 일을 하면서도 내면어른이 아무 변화도 꾀하지 않는다면 그 사람은 우울해진다. 내면어른은 내면아이가 아예 있지도 않은 것처럼 행동하고 그 때문에 내면아이는 더욱 억눌린다. 내면아이가 더는 인간 관계를 유지하고 싶지 않은 상대와 여전히 어울리는 사람은 우울해진다. 이별이 두렵거나 "애들을 봐서 참고 살아야지."라는 이유로 계속 그 상대와 관계를 이어간다면 내면아이는 덫에 걸린 기분을 느끼고 우울해한다. 내면어른이 내면아이의 소리에 귀를 기울이고 그 아이를 위해 행동하면 우울증이 얼마나 금방 낫는지 놀라울 정도다.

네이선은 건축가로서 성공한 남성이지만 주기적으로 찾아오는 우울증 때문에 입원을 몇 차례나 반복했다. 네이선은 일을 할 때에는 내면아이와 긴밀하게 이어져 있었고 바로 그렇기 때문에 일에서 성공을 거둘 수 있었다. 하지만 그는 개인적 상황에서는 내면아이를 무시할 때가 많았다. 내면아이가 보내는 신호를 무시할 때면 언제나 결국은 심한 우울증이 찾아왔다. 네이선의 내면아이가 내면어른에게 무시를 당하면 너무나 겁에 질려 화학적인 신체 반응이 일어났고 그것이 그를 심각한 우울로 몰아넣었다. 네이선이 내면의 신호에 귀를 기울이고 그에 따라 행동하는 법을 배우자 그의 우울증은 거짓말처럼 나았다.

그룹 치료

여러분은 아마 개인적으로 치료를 받는 것보다 그룹 치료에서 더 많은 것을 얻을 수 있을 것이다. 그룹 치료를 하면 여러 사람들이 저마다 다른 과정을 헤쳐 나가는 모습을 보고 들으면서 자신은 어떤 부분에서 치료 작업이 필요한가를 알 수 있다. 또한 다른 사람이 자신의 깊은 분노, 고통, 두려움을 받아들이고 결국에는 그러한 감정에서 벗어나는 모습을 보면서 자기도 저렇게 할 수 있을 거라는 용기를 얻기도 한다. 나아가 같은 그룹에 속한 사람들에게 많은 지원을 받을 수 있고, 당신이 아는 진실을 애정과 공감 어린 방식으로 전달하는 방법도 배울 수 있다. 그룹 치료는 다른 사람들과 함께 있으면서도 분리되고 소외되어 있다고 느끼는 것을 치유하는 데에도 도움이 된다. 그룹 내에서의 진솔한 마음 쏨쏨이는 지금까지 경험해보지 못했던 연대감을 느끼게 한다. 그러나 불행히도 인격 장애를 안고 있는 사람들에게는 그룹 치료가 대부분 부적절하다. 인격 장애 환자의 내면아이는 그룹 내에서 위협감을 느끼고 혼란을 일으킬 수 있기 때문에 개인 치료를 받는 것이 최선이다.

다음 예를 통해 여성 그룹 치료에서 일어날 수 있는 일종의 성장을 맛보기로 조금 보여주고자 한다. 다양한 여성들이 드러낸 통찰력과 의문을 관찰하고 새라의 치료에 그룹이 어떻게 도움을 주었는지 살펴보라. 또한 그룹 밖에서 새라가 스스로 치료 작업을 수행함으로써 얼마나 많은 성과를 거두었는지도 보라. 그룹 치료는 흥미진진한 배움의 장이 될 수 있다.

새라 : [검은 머리, 푸른 눈을 지닌 새라는 삼십대 중반이고 키가 매우 작다. 아마 150센티미터가 채 안 될 것이다. 두 살짜리 아들이 있고 최근에 이혼을 했다.] 내 몸무게에 대해 이야기를 해보고 싶어요. 전에는 이 문제를 주제로 꺼내지 못했어요. 아기가 생기면서 체중이 많이 불었고 그다음부터 외모와 관련된 문제가 꽤 불거졌어요. 제러미와 이혼했을 때에도 그 사람이 나에게 뚱뚱하고 못생겼다고 하면서 다이어트를 강요했다는 게 가장 큰 문제였으니까요. 다이어트 센터에도 나갔지만 살을 빼지 못했어요. 나는 어떤 다른 이유가 있어서 살이 빠지지 않는 경우였어요. 식사량을 조절하고 센터에서 짜준 프로그램대로 다 하는데도 살이 빠지지 않는 거예요. 센터에서는 내가 심리적으로 뚱뚱한 몸에 집착하고 있을 수도 있다고 말하더군요. 이혼 조정 기간에 들어갔을 때에는 살이 많이 빠졌어요. 하지만 체중이 꾸준히 줄지는 않고 좀 지나니까 다시 돌아오더라고요. 나도 뭔가 내 속에 이

유가 있다는 건 알았지만 어떻게 손을 써볼 수는 없었지요. 오늘 이 자리에 서기까지 내 안의 한 부분이 이렇게 속삭였어요. "넌 꼭 이 이야기를 해야 해, 이 문제를 치료해야 해." 지금은 정말로 나도 이 문제를 치료하고 싶어요. 나도 살을 빼고 싶다고요. 내 원래 몸매를 되찾고 싶어요. 도대체 내 몸에서 무슨 일이 일어나고 있는지 배워야 하잖아요.

마지 : 내면아이는 어떻게 느끼나요?

새라의 내면아이 : 음, 어, 그래요. 나를 보호하려면 어쩔 수 없어요. 난 정말 심하게 아프다고요. 더욱 강해져서 너무 심하게 공격당하지 않으려면 그럴 수밖에 없어요.

마지 : 어른 새라가 함께 있으면서 보호해주지 않으니까 그럴 수밖에 없다는 뜻인가요?

새라의 내면아이 : 몰라요. 그냥 내가 강하다는 느낌이 들지 않아요.

린다 : 외톨이라는 기분이 드나요?

새라의 내면아이 : 그렇진 않아요. 새라는 여기 있어요. 하지만 나를 보호할 만큼 강하지 못해요. 그냥 너무 많은 것을 감당하려고 노력하고 있을 뿐이에요. 내가 이런 걸 다 할 수 있으리라고는 생각도 못했어요. 내가 더 자라지 않았다면, 신체적으로 더 커지지 않았다면 할 수 없을 거라고 생각했어요. 그래요, 그거예요. 그냥 더 자라서……, 너무 작은 사람이 되지 않도록 노력해야 해요. 너무 작지 않게 말이에요. 난 그냥 치이고 싶지 않아요, 아이. (새라의 목소리가 차분하고 깊이 있는 어른의 목소리로 돌아온다.) 난 널 사랑한단다.

줄리 : 누구에게 사랑한다고 말하는 거예요?

새라의 내면어른 : 나 자신에게요. 난 널 사랑해. 나는 위로가 필요하고 그래서 나 자신을 위로하고 있어요. 나예요, 좀 더 자라고 강해지긴 했지만요.

마지 : 내면아이가 '크다'는 것을 신체의 크기로 생각하고 있군요?

새라 : 네.

마지 : 감정적 힘의 크기로 생각하는 게 아니라요?

새라 : 네. 저도 알았어요. 알겠어요. 그게 진실은 아니지만 적어도 지금 내게 일어나고 있는 일이기는 해요. 어떻게 이런 일이 생겼는지 놀라워요! 정말 놀랍네요. 신체적 힘이 아니라 에너지의 문제라는 생각이 섬광처럼 스치고 지나갔어요. 내가 더 강하게 키워야 할 것은 깊은 내면에서 우러나오는 핵심적인 에너지군요. 전에는 이런 걸 깨닫지 못했어요. 이런 기분은 처음이에요. 더 큰 사람이 되려고 살을 찌운다는 생각은 해본 적이 없거든요.

린다 : 전에는 그렇게 강해야 할 필요가 없었을지도 몰라요.

새라 : 강해야 할 필요가 없었다……. 맞아요. 정말 놀랍네요.

메건 : 살이 찌면 제러미와 있을 때 좀 더 보호받는 느낌이 들어요? 성적으로?

새라 : 네.

수재너 : 임신했을 때처럼요?

새라 : 사실 임신했을 때에는 매우 안정감이 들었어요. 제러미가 치근대지 않았으니까.

마사 : 제러미에게 학대당했어요?

새라 : 욱. 그 이야기는 하고 싶지 않아요. 그는 섹스 중독이었어요. 하지만 딜런을 임신하고 있는 동안은 줄곧 안정감을 느꼈지요. 결혼하고 정말 얼마 안 되어 바로 아기가 생겼어요. 내가 임신하기 전까지는 제러미가 굉장히 섹스를 밝혔어요. 그래서 나는 불어난 몸무게를 그런 식으로, 제러미를 물리치는 수단으로 사용하기도 했어요. 지금도 그 점은 마찬가지라고 생각해요. 비록 성적으로 그러는 것은 아니지만요. 내가 그 사람을 상대하는 법을 배웠다는 게 대단하다고 생각해요. 무슨 일이 일어났는가에 대해서 당당하게 나의 진실을 내세우고 지켜볼 수 있다는 거예요. 나의 진실이 나를 보호하게 하는 거예요. 그게 통하고 있어요. 통하는 걸 보아 왔어요. 기분이 얼마나 묘한데요. 이제 제러미는 다시 나에게 친근하게 굴어요. 그래요, 나에게 다시 치근대는 거예요. 정말 묘하게 섬뜩한 기분이 들어요. 지금까지 두 번이나 그랬어요. 그 생각만 하면 정말 기분이 섬뜩해요. 어쩌면 그래서 내가 다시 살이 찌고 있는지도 모르겠네요.

메건 : 나도 그렇지 않느냐고 물어보려고 했어요.

새라 : 지금에야 겨우 깨달았어요! 너무 끔찍해요. 지난번에 몇 번 만났을 때에는 그 사람이 거의 키스를 할 뻔했다니까요.

메건 : 그러니까 날씬해진다는 것은 그 남자에게 당하기 쉬워진다는 의미가 되는군요.

새라 : 분명히 그렇죠.

마지 : 하지만 당신의 내면어른이 내면아이를 보호할 수 없는 경우

에만 해당하는 이야기 아닐까요.

새라 : 맞아요. 그걸 알게 됐어요. 이제야 깨달았어요. 제러미가 나에게 다시 접근하려고 한다는 이야기를 할 때, 제러미를 따돌리고 세상으로부터 나를 보호하는 수단으로 뚱뚱한 몸을 이용한다고 말할 때 뭔가 불이 번쩍 들어오는 기분이 들었지요. 그건 나의 내면어른이 내 옆에 있어주지 않았기 때문이에요.

마지 : 결국 모든 것이 내면아이를 돌보지 않은 내면어른과 관계되어 있는 것 같군요. 그래서 당신의 내면아이는 안정감을 얻을 수 있는 방법이 결핍되어 있어요. 제러미가 자꾸 키스를 하려고 할 때 내면어른에게 애정이 있다면, "이건 기분 나빠."라고 하는 내면아이의 말을 듣고 제러미에게 "안 돼요."라고 대꾸할 수 있었을 거예요. 하지만 내면어른이 이 역할을 해주지 않으니 내면아이는 어떤 식으로든 보호책을 강구한 것이지요.

메건 : 맞아요. 그래서 당신이 거절하는 대신에 살을 찌움으로써 거절을 당하게끔 조장했던 거예요.

새라 : 그래요. 이제 정말 알겠어요. 내 생각에 이 문제가 시작된 것도 지난주에 우리가 이야기했던 배신 때문이었어요. 나 자신과 내면아이 사이의 배신 말이에요. 결혼하기 전부터 그 사람이 나를 성적으로 학대한다는 걸 알았고 이 결혼이 나에게 좋은 일이 아니란 걸 알았으면서도 나 자신의 목소리를 듣지 않았어요. 나는 나 자신을 지켜주지 않았어요.

마지 : 그래서 화가 나나요?

새라 : 확실히 화가 날 이유는 있지만 그보다는 우리가 이미 관심을 집중했던 것과 비슷한 느낌이에요. 그건 일종의 보호였어요. 성적인 것, 힘과 관련된 것을 멀리 떨어뜨려놓으려는 시도였던 것 같아요.

수재너 : 아까 마사가 학대당했느냐고 물었을 때 새라가 대뜸 "그 문제는 다루고 싶지 않아요!"라는 식으로 반응해서 의아했어요. 그리고 지금 마지가 화가 나느냐고 묻는데도 새라는 그게 아니라는 식으로 말하고 있잖아요.

새라 : 음, 집에서 많은 시간을 들여서 생각해봤는데 나한테는 해당되지 않는 것 같았어요. 여러분은 지금 내가 나의 분노와 접촉하게 하려는 거예요?

수재너 : 내가 지난주에 했던 말을 생각해봐요. 난 제러미에게 화가 나요, 어쩌면 그게 나 자신의 문제이기도 하니까! 그는 당신을 학대했어요. 나는 그 사람이 그런 식으로 당신을 학대했다는 게 화가 나요.

새라 : 그래요, 좋아요. 거기엔 어떤 믿음이 있어요. 그냥 그렇게 믿게 됐는데요. 나 자신이 분노로 약해지는 게 싫어요. 난 오랫동안 줄곧 화가 나 있었어요. 나 자신이 쇠약해질 정도로요. 그래서 분노를 그냥 놓아버리는 방향으로 치료 작업을 해 왔어요. 하루도 거르지 않고 매일 밤 해 왔지요. 마음속의 작은 아이와 함께 그 문제로 이야기를 나누고, 울기도 하고, 분노를 떨치려고 노력했어요. 몇 번이나 글을 써서 확인하고 다짐했어요. 이 분노를 놓아버리기 위해 치료도 받았고요. 분노가 나를 파괴하지 못하도록.

수재너 : 하지만 새라가 화내는 모습은 본 적이 없어요.

새라 : 나도 화가 나지만 여기서 여러분과 그 분노를 공유한 적은 없어요. 너무 버거운 감정이거든요. 마치 소리를 지르는 것 같아요. 분노가 고함을 질러요. (울기 시작한다.) 너무 힘들어요! 감당할 수 없어요!

마지 : 사람들에게 자신의 분노를 들키면 그들에게 짐을 지우게 될 것 같다는 이야기로 들리네요.

새라 : 네, 맞아요. 너무 벅차니까요.

마지 : 왜 여기서 당신 자신은 그 짐을 내려놓으려 하지 않나요?

새라 : 몰라요. 그냥 지나갔으면 좋겠어요.

메건 : 그렇게 붙잡고 있는 것 자체가 짐이에요!

수재너 : 얼마 전에 우리 그룹 치료에서 내 문제를 다뤘던 것 생각나요? 내가 진(수재너의 예전 남자친구)에게 느낀 분노에 대한 믿음 말이에요. 나는 그룹 치료를 통해 분노를 바깥으로 표출해야 한다는 것을 배웠어요. 설령 바깥으로 드러난 나의 분노를 모두가 경험한다는 것이 겁나더라도 말이에요. 난 너무 끔찍할 거라고, 혹은 창피해서 안 된다고 생각했지요. 그런데 분노를 밖으로 표출해야만 했어요. 화를 내야만 했다고요. 그런 식으로 피해를 입는 게 어떤 느낌인지 제대로 경험하고 나서야 비로소 평화롭게 그 사실을 받아들일 수 있어요. 그런데 지금 새라는 중요한 한 단계를 빼먹으려고 하는 것 같아요. 아니면 그런 작업은 조용한 집에서 혼자 침대에 누워 울면서 할 일이라고 생각하든가요.

새라 : 음, 물건을 후려치기도 해요······.

마지 : 혼자 해도 마찬가지라고 생각하진 않아요.

줄리 : 가끔은 지켜보고 확인해줄 수 있는 사람들이 필요하지요.

마샤 : 한번 해볼래요? (새라에게 바타카를 건네준다. 바타카는 화를 풀기 위해 휘두르는 발포성 고무 방망이다.) 그를 바닥에 눕힌다고 생각해요.

새라 : 음, 난 그 사람이 '미워요.' 그 사람에게 말하는 것조차 너무 싫어요. 전화를 끊을 때마다 이렇게 말하죠. "치가 떨리게 네가 미워. 이 개새끼야. 엿이나 먹어." 그는 사람을 아주 제멋대로 휘둘러요. (새라가 의자에서 내려와 바닥에 무릎을 꿇는다.)

새라 : 오, 맙소사, 마지! (조용히 흐느끼며 운다. 주저하듯 더듬거리며 말을 내뱉기 시작한다.) 난 정말, 정말 네가 미워. 미워 죽겠어. 넌 노력조차 해보지 않고 날 너무 아프게 했어. 노력하는 모습조차 보이지 않았어. 신경도 쓰지 않았지.

마지 : 새라, 이제 그를 때려보세요. 일단 시작해요. 힘이 솟아나게, 분노가 스스로 모습을 드러내게 해봅시다.

새라 : (움직이지 않고 허리를 구부린 채) 너무 바보 같아요. 창피해요.

마지 : 내면아이에게 기회를 주지 않고 있잖아요. 지금 당신은 그 아이에게 바보 같다고 말하는 거예요.

새라 : 나도 알아요. 할 수 있을 거예요. 해볼 거예요.

마지 : 지금 새라의 아들이 화가 나 있다고 생각해봐요. 그런데 그 아들이 화를 낸다는 이유로 바보 같다고 말한 셈이에요.

새라 : 아뇨, 나는 그렇게 하지 않을 거예요.

마지 : 지금 새라는 자신의 내면아이에게 그렇게 하고 있는 거예요. 내면아이에게 바보 같다고 했어요. 그 아이는 몹시 화가 나 있고 충분히 그럴 권리가 있어요. 내면아이가 분노를 표출하려면 목소리를 내야만 해요. 그 아이는 제러미에게 아주 화가 나 있어요.

새라 : (여전히 쭈뼛대며 입에서 나오는 대로) 넌 나를 강간했어. 난 네가 미워.

마지 : 때리세요.

새라 : 네가 미워. 네가 미워. 미워 죽겠어. 너무너무 미워.

마지 : 더 크게요.

새라 : 미워, 미워, 미워, 미워, 미워, 미워! 네가 미워! 네가 나에게 했던 짓, 다 싫어! (바타카를 들고 때리며 분노를 느낀다.) 네가 밉다고.

마지 : 새라, 더 크게요.

새라 : (목소리를 좀 더 크게 하고 힘을 실어 외친다.) 네가 미워. 미워, 미워, 밉다고!

마지 : (더 큰 소리로) 미워!

새라 : (있는 힘껏 소리를 지르며 방망이를 일 초에 한 번꼴로 휘두르지만 확신은 없어 보인다.) 미워, 미워, 미워, 미워! (바닥을 후려치면서부터 알아들을 수 없는 목소리가 나오기 시작한다.) 악! (때린다.) 아악! (때린다.)

마지 : 온몸을 사용하세요. 있는 힘을 다해서 때리세요. 분노가 당신 몸으로 파고들어 그대로 회초리가 되어 그 사람을 후려친다고 생각하세요!

새라 : (기침을 하기 시작한다. 근육이 흔들릴 정도로 기침만 하면서 서너

번을 때린다. 방망이를 휘두르는 박자는 여전하다.) 콜록. (때린다.) 콜록콜록. (때린다. 정말로 숨이 차서 헐떡이기 시작한다.) 아아, 아아아. 아이고, 세상에. 아아.

마지 : 새라, 지금 당신 기침에 막혀 있는 것을 자각했으면 좋겠어요. 진실이 자유롭게 흘러나오지 못하게 차단하는 수단으로 당신은 기침을 이용하는 거예요. 내면아이는 나가고 싶어 죽을 지경인데 내면어른은 "안 돼, 그건 너무 심해. 너무 벅찬 일이야."라면서 막는 셈이죠. 이런 식으로는 끝까지 갈 수 없어요. 지금도 계속 자기 자신에게 한계를 긋고 있잖아요.

새라 : 네.

마지 : 새라는 내면아이에게 "이 정도면 됐어. 그거면 됐어. 너무 멀리 나가지 마!"라고 종용하고 있어요.

새라 : 정말로 무서워요.

수재너 : 왜요? 뭐가 무서워요?

새라 : (다시 울기 시작한다.) 난 그냥 정말 뭐가 어떻게 될까 봐 겁나요. 지금 당장은 딜런 문제도 마음에 걸리고요. 놀이방에서 딜런을 데려와야 한단 말이에요.

마지 : 새라, 우리 모두가 보장할게요. 새라는 여기서 무사히 나갈 수 있어요. 됐죠?

새라 : 네, 됐어요. 다시 한 번 해볼게요.

마지 : 자신이 무너지게 내버려 둬요. 그래도 괜찮아요. 완전히 바닥까지 내려가는 거예요.

새라 : 알았어요. (옆자리의 수재너에게) 자리로 돌아가는 게 좋겠어요. 됐어요. 시간은 신경 쓰지 않을게요. 좋아요. 그냥 진짜로 겁이 나서요.

마지 : 좋아요. 내면아이에게 여기엔 돌봐줄 사람들이 아주 많다고 말하세요. 무너지고 망가져도 괜찮아요.

새라 : (부드러운 목소리로 자신에게) 괜찮아. 괜찮아. 괜찮아.

마지 : 내면아이는 완전히 무너질 수 있어요.

새라 : 알았어요. 좋아요.

린다 : 무섭다고 말하고 싶으면 얼마든지 말해도 되고요.

새라의 내면아이 : 그래요. (심호흡을 몇 번 하고 자신의 분노에 완전히 몰입한다. 아까보다 방망이를 휘두르는 몸짓이 빠르고 힘이 들어가 있다. 2초에 3회꼴로 바닥을 후려친다.) 윽. 윽. 윽. 으으으윽! (발끝에서부터 온몸을 타고 터져 나오는 원초적 비명이다.) 아아아아악! (두 번째 비명도 아까만큼 깊게 울려 나온다.) 네가 미워! 미워! 미워! 네가 얼마나 심한 상처를 줬는데! 나쁜 새끼! 나쁜 새끼! 나쁜 새끼! 널 증오해! 증오해! 이 개 같은 놈아! 내가 얼마나 아팠는데! 내가 왜 그딴 일을 당해야 해! 네가 미워! 미워! 난 거절할 수가 없었어! 난…… 네가 미워! 미워! 미워! 으으으윽! 처음에 당신은 없었어. 내 곁에 있어주지 않았잖아! 당신은…… 없었어…… 내 곁에! 당신도 없었고…… 아무도 날 도와주지 않았어! 아무도 보호해주지 않았어! 아무도 나를 위해 함께하지 않았어! 내가 얼마나 상처 받았는데! (울기 시작한다.) 내가…… 얼마나…… 아팠는데…… (새라는 완전히 녹초가 되어 숨을 고른다. 허리를 구

부리고 엉엉 울면서 숨을 고르는 동안 방망이 세례는 멈춘다.) 미워, 미워. (45초간 심호흡을 하면서 새라는 차츰 정신을 차리고 방금 있었던 일을 되짚어본다.) 맙소사, 나 자신에게 이렇게 화가 나 있었다니.

마지 : 그 자리에 있어요. 앞에 있는 당신 자신을 때릴 수 있어요. 내 면어른은 그 자리에 있고 이제 내면아이가 그 어른에게 말을 하게 해 봐요.

새라의 내면아이 : 네. (조용히, 무감각하게) 당신은 내 곁에 있어주지 않았어요. 그래서 그 사람이 그딴 짓을 나에게 저지르게 한 거예요. 그래서 당신이 미워요. 날 사랑하지 않으니까. 사랑한 적조차 없으니까. 언제나 나에게 상처만 줬지요. 지금까지 늘, 모든 면에서 그랬어요. 당신은 신경도 쓰지 않았어요.

새라 : 와우, 나는 몰랐어요. 내가 나를 미워했군요.

마지 : 내면아이에게 말하세요.

새라의 내면어른 : 난 널 사랑해. 정말 미안해. 내가 상처를 줬어. 널 아프게 했어. 너무 아프게 했어. 나도 널 상처 입힌 사람 중 하나였어. 제러미는 제외하고라도 말이야. 내가 단호하게 거절하지 않았기 때문에 그런 일이 일어났어. 거절을 하면 안 되는 것처럼 생각했어. 미안해. 정말로 미안해. 이제 잘할게. 이제 너를 잘 보살필게. 너한테 잘할 거야. 사랑해. 이제는 널 버리지 않을게. 아! 음! 내가 얼마나 잘못했는지 모르고 있었어. 사랑해. 정말이야. 넌 아주 특별해. 몹시 특별한 아이야.

마지 : 내면아이가 당신 때문에 체중을 불려야만 했던 이유를 이해

했다고 말해볼래요?

새라의 내면어른 : 네가 자기를 지켜야겠다는 생각에 빠지게 된 것도 이해해. 바로 내가 너를 그렇게 만든 거였어. 내가 그런 식으로 조장을 한 거야. 네가 날씬한 몸으로도 힘을 지닐 수 있도록 도왔어야 했는데. 이제는 그럴 필요 없어. 내가 항상 네 곁에서 도와줄 거니까. 굉장하지. 이건 정말 굉장한 일이야.

마지 : 그렇게 망가져 보이지 않는데요.

새라 : 그러게요. 그 말이 맞아요. 망가졌다는 느낌은 들지 않아요. 오히려 기분이 좋아요.

마지 : 그러면 그 신념을 제대로 짚고 넘어갔으면 좋겠네요. 분노의 바닥까지 내려가면 내가 무너질 것이라는 신념은 정말 잘못된 거예요.

새라 : 맞아요. 그렇군요.

마지 : 그런 일은 일어나지 않는답니다.

새라 : 있잖아요, 그렇게 생각하게 된 건 우리 엄마 때문이에요. 엄마는 감정을 드러내면 안 된다고 믿었어요. 아주 금욕적인 데가 있었죠.

메건 : 새라, 내가 얼마나 감동을 받았는지 말하고 싶네요. 새라가 이렇게 할 수 있게 되어 정말 기뻐요. 아주 대단하고 기념할 만한 한 단계를 밟은 거예요. 덕분에 나도 기분이 좋아요. 이렇게 잘 해내다니, 감탄했어요.

린다 : 정말 용감했어요. 그렇게나 빨리 자신의 태도를 고치다니.

새라 : 음, 굉장한 경험이에요. 나의 내면아이는 감정을 밖으로 터뜨리고 싶어 하고 자기 이야기를 경청해주기 바라고 있어요. 오늘 이 자

리에 오기까지 체중 문제가 그저 내 마음에 자꾸 걸렸던 것 같아요. 그 문제가 어떤 식으로 나올지, 정확하게 무슨 이야기를 하려는 것인지 전혀 몰랐어요. 어쨌든 체중 문제가 떠오른 이상, 그런 건 사실 중요하지 않아요. 좋아요. 계속해봅시다! 누가 대신 짐을 짊어져준 것 같네요.

마지 : 안도감이에요. 그런 분노의 바닥까지 정말 내려가보면…….

새라 : 맞아요, 묶였다가 풀려난 것 같은 기분이에요.

그 다음주에도 새라는 치료를 받았다. 그룹 앞에서 새라는 열두 살 때 손에 화상을 입고 한동안 입원 생활을 했던 경험을 털어놓았다. 하루는 간호사가 없을 때 입원 기록을 보고서 자신이 화상 때문에 입원한 것이 아니라 실제로는 엄마에 대한 새라의 감정이 극도로 악화되어 도저히 집에서 양육을 할 수 없었기 때문에 엄마가 병원에 입원시켰다는 사실을 알게 되었다. 새라는 밤마다 손에 감은 붕대를 풀어버렸고 결국 침대에 묶여 지내게 되었다. 그래서 새라는 자신의 정서적 고통이 용인될 수 없는 것이라고 생각하고 그 이후로는 그러한 분노를 차단해버렸다. 그 다음주에 그룹 치료에 나온 새라는 좀 더 통찰력 있는 모습을 보여주었다.

새라 : 지난주에 획기적인 발전을 경험했지요. 그러면서 나의 어린 시절에 대해서 뭔가를 깨달았어요. 사실 나는 어릴 때 약을 너무 많이 먹었어요. 화상을 입었을 때 넴뷰탈(최면진정제의 일종)을 먹으라고 하

더군요. 그거 상당히 독한 약이거든요. 그런데 병원에서 우리 엄마에게 넴뷰탈을 큰 병으로 하나 가득 주면서 내가 아프다고 할 때마다 먹이라고 했어요. 그래서 엄마는 내가 '정서적' 고통을 호소할 때마다 그 약을 줬어요. 거기서 내가 배운 바가 있어요. 그러니까 내 말은요, 나는 알코올 중독자도 아니고 약물 중독자도 아니지만 이상하게 심기가 상하고 속이 뒤집힐 때마다 습관적으로 콜라를 마셔요. 카페인 같은 성분으로 내 감정을 억누르는 법을 배웠던 거예요. 나는 술은 정말 못 마시거든요.

마지 : 담배는 피우잖아요?

새라 : 피운 지는 얼마 안 됐어요.

마지 : 그것도 또 다른 형태의 약물이에요.

새라 : 오, 물론이죠. 입에 넣는 것이기도 하고요. 난 그냥 지난주에 그런 일이 있고 나서야 그 사실을 깨달았다는 이야기를 그룹 앞에서 하고 싶었어요.

수재너 : 음식 쪽은 어때요?

새라 : 아마도…… 그래요, 아기를 가진 후부터, 제러미와 함께 살면서부터 음식도 그런 식으로 이용했다고 생각해요.

마지 : 음식물, 카페인, 니코틴은 감정을 억누르는 효과가 그만이니까요.

새라 : 맞아요. 그리고 나의 내면아이는 오늘 꼭 여러분 앞에서 그 이야기를 고백하고 싶어 했어요. 지난주 이후로 내가 얻게 된 굉장한 통찰이지요. 그리고 아주 놀라운 남자를 만났어요. 나하고는 앞으로

함께 일하게 될 사이예요. 처음으로 통찰력과 직관을 갖춘 남자를 만난 것 같아요. 무슨 모임 때문에 지난번에 내가 그 사람에게 우리 집에 들르라고 한 적이 있어요. 그때 얼마나 긴장이 됐는지 몰라요. 이 이야기를 하고 있는 지금도 좀 긴장돼요. 아무튼 그래서 와인을 마시고 담배를 피웠죠. 내가 그랬다는 걸 깨달았어요. 그래서 어제부터는 술과 담배를 그만두었어요. 음, 아직은 시작 단계예요. 담배도 끊고, 술도 끊고, 그런 나쁜 것들을 내 몸에 들이지 않을 거예요.

에밀리 : 와우, 그래요? 굉장한데요!

새라 : 내 말은, 밤마다 담배를 두어 개비씩 피우는 정도였는데 그것도 끊겠다는 말이에요. 원래 많이 피우지도 않았어요. 하지만 이제 내가 왜 담배를 피우기 시작했는지 알았어요. 감정은 늘 밤에 고조되거든요. 이제 나의 내면아이가 약에 의지하는 건 싫어요. 내가 어떻게 그런 수법을 배웠는지 깨닫고 나니까 절대 그렇게 살면 안 되겠다는 생각이 들었어요. 감정은 너무 버거운 것이니까 약품이나 음식을 써서라도 억눌러야만 한다는 잘못된 신념이 작용했다는 것을 비로소 알았다고 할까요. 음식은 비교적 새로운 것이에요. 전에는 콜라만 그랬거든요. 내가 성질을 부릴 때마다 엄마는 내가 좋아하는 콜라를 줘서 달랬어요. 그래서 내가 이렇게 된 거였어요. 그러니까 난 이제 그러면 안 돼요. 그게 다예요. 정말 놀랍네요. 그 남자에 대해서 이야기를 하기 시작하니까 몸이 떨려요. 놀랍지 않나요?

마지 : 왜 그럴까요?

새라 : (울면서) 너무 겁이 나서요. 누군가와 가까워진다는 게 겁나

요. 그러니까 내 말은, 일은 일이지만 이 남자한테 정말로 뭔가 느낌이 왔어요. 그냥 아주 좋은 느낌, 약간 섹시하긴 하지만 그래도 그렇게 지나치지는 않은 느낌이에요. 마치 나와 똑같은 남자도 세상에 있을 수 있구나, 그런 기분이었어요. 음, 나를 상처 입히고 싶어 하는 나쁜 놈이 아니라 느낌이 있는 사람이구나. 내가 믿을 수 있는 동성친구 같은 사람? 그 남자가 좋아요. 내가 어떻게 담배를 피우게 됐는지 기가 막혀요. 나 자신을 그 남자와 이 상황에서 떼어놓기 위해서, 그러니까 정말로 일에만 신경을 집중하기 위해서 담배를 이용했다는 사실을 자각했어요.

마지 : 내면어른의 입장에서 내면아이에게 말해보았는지 궁금해요. 거기에 너무 지나치거나 강렬한 감정 같은 것이 있는 것은 아니라고 내면아이에게 말해봤어요?

새라 : 많이 이야기했어요. 어젯밤에도 나에게 해로운 일을 하지 않으려고 자제했지요. 담배는 한 대도 안 피웠고 커피, 차, 콜라도 마시지 않았어요. 감정을 억누르려고 음식에 매달리지도 않았고요. 내면아이에게 우리의 감정은 결코 지나친 것이 아니라고 말해줬어요. 내가 살아온 인생사는 감정이 지나친 것이니 사람들에게 드러내 보이지 말고 억눌러야 한다고 가르쳤지만요. 어젯밤 드디어 내 안의 작은 소녀에게 그 사실을 일깨워줬어요. 그 아이는 내 안에서 계속 소리를 지르고 있었어요. "당신이 나한테 먹였으면서!" 나는 그런 극단적인 감정에 시달릴 때마다 뭔가를 이용하는 수법을 써 왔으니까요. 술이나 마약처럼 고질적인 것은 아니고 사회적으로 용인될 수 있는 것이기는

했지만 어쨌든 내면아이에게 나쁘긴 마찬가지였죠. 그래서 난 정말 기뻤어요. 열두 살 때 이후로 처음 느끼는 기분이에요. 그 열두 살 때 병원에서 치료를 받으면서 진정제를 받아 먹으면서 그런 습관을 배웠던 거예요. 아픈 건 손이었지만 나는 약으로 정서적 고통을 억누르는 법을 배웠지요. 그래서 그 후로도 주로 그런 과정이 나에게 반복됐던 거예요. 이 이야기를 그룹 사람들에게 꼭 하고 싶었어요.

마지 : 대단한 결심이에요. 정말로 감동적이었어요.

새라 : 네. 정말 엄청난 결심이지요. 이제 담배고 뭐고 생각하기도 싫어요. 내 안의 소녀가 그 문제를 완전히 해결하고 평온을 찾은 기분이 들어요.

부부 치료

부부가 상담 치료를 원하는 이유에는 여러 가지가 있다. 허구한 날 부부 싸움을 하든가, 권태기에 빠졌든가, 배우자의 불륜이 발각됐다든가, 성생활을 하지 않는다든가, 서로에게 말을 하지 않는다든가 등등. 대부분 저마다 문제를 일으킨 '상대'의 행동에 대해서는 자각하고 있으면서도 자기 자신이 어떻게 문제를 키우고 있는가에 대해서는 깨닫지 못한다. 부부 양쪽 다 자기는 상대의 행동에 반응할 뿐이라는 입장을 취한다. "아내가 섹스를 좀 더 자주 원한다면 내가 그렇게 화를 내겠습니까." "그이가 집안일에 조금만 더 신경을 써줬으면 나도 잔소리꾼이 되지 않았을 거예요." "어쩌다 한 번씩이라도 나에게 신경을 썼다면 나도 이렇게 돌아버리진 않았겠지요." "그렇게 못된 여자만 아니었으면 나도 대화를 하고 싶은 마음이 들었을 거요." 이런 식으로 자신의 선택에 대해 계속해서 상대를 비난하기만 한다. 이거야말로 동반의존적 관계다.

이러한 관계가 서로 사랑하는 관계로 성장하려면 부부가 각자 자신의 내면 작업을 수행할 마음을 먹어야 한다. 상담 치료 시간에 두 사람이 함께 작업할 수도 있지만 또 가끔은 각자 개인 치료를 받을 필요가 있다. 만약 부부 중 어느 한 사람이, 혹은 두 사람 모두 극도로 화가 났거나, 상대를 비난하거나, 아예 입을 닫아버린다면 합동 치료가 불가능하다. 각자 자신의 내면 치료 작업을 수행한 후에야 서로의 내면대화 과정에 도움을 줄 수 있다. 이때부터는 함께 치료를 받는 것이 가능하다.

부부 중 어느 한쪽만 치료를 받으러 다니기로 결심했다고 해도 배우자가 치료에 몇 번 동행해주면 종종 크게 도움이 된다. 환자 본인만 상담 치료에 들어왔을 때에는 매우 적극적이고 개방적인 자세를 보이다가 배우자가 동석하면 완전히 딴 사람이 될 수도 있다. 또한 치료사가 부부의 상호작용을 관찰하기 전에는 깊이 뿌리 내린 동반의존적 체계가 좀처럼 드러나지 않기도 한다.

셰릴은 남편 로저가 늘 다른 여자 주위를 맴돈다는 이유로 치료를 받으러 왔다. 셰릴은 아름답고 재능도 출중하며 매우 지적인 여성이었다. 게다가 의식도 있고 애정도 넘치고 매우 개방적인 사람으로 보였다. 셰릴이 부부 관계를 유지하면서 남편이 변하기만을 바란다는 사실 외에는 딱히 그녀가 부부 간의 불화에서 어떤 역할을 하는지 파악하기가 어려웠다. 하지만 치료사는 여느 부부들이 그렇듯이 두 사람 모두에게 문제가 있다는 것을 알고 있었다. 다행히도 로저는 셰릴이 치료를 받을 때 순순히 몇 번 동석을 했다. 치료사는 로저가 있을 때면 셰릴의 태도가 돌변하는 것을 보고 깜짝 놀랐다. 로저와 함께 있으면 셰릴의 내면어른은 완전히 사라져버렸다. 그녀는 징징대며 사람을 휘두르는 꼬마 소녀처럼 굴면서 자신의 성적 매력을 이용해 남편을 조종하려고 했다. 또한 치료사가 보는 앞에서 남편에게 거짓말을 하고 완전히 무심하게 굴었다. 그러면 로저는 화를 내고 셰릴은 겁이 나서 입을 꾹 다물어버리는 식이었다. 치료사는 금방 이 두 사람 모두 버림받은 내면아이 노릇을 하고 있으며 그러한 속내를 각자의 방식대로 드러내고 있다고 진단했다. 셰릴과 로저도 치료사의 도움으로 이 사실을 깨닫게 되었다. 그들은 각자 개인 치료를 받으면서 2주에 한 번씩 부부가 함께 치료를 받기로 했다. 두 사람은 배우자에게 내면어른의 모습으로 반응하는 법과 자신의 내면아이와 연합하는 법을 배우면서 보다 애정 넘치고 마음이 잘 맞는 관계로 변화하였다.

12장
내면아이가 우리를 치유한다

몇 달에 걸쳐 매일매일 피아노를 연습하여 압박감을 느끼면서도 초연하게 연주할 수 있는 경지에 이르지 않는 한, 감히 피아노 독주회를 열겠다는 생각은 할 수 없을 것이다. 외과의사라면 꾸준한 연습을 통해 어떤 위기 상황도 넘길 수 있다는 자신감이 생기기 전까지는 중대한 외과수술은 꿈도 꾸지 않을 것이다. 두려움에 떠는 내면아이에게 사랑하는 내면어른이 되어주는 데에도 부단한 연습이 필요하다. 우리 자신의 경험과 환자들의 경험은 내면대화가 애정 넘치는 내면의 연합을 낳는 것은 사실이지만 그러한 결과는 '스스로 실천할 때' 나온다는 것을 가르쳐주었다. 지금 이 책과 같은 심리학 서적에서 주요 개념을 이해하고는 '이제 이해를 했으니까 변화가 일어나겠지'라고 생각하는 사람들이 너무나 많다. 변화는 당신이 매일매일 연습을 실천하겠다는 다짐을 할 때에만 일어날 것이다.

두려움을 마주하면서도 늘 애정으로 연결되어 있기란 일종의 도전이다. 어떨 때는 사랑으로 연결되어 있지만 두려움을 느끼자마자 분리되어 떨어져 나가는 사람들도 많다. 거절에 대한 두려움, 통제 불능 상태에 빠질지 모른다는 두려움, 지배, 실패, 고통, 분노, 모욕, 외로움이 두려워질 때가 그렇다. 하지만 그때가 바로 내면아이가 애정을 지닌 어른으로서 당신을 가장 간절하게 필요로 할 때다. 내면아이와 사랑으로 연결되는 연습을 꾸준히 하면서 아이의 두려움을 함께한다는 것이 어떤 의미인지 배우지 않는 한, 여러분은 절대로 그러한 자세를 일관되게 유지하지 못할 것이다.

진심으로 자신의 기쁨에 전념하지 않는 자는 결코 그가 원하는 행복과 평화를 찾지 못할 것이다. 상담 치료에서 우리는 종종 문제에 대한 치료를 하는 것이 아니라 기쁨에 대한 치료를 한다고 말하기도 한다. 여러분 중에서 솔직히 자기가 기뻐하는 일에 몰두하고 있다고 말할 수 있는 사람이 몇 명이나 될까? 나를 정말로 행복하게 하는 것이 무엇인지 발견하고 그것을 위해 행동하고 있다고 말할 수 있는 사람이 몇이나 되는가? 대부분의 경우 자신을 솔직히 들여다보면, 주로 안정을 느끼고, 고통을 피하고, 사랑받는 데에만 몰두하고 있을 것이다. 안전을 뒤흔들 각오를 하지 않는 한, 고통을 피하기보다 거기서 배움을 얻으려 하지 않는 한, 사랑을 받기보다는 주려 하지 않는 한, 절대로 기쁨은 발견하지 못할 것이다.

우리 환자 중 한 사람이 내면어른/내면아이 개념을 파악하고서 이렇게 외쳤다. "이게 바로 '통합형(together)' 인간이 된다는 뜻인가요?" 그렇다! '통합형' 인간은 인격적으로 일관되며 내면의 조화와 균형 감각을 갖춘 사람, 이 세상 속에서 인간적 힘을 보여주는 사람이다. 이 사람들은 비록 우리와 같은 용어를 써서 설명할 수는 없다 해도 내면이 단단하게 연결되어 있다. 우리 모두는 내면의 '통합'을 이루기로 선택할 수 있다. 하지만 그러자면 내면어른이 내면아이와 더불어 그 아이에게서 배우겠다는 진심 어린 서약을 해야 한다.

성경은 '타락'을 하느님에게서 멀리 떨어져 나가는 것이라고 말하며 그것이 우리의 원죄라고 주장한다. 우리는 이 단어를 우리 자신과의 분리, 우리의 내면아이와의 분리를 상징하는 은유로 사용할 수 있다. 그렇게 본다면 천국은 우리를 온전함, 더 높은 자기의 사랑과 지각으로 나아가게끔 인도하는 내면어른과 내면아이의 연합을 뜻할 것이다. 자신과 분리되어 내면보다는 자기의 외부에서 위안과 인정(선악의 사과)을 찾을 때에 우리는 부정의 상태로 들어간다. 이것은 우리 내면의 자각을 부정하고 은총으로부터 멀어지는 상태다. 부정의 상태에 빠지는 것이야말로 우리의 원죄, 우리 자신을 거스르는 죄, 우리의 내면아이를 거역하는 죄, 배움의 결단을 내려야만 치유의 힘을 얻을 수 있는 죄다.

배움에 자신을 열어놓으면 필연적으로 이 질문에 부딪친다. "우리 인생의 목적은 뭘까? 우리는 왜 여기 있지? 이게 다 무엇을 위한 걸까?" 이러한 질문에 대해 우리의 개인적 견해를 여러분과 나누고 싶다. 우리의 목적은 온전히 사랑하며 살아가는 데 걸림돌이 되는 것들을 모두 치워버리는 것이다. 그리고 직접적인 목적은 우리의 내면아이를 사랑하는 것이다. 그러면 자동적으로 다른 사람들에게도 사랑을 베풀며 살게 된다. 온전히 사랑할 줄 아는 인간이 됨으로써, 오직 그

한 가지로써, 우리는 지구를 치료하는 데 도움이 될 것이다. 우리는 모두 사랑이 넘치는 인간이 되고 그로써 지구를 치료하기 위해 태어났다고 믿는다. 모든 일에서 기쁨을 얻고 더욱더 사랑을 베푸는 사람이 되는 것이야말로 병든 지구를 구하기 위한 한 걸음이라고 믿는다. 우리의 의식이 타인의 의식에 영향을 주고 나아가 집단의식에 영향을 줄 것이며, 우리 모두는 같은 목적으로 여기에 태어났다고 믿는다. 이 모든 것이 인생에 엄청난 의미를 부여한다. 왜냐하면 그러한 생각은 우리가 하는 모든 일에 영향을 주기 때문이다. 즐겁게 놀고 있을 때에는 이 세상에 즐거움을 더하는 것이요, 그림을 그리며 경험을 화폭에 옮겨 다른 사람들에게도 전한다면, 혹은 음악을 만들거나 책을 쓴다면, 그 과정에서 우리 자신도 즐거움을 얻고 세상에도 무엇인가가 남게 된다. 우리처럼 심리 치료를 하면서 사람들이 좀 더 사랑하며 살 수 있게 돕는다면 세상에 뭔가 공헌한다는 의미도 있지만 그 과정 자체도 우리에게 큰 즐거움이다. 비록 혼자일지라도 자신의 내면아이를 돌보며 혼자 트럼프 게임을 하거나, 책을 읽거나, 배를 타거나, 명상을 하거나, 뭔가를 만들면서 평화를 느낀다면 그 또한 이 세상에 한 조각의 평화를 더하는 셈이다.

우리가 존재하는 목적─순수한 사랑이 되고, 우주적 남신/여신이 지닌 사랑과 진실의 힘과 하나가 된다는 목적─은 늘 우리 곁에서 떠나지 않는다. 우리가 표현하는 사랑은 세상에 영향을 끼친다. 한 사람 한 사람이 좀 더 사랑을 표현한다면 세상은 근본적으로 영향을 받는다. 하지만 우리가 다른 사람들에게 이렇게 하라고 강요할 수는 없다.

우리에겐 그런 종류의 조종이 불가능하다. 그저 우리 스스로 그렇게 행동할 수 있을 뿐이다.

자신에 대한 사랑이 인도하는 대로 따라갈 때, '자신의 더없는 행복을 좇을 때' 여러분은 더 높은 자기와 연결되어 늘 더 높은 자기의 관점에서 바라볼 수 있다. 그렇게 되게끔 인도를 받았기 때문이다. 인간 관계, 직업, 행동 방식이 자신에 대한 사랑을 거스른다면 결코 평화나 기쁨을 얻지 못한다. 나아가 지구에 대한 애정도 불가능하다. 무슨 일이 일어나든 이것이 가장 중요한 핵심이다. 인간 관계에서 벗어난다든가, 직업을 바꾼다든가, 다르게 행동한다는 것이 무척 겁나기도 하겠지만 앞으로 나아가 우리가 마땅히 해야 할 일을 할 수 있는 용기를 주는 것도 바로 이것이다. 우리의 내면아이를 사랑하기 시작하면서 우리 자신은 치유된다. 우리 자신이 치유되면서 세상도 치유된다.

이세진

서울에서 태어나 서강대학교 철학과를 졸업하고 같은 학교 대학원에서 불문학 석사 학위를 받았다. 현재 전문 번역가로 일하고 있다. 옮긴 책으로 《회색 영혼》《유혹의 심리학》《욕망의 심리학》《나르시시즘의 심리학》《비합리성의 심리학》《작가의 집》《고대 철학이란 무엇인가》《다른 곳을 사유하자》《아프리카 술집, 외상은 어림없지》《반 고흐 효과》《나라서 참 다행이다》《슈테판 츠바이크의 마지막 나날》 등이 있다.

내 안의 어린아이

2011년 4월 30일 초판 1쇄 발행
2022년 5월 30일 초판 9쇄 발행

- 지은이 ────── 에리카 J. 초피크 · 마거릿 폴
- 옮긴이 ────── 이세진
- 펴낸이 ────── 한예원
- 편집 ────── 이승희, 윤슬기, 양경아, 김지희, 유가람
- 본문 조판 ───── 성인기획
- 펴낸곳　**교양인**
　　　　우 04020 서울 마포구 포은로29 202호
　　　　전화 : 02)2266-2776 팩스 : 02)2266-2771
　　　　e-mail : gyoyangin@naver.com
　　　　출판등록 : 2003년 10월 13일 제2003-0060

ⓒ 교양인, 2011
ISBN 978-89-91799-58-5　03180

* 잘못 만들어진 책은 바꾸어드립니다.
* 값은 뒤표지에 있습니다.